Une enquête IPSOS, publiée en mars 2019, a montré que plus de 8 Français sur 10 craignent de manquer d'argent quand ils seront à la retraite.

Cette inquiétude est tout à fait légitime. Aussi est-il essentiel de se constituer des revenus complémentaires. Mais pour épargner efficacement et voir progresser son pécule de façon significative, il faut adopter une véritable stratégie. Or la plupart des épargnants, faute de visibilité sur leur avenir, de culture financière ou de goût du risque, ont massivement investi dans leur livret A ou dans les fonds en euros de leurs contrats d'assurance vie. Mais aujourd'hui, leurs deux placements financiers favoris ne suffisent plus à les protéger contre l'inflation ! En 2018, les fonds en euros des contrats d'assurance vie ont rapporté, une fois les prélèvements sociaux déduits, 1,49 %. Le livret A, lui, plafonnait à 0,75 %. Pendant ce temps-là, l'inflation, de son côté, montait à 1,8 %.

Il faut se rendre à l'évidence : le seul moyen d'obtenir un rendement significatif supérieur à l'inflation, aujourd'hui, c'est d'accepter de prendre des risques et d'investir une partie de ses économies en Bourse. Si, comme la plupart des Français, vous avez un livret A, un contrat d'assurance vie en euros et de l'immobilier, il faut diversifier votre épargne en y ajoutant un quatrième volet : les actions.

INVESTIR EN BOURSE DEMANDE UN PEU D'IMPLICATION PERSONNELLE

Malgré les crises financières qui secouent régulièrement les marchés, sur une longue période, investir dans les actions peut incontestablement vous aider à booster votre épargne et à vous constituer un matelas confortable.

Mais attention : la Bourse, ce n'est pas du casino. À la différence du livret qui est simple d'utilisation, les marchés financiers, volatils, immatériels et techniques, imposent que vous connaissiez leur fonctionnement et leur logique. Il faut, avant d'acheter une action ou un fonds commun de placement, s'informer. Quel est le potentiel de l'entreprise qui a retenu votre attention ? Quelles sont les caractéristiques du FCPE que vous avez sélectionné ? Si vous faites un choix réfléchi, assumé, vous serez beaucoup moins alarmé si les marchés dévissent. Il faudra ensuite poursuivre régulièrement votre quête de l'information pour vous assurer que les choix que vous avez faits demeurent pertinents. Placer votre argent en Bourse demande un peu d'implication personnelle, mais vous en serez récompensé sur le long terme.

Cet ouvrage est là pour vous expliquer, de façon simple et pédagogique, le fonctionnement des différents marchés financiers. Il vous aide à collecter la bonne information qui guidera vos choix. Il vous propose des méthodes d'investissement qui ont fait leurs preuves. Avec un seul objectif : faire fructifier votre épargne.

HÉLOÏSE BOLLE ET MARC MICHAUX

LE PARTICULIER ÉDITIONS

UNE ACTION QU'EST-CE QUE C'EST ? 9

COMMENT FONCTIONNENT LES MARCHÉS FINANCIERS ? 61

LES TEMPS FORTS POUR LES ACTIONNAIRES 113

SOMMAIRE

C'EST DÉCIDÉ, JE ME LANCE 137

ET SI JE NE VEUX PAS CHOISIR MES ACTIONS MOI-MÊME ? 179

INTRODUCTION À L'ANALYSE FINANCIÈRE 201

UNE ACTION QU'EST-CE QUE C'EST ?

1

L'ENTREPRISE, LE CŒUR DE L'ÉCONOMIE

Dans notre société, l'entreprise s'est imposée comme la cellule de base, le point central de notre système économique. Sans entreprises privées ou publiques, pas d'emplois, sans emplois pas de salaires, sans salaires pas de liquidités pour consommer ce dont nous avons besoin pour vivre et pour épargner.

Pour créer et développer sa société, le chef d'entreprise a besoin d'argent. Si son affaire fonctionne bien, les bénéfices engendrés l'aideront à financer son développement. Mais s'ils sont insuffisants, il devra faire appel à une aide financière extérieure.

Au moment de la création de la société, les liquidités apportées (mais ça peut être aussi un brevet ou du matériel) par les différents actionnaires fondateurs pour démarrer l'activité vont constituer le capital social de l'entreprise. Il est alors divisé en actions ou en parts selon la nature juridique de l'entreprise. Une action représente donc une fraction du capital d'une entreprise et son détenteur devient propriétaire d'une partie de la société. En tant que propriétaire et pour le récompenser de son implication financière au profit de la société, l'actionnaire va percevoir un revenu sous la forme de dividendes si la société réalise des bénéfices.

L'actionnaire, en tant que propriétaire de parts de l'entreprise, peut aussi exprimer son avis sur l'organisation de la firme et sur sa stratégie de développement au cours d'une réunion annuelle appelée assemblée générale (AG) d'actionnaires.

Tout au long de la vie de l'entreprise, des actionnaires vont quitter la société en revendant leurs actions, d'autres au contraire vont y entrer, en rachetant ces actions ou en apportant de l'argent frais qui va servir à augmenter le capital social et ainsi entraîner la création de nouvelles actions.

C'est grâce à cet argent investi dans sa société que le ou les créateurs de l'entreprise appelés associés pourront, avant même que l'entreprise ne soit capable de vivre de son activité, acheter du matériel, louer des locaux, embaucher leurs premiers salariés…

Ensuite, selon leurs objectifs stratégiques et les investissements nécessaires pour les atteindre, les associés seront peut-être amenés à reverser encore plus ou moins d'argent. Différentes voies de financement s'offriront alors à eux. S'ils détiennent de l'épargne, ils pourront l'utiliser totalement ou partiellement pour financer le développement de la société. Ils ont aussi la possibilité d'utiliser la part des bénéfices des années précédentes qu'ils auront gardée en réserve. Sinon, ils chercheront à emprunter auprès des banques ou demanderont à des investisseurs privés (amis, relations d'affaires, fonds d'investissement...) de les financer. Enfin, si l'entreprise a atteint une certaine taille, acquis une certaine notoriété, propose un business plan (plan prévisionnel d'activité) crédible pour pérenniser son activité, se diversifier, conquérir de nouveaux territoires nationaux ou internationaux, les dirigeants peuvent alors décider de son introduction en Bourse.

LES STATUTS DE SA, SAS ET DE SARL

Il est toujours possible pour un inventeur de développer son idée dans sa cave avec des ressources dérisoires. C'est avec les moyens du bord que George Nissen, jeune gymnaste américain, a inventé, avec l'aide de son entraîneur Larry Griswold, le tout premier trampoline dans le garage de ses parents. Mais quand il a décidé, une fois son diplôme d'études commerciales en poche, dans les années 40, de passer à la phase industrielle, d'acheter des machines pour produire en nombre, d'embaucher des salariés, de développer sa stratégie commerciale, de poursuivre ses recherches, il a dû recourir à des investisseurs pour lui permettre de financer son ambitieux plan de développement. Et son entreprise, la Griswold-Nissen Trampoline & Tumbling Company a connu pendant plusieurs décennies un essor florissant, exportant son invention aux quatre coins du monde.

Pour répondre à de tels enjeux industriels et techniques, les entrepreneurs vont privilégier les statuts de SAS et de SARL (notamment pour les petites et moyennes entreprises) et de SA (plus particulièrement pour les moyennes et les grandes). L'INSEE précise que sur les 201 000 sociétés à capitaux propres créées en 2018, 61 % avaient le statut de société par actions simplifiées (SAS), 36 % celui de société anonyme à responsabilité limitée (SARL). Une majorité d'entre elles, soit 52 %, sont des SAS ou SARL unipersonnelles ou à associé unique, appartenant à la catégorie des sociétés par actions à associé unique (SASU) ou des entreprises unipersonnelles à responsabilité limitée (EURL) Enfin, seulement 3 %, soit environ 6 000 sociétés, ont été lancées avec un statut de SA. Or c'est le statut de SA qui permettra à certaines d'entre elles de pouvoir un jour faire appel aux marchés financiers en choisissant d'être cotées en Bourse.

De manière générale, les statuts SAS et SARL sont majoritairement répandus parmi les petites entreprises et connaissent un certain succès auprès de sociétés de taille moyenne. Mais incontestablement le régime SA se taille la part du lion parmi les entreprises à

FAIRE SES PREUVES

Avant d'entrer dans la cour des groupes cotés sur les marchés financiers, la très grande majorité des entreprises a dû faire ses preuves : débuter comme micro-entreprise, PME ou start-up, jouer des coudes face à la concurrence afin de s'imposer peu à peu sur ses marchés.

forte croissance et les grands groupes. Et pour cause, seul ce statut (avec celui de société en commandite par actions, mais qui est beaucoup moins répandu) va permettre à une entreprise d'être cotée sur un marché financier.

LA SOCIÉTÉ ANONYME (SA) : PILIER DE LA SOCIÉTÉ PAR ACTIONS

Il s'agit d'une société dont le capital est divisé en actions et le nombre d'associés est au moins de deux. Il passe à un minimum de sept associés, si les actions sont cotées et négociées en Bourse. Quant au capital social, il ne peut être inférieur à 37 000 €.

Organisation du pouvoir et de la gouvernance

Il existe deux types de gouvernance.

Articulée autour d'un conseil d'administration. Celui-ci veille à la bonne marche de l'entreprise en étudiant les comptes annuels de la société et en présentant un rapport de gestion à l'AG des actionnaires. Il valide également la pertinence et la cohérence des choix stratégiques visant à assurer la croissance des résultats de l'entreprise. Ainsi, bien plus qu'un simple organe de contrôle, le conseil d'administration, s'il joue bien son rôle, est un véritable partenaire de la direction générale avec qui il partage les décisions de gestion et les choix stratégiques.

PRATIQUES EUROPÉENNES
Si les entreprises françaises privilégient la formation d'un conseil d'administration, le système de conseil de surveillance/directoire a surtout le vent en poupe dans les grands groupes allemands.

Ce conseil est composé de 3 à 18 membres, appelés administrateurs. Ils sont obligatoirement actionnaires de la société. Ce nombre est défini dans les statuts de l'entreprise. Ils sont désignés au cours d'un vote auprès des actionnaires qui a lieu lors de l'AG des actionnaires. Le conseil d'administration désigne le président du conseil d'administration. Si le président occupe également la fonction de directeur général, il est alors appelé président-directeur général. Sinon, ce dernier peut être assisté dans sa mission par un ou plusieurs directeurs généraux, nommés par le conseil d'administration, la plupart du temps après recommandation de son président.

Fondée autour d'un directoire et d'un conseil de surveillance. L'autre option consiste à mettre en place une organisation à deux têtes. Celle-ci se compose d'une structure opérationnelle, le directoire, et d'un organe de surveillance qui veille à la bonne gestion de l'entreprise, le conseil de surveillance.
Comme le conseil d'administration, le conseil de surveillance se compose de 3 à 18 membres, élus par l'AG des actionnaires. Comme son nom l'indique, il va avoir pour mission de veiller à ce que la gestion de la société assurée par le directoire, soit faite en conformité avec la règlementation et qu'elle respecte les décisions stratégiques validées par le conseil. Il a un pouvoir de co-décision avec le directoire, quand il s'agit de mener certaines opérations « sensibles » ayant d'importantes conséquences sur l'avenir de la société. Cette liste des

opérations est déterminée soit par la loi soit dans les statuts de l'entreprise. C'est le cas par exemple lors du projet d'acquisition d'une entreprise concurrente ou de la vente d'une filiale.
Le conseil de surveillance nomme les membres du directoire et désigne son président. Leur nombre au sein du directoire peut varier entre 1 et 5 personnes et passe à 7 quand la société entre en Bourse avec une cotation sur un marché règlementé. Pour les petites SA, dont le capital social est inférieur à 150 000 €, le directoire peut être constitué d'une seule personne qui occupera alors le poste de directeur général. Lors de désaccords persistants ou si le conseil de surveillance a pu mettre à jour des manquements graves dans la gestion de l'entreprise, les actionnaires, lors de l'AG ou le conseil de surveillance (si les statuts le prévoient), peuvent révoquer le président et les membres du directoire.

LES DIFFÉRENTS MODES DE FINANCEMENT

L'organisation d'une SA est très réglementée et bien évidemment adaptée pour une entreprise qui a déjà une certaine taille ou dont la croissance très rapide l'oblige à mobiliser d'importants capitaux. Dans un tel cas de figure, les fondateurs d'une société n'ont pas toujours les moyens financiers nécessaires pour assurer la croissance de leur firme.

Friends, family and fools

Au départ, les créateurs d'entreprise mobilisent leur propre épargne, sollicitent les membres de leur famille, puis leurs amis. Ils tentent en général et la plupart du temps sans succès de convaincre leur banquier.

Les fonds de capital-risque, puis les fonds de capital-développement

Ils peuvent alors décider de se tourner vers des investisseurs professionnels, comme des fonds d'investissement. Certains fonds investissent dès le démarrage de l'entreprise, ce sont des fonds de capital-risque, d'autres entrent dans le capital de l'entreprise pour financer son développement, ce sont des fonds de capital-développement. S'ils estiment que l'entreprise offre de réelles opportunités de développement, une croissance durable des résultats et des bénéfices avec à la clef le versement de juteux dividendes, les responsables de ces fonds investiront dans l'entreprise.
Mais attention, ce ne sont pas des mécènes, et l'entrée d'un tel actionnaire dans le capital d'une entreprise n'est pas neutre et peut aboutir à des réorganisations avec des réductions d'effectifs, à la mise en place de nouvelles méthodes de management, avec parfois une pression plus forte sur les salariés pour augmenter leur productivité. Ces fonds, dans leur très grande majorité, n'ont pas vocation à rester durablement dans l'entreprise. Leur objectif est de pouvoir revendre leurs titres au bout de quelques années, en faisant un gain financier substantiel au moment de leur revente.

L'autre solution : faire son entrée en Bourse

Si les fondateurs veulent garder la main sur leur « pépite », ils ont intérêt à diluer le pouvoir entre une multitude de petits actionnaires. Ils peuvent alors proposer à l'ensemble de la communauté des épargnants petits et grands d'acheter des titres de l'entreprise. Une opération qui offre plusieurs avantages.

Tout d'abord, une société cotée passe automatiquement sur le devant de la scène. Elle est suivie par les médias financiers, par les investisseurs. Elle peut ainsi gagner en visibilité et en notoriété, ce qui peut être un plus pour se développer sur son marché domestique et à l'international.

L'entreprise peut aussi choisir d'entrer en Bourse pour procéder à une augmentation de capital. Ce qui va lui permettre, entre autres, de ne pas alourdir, voire même de réduire son niveau d'endettement. En effet, une levée de fonds via une introduction en Bourse n'est pas considérée en comptabilité comme un emprunt. Elle sera inscrite au bilan dans la rubrique des capitaux propres et non pas dans celle dédiée aux dettes comme c'est le cas quand la société souscrit un emprunt auprès de son banquier.

Enfin, une entreprise cotée, ça rassure. Du coup, elle renforce sa crédibilité vis-à-vis de ses fournisseurs, de ses clients, de son banquier. Et il n'est pas rare qu'une entreprise, une fois cotée, décroche par la suite plus facilement des prêts, pour des montants plus élevés et à des taux plus bas que ce qu'elle aurait pu obtenir quand elle n'était pas cotée.

FACILITER LA CESSIBILITÉ DES ACTIONS ET RECEVOIR DU *CASH*

Au moment de la création de la SA, les investisseurs qui ont fait un apport en argent ou en nature (matériel, brevets), permettant ainsi d'alimenter le capital social de l'entreprise, reçoivent en contrepartie des actions. En tant qu'actionnaires de l'entreprise, ils perçoivent des dividendes et peuvent s'exprimer sur la façon d'en assurer le développement.

Leurs actions peuvent être cédées librement, mais encore faut-il trouver des acheteurs, ce qui n'est pas toujours simple. Une action de société ne se revend pas aussi facilement qu'on pourrait le penser. Le montant de la part cédée peut être assez élevé. C'est un investissement à risque. Enfin, l'acheteur de ces titres ne pourra pas les revendre du jour au lendemain. C'est donc une épargne qui ne pourra pas être rapidement mobilisable en cas de besoin imprévu.

Pour remédier en partie à ce problème de fluidité et de liquidité des actions, les dirigeants de l'entreprise peuvent décider de coter les titres en Bourse. Par la cotation, ils pourront aussi attirer un plus grand nombre d'investisseurs, voire même de petits épargnants.

En entrant en Bourse, l'entreprise se donne aussi les moyens de se faire connaître auprès du public, si son nom, sa marque, ne sont pas déjà imprimés dans la mémoire des consommateurs. Et puis surtout, car c'est le nerf de la guerre, elle pourra faire un appel public à l'épargne auprès de grands investisseurs et de petits épargnants, qui lui permettra, en cas de succès de l'opération, d'obtenir beaucoup d'argent, bien plus que ce qu'une banque ou un groupe de banques ne pourraient lui offrir avec un prêt. ■

L'ENTRÉE EN BOURSE, LE GRAAL ET L'ABOUTISSEMENT

Pour une entreprise le choix d'être cotée en Bourse est une démarche stratégique avec pour objectif final de trouver les sources de financement qui lui permettront de financer sa croissance et son développement. Mais ce choix est contraignant.

La Bourse est un lieu d'échange privilégié, une place de marché où des vendeurs et des acheteurs de produits financiers (actions, obligations...) se retrouvent et passent des ordres d'achat ou de vente. Tous ces ordres sont centralisés, traités informatiquement et les cours de ces produits sont calculés et affichés en temps réel. Elle joue un rôle majeur dans le bon fonctionnement de l'économie mondiale puisqu'elle favorise le financement des entreprises et des États grâce à l'argent apporté par de gros investisseurs ou de petits épargnants.

ACTIONS ET OBLIGATIONS

Même si la cotation en Bourse fait avant tout penser aux actions, elle peut également se porter sur d'autres produits financiers comme les obligations.

UNE OPÉRATION D'ENVERGURE QUI SE PRÉPARE

L'introduction en Bourse (ou IPO en anglais pour *Initial Public Offering*) est une opération financière qui consiste à mettre en vente des titres d'une société privée ou publique (il s'agit alors d'une privatisation) sur un marché boursier. Cette vente peut se faire de deux manières. Soit les actionnaires décident de céder tout ou partie des titres qu'ils détiennent. Soit, ils décident d'émettre et de vendre de nouvelles actions en procédant à une augmentation du capital. La part du capital qui vient s'ajouter au capital existant est alors divisée en nouvelles actions.

L'entreprise peut proposer ses actions à la fois aux investisseurs institutionnels (banques, fonds d'investissement...), aux investisseurs individuels (des particuliers) et à ses salariés.

Ensuite, les dirigeants de la société doivent choisir le marché sur lequel leur entreprise sera cotée. Tout en sachant que les procédures de cotation et la règlementation à suivre n'est pas la même d'un marché à l'autre.

À Paris, trois marchés (voir p. 70) animent la vie des entreprises et des investisseurs. Leur fonctionnement est assuré par l'entreprise de marché Euronext, elle-même cotée en Bourse.

Euronext Paris est le marché phare, la grande porte de la Bourse de Paris. Il accueille de grands groupes aux

dimensions internationales comme par exemple, l'Oréal, Michelin, Vinci, Renault ou Danone. Mais du coup, c'est aussi le marché le plus règlementé et le plus surveillé par notre gendarme de la Bourse, l'Autorité des marchés financiers (AMF). Ses règles de fonctionnement répondent en tous points aux directives européennes en matière d'admission et d'information financière. Il est divisé en quatre compartiments essentiellement liés à la taille des entreprises (A, B, C et « professionnel »).
Euronext Growth, anciennement dénommé Alternext Paris, accueille les moyennes et petites entreprises. Si les conditions d'accès à ce marché sont moins contraignantes que celles imposées par Euronext Paris, les sociétés sont tenues cependant de publier régulièrement leurs résultats et leur communication financière est contrôlée. Et ce, pour garantir la protection des investisseurs et favoriser la transparence.
Enfin, Euronext Access (appelé marché libre jusqu'en 2017) est un marché non réglementé mais organisé. Les entreprises, des PME et des ETI, doivent respecter certaines contraintes mais celles-ci sont limitées. Ainsi, une société cotée sur ce marché n'a pas l'obligation de publier périodiquement de l'information sur sa situation. Les règles de communication en cas de franchissement de seuil d'un actionnaire dans le capital de la société, de montants minimaux de cession d'actions auprès du public, de gouvernance, imposées pour les entreprises cotées sur Euronext Paris ou Euronext Growth ne sont pas appliquées sur Euronext Access. Ce qui offre une plus grande latitude de mouvement.

LES DIFFÉRENTES PROCÉDURES D'INTRODUCTION

Il en existe plusieurs types.

L'offre à prix ferme (OPF)

C'est l'entreprise, avec le concours de ses intermédiaires financiers travaillant sur l'opération, qui définit avant le lancement de l'opération le nombre de titres mis en circulation sur le marché et leur prix de vente.
C'est un vrai plus pour l'investisseur qui n'a pas de mauvaises surprises. Il sait à quel prix il va acheter les actions. Seule ombre au tableau : il ne sait pas combien il pourra en acheter. Plus l'opération sera un succès, moins on lui attribuera d'actions.
La comparaison du nombre des ordres reçus (qui détermine le nombre d'actions que souhaitent acheter les investisseurs) avec le nombre d'actions réellement en vente, permet d'établir un taux de service. Celui-ci détermine la proportion de titres qui seront vendus par rapport à l'ordre passé.
En règle générale, une « prime » est offerte aux investisseurs particuliers qui bénéficieront d'un taux de service plus élevé que celui proposé aux investisseurs institutionnels.
Cette procédure d'introduction en Bourse a connu ses heures de gloire, au milieu des années 80, quand l'État

a lancé les premières vagues de privatisation d'entreprises publiques. Elle fut aussi prisée par les entreprises qui se faisaient coter sur le marché libre. Elle a perdu de sa popularité. Considérée comme trop rigide (le prix d'achat est définitif, dès le début du processus d'introduction), elle met la pression sur l'entreprise qui doit déterminer à l'avance un prix qui assurera le succès de l'entrée en Bourse, sans pour autant entraîner un afflux d'ordres d'achat excessif qui entraînerait une annulation de l'opération. Aussi, elle est désormais peu utilisée de nos jours.

EXEMPLE L'entreprise Marine SA s'introduit en Bourse par une offre à prix ferme (OPF). Elle propose un prix unitaire d'achat de ses actions à 25 €. Notre investisseur passe un ordre d'achat pour 100 titres. Au final, l'introduction est un succès et le nombre d'actions que souhaitent acheter l'ensemble des investisseurs est nettement supérieur au nombre d'actions réellement en vente. Aussi, le taux de service est de 20 %. Notre investisseur obtiendra, 20 actions au prix unitaire de 25 €.

L'offre à prix minimal (OPM)

L'entreprise Marine SA choisit de faire son entrée en Bourse au moyen d'une offre à prix minimal (OPM). Elle met alors en vente ses actions à un prix minimal fixé d'un commun accord avec ses conseillers financiers.

Ce type de procédure s'apparente en quelque sorte à une enchère. Car les investisseurs intéressés doivent alors passer un ordre à cours limité valable uniquement le jour de l'introduction en Bourse. Ils doivent ainsi indiquer le prix maximal (au moins égal au prix minimal fixé par l'entreprise) qu'ils sont prêts à payer pour acheter l'action.

Une fois le carnet d'ordres enregistré, et en fonction des résultats, l'entreprise peut modifier son prix d'offre minimal, à condition que le prix final soit publié au moins deux jours ouvrables de Bourse avant la date de la première cotation.

Les ordres, dont le cours limité est inférieur au prix final, sont rejetés.

Des tranches de prix sont ensuite déterminées par Euronext en fonction des ordres reçus. La quantité des titres à livrer est définie en fonction du nombre d'ordres reçus pour chaque tranche de prix. Plus le nombre d'ordres est important dans une tranche et plus le taux de service sera élevé.

Si la demande finale d'achat de titres des investisseurs est inférieure au nombre de titres vendus, les ordres passés (c'est-à-dire nombre de titres à l'achat) seront servis dans leur intégralité.

Ainsi, les investisseurs ne paient pas tous le même prix pour acquérir les actions d'une même entreprise. Du coup, cette technique est rarement choisie.

EXEMPLE L'entreprise Marine SA s'introduit en Bourse grâce à une OPM. Elle propose un prix minimum d'achat de ses actions à 30 €. Supposons que notre investisseur passe un ordre d'achat à cours limité de 50 actions à 37 €.

Après avoir réceptionné tous les ordres, l'entreprise Marine SA les classe par tranche de prix : moins de 35 €, 35 à 40 €

et plus de 40 €, avec un taux de service associé à chaque tranche. Si ce taux est de 44 % pour la tranche 35-40 €, l'investisseur obtiendra 22 actions (soit 44 % de 50 actions) au prix unitaire de 37 €.

L'offre à prix ouvert (OPO)

C'est la technique financière la plus populaire, combinant en quelque sorte les procédures de l'OPF et de l'OPM.
L'entreprise choisit tout d'abord un établissement financier, désigné comme « chef de file » qui sera chargé de former un syndicat bancaire constitué de plusieurs banques. Chaque membre de ce pool, ou groupement bancaire, a pour mission de placer une certaine quantité de titres auprès de sa clientèle d'investisseurs institutionnels.
Parallèlement, une procédure d'offre auprès des investisseurs individuels est ouverte par Euronext. L'AMF contrôle le respect de la procédure ainsi que la conformité des documents de présentation et prospectus de l'opération et appose son visa. Le gendarme de la Bourse demande d'ailleurs qu'au moins 10 % des titres mis en Bourse soient réservés aux investisseurs individuels.
Le prix d'achat des actions proposé aux investisseurs n'est pas définitif et évoluera au cours de l'opération. Dans son prospectus, l'entreprise peut soit proposer un prix maximum, soit, et c'est le cas le plus courant, indiquer une fourchette de prix.
L'investisseur fait alors une offre en indiquant son prix d'achat, compris dans la fourchette proposée, et le nombre d'actions qu'il souhaite acquérir.
Le prix de vente définitif et le nombre de titres vendus à chaque investisseur ne sont pas déterminés à l'avance mais seront connus, une fois que l'ensemble des ordres d'achat aura été comptabilisé.
Le prix définitif résulte de la confrontation des ordres d'achats (permettant de déterminer la quantité de titres qui pourra être achetée en fonction du prix unitaire).
Au final, seuls les ordres qui offriront un prix d'achat supérieur ou égal au prix définitif, seront servis. La comparaison du nombre des ordres servis (qui détermine le nombre d'actions que souhaitent acheter les investisseurs) avec le nombre d'actions réellement en vente, permet d'établir un taux de service, c'est-à-dire, la proportion de titres qui sera vendue par rapport à l'ordre passé.
Même si elle est privilégiée par les entreprises, cette procédure est problématique pour l'investisseur. Car il va devoir passer un ordre d'achat sans savoir à quel prix il va finalement acheter les actions. Tout ce qu'il peut faire c'est indiquer un prix au-delà duquel il n'est plus acheteur.

EXEMPLE Un investisseur veut acquérir des actions de la firme Marine SA qui s'introduit en Bourse via une OPO. La fourchette de prix d'achat de l'action se situe entre 44 € et 48 €. L'investisseur fait une offre d'achat de 50 actions pour un prix unitaire de 47 €. Une fois l'ensemble des ordres reçus, le prix de l'action est fixé à 46 € et le taux de service est égal à 50 %. Il va obtenir 30 actions de l'entreprise Marine SA à un prix unitaire de 46 €.

En revanche, si l'actionnaire a fait une offre d'achat de 100 actions à 45 €, son ordre n'est pas pris en compte si le prix qu'il offre est inférieur au prix fixé. Il n'obtient aucune action.

La cotation directe

C'est incontestablement la procédure la moins coûteuse. Comme le prix final est déterminé par le marché, lors du premier jour de cotation, l'entreprise n'a pas besoin de recourir à des intermédiaires financiers.
Mais, revers de la médaille, elle ne permet pas de lever des fonds en procédant à une augmentation de capital avec mise sur le marché de nouvelles actions. Du coup, cette technique est dédaignée par les entreprises.
Le nombre de titres émis sur le marché ainsi qu'un prix d'achat minimal en dessous duquel les actionnaires refuseront de vendre leurs actions sont communiqués aux investisseurs. Ceux-ci sont autorisés à passer tous les types d'ordres, tout en sachant cependant que les ordres « au marché » (l'investisseur ne précise pas de prix d'achat et laisse le soin au marché de le faire) seront prioritaires sur tous les autres types d'ordres, et les mieux servis.
Deux conditions de résultat conditionnent la validité de l'opération. Tout d'abord, les ordres d'achats devront être servis au minimum à hauteur de 4 %. D'autre part, le prix d'introduction des actions ne doit pas dépasser, d'un certain pourcentage défini à l'avance, le prix minimal prévu. Dans le cas contraire, l'introduction en Bourse est reportée et les conditions de l'opération revues et corrigées.
Cette procédure est surtout utilisée quand l'évaluation de la valeur de l'entreprise et par conséquent la détermination du prix d'introduction de l'action sont simples à évaluer. Le risque de voir le cours de l'action s'envoler lors de la première cotation et s'établir à des niveaux nettement plus élevés que celui du prix minimal est ainsi marginal.
Cela peut concerner le parcours d'une entreprise déjà cotée mais qui désire changer de marché, comme par exemple passer d'Euronext Access vers Euronext Growth ou d'une société cotée à l'étranger et qui décide de l'être également sur la place de Paris. Ce type d'introduction ne sera pas problématique, les entreprises ont déjà un cours de référence sur le marché où elles sont enregistrées.

EXEMPLE L'entreprise Marine SA décide d'utiliser la cotation directe pour faire son entrée en Bourse. Elle fixe un prix minimum de 10 € au-dessous duquel elle ne vendra pas ses actions. Notre investisseur passe un ordre au marché pour l'achat de 80 titres. Le premier jour de la cotation, le prix de marché s'établit à 13 € avec un taux de service de 60 %. Il reçoit 48 actions au prix de 13 €.

Cette dernière étape, qui consiste à choisir la façon dont les titres vont être vendus aux investisseurs, est importante et elle participe au succès de l'opération. Au fil du temps et des expériences, l'OPO est devenue la procédure privilégiée par les chefs d'entreprise.

Mais aussi bien préparée soit-elle, la procédure d'introduction en Bourse doit recevoir l'aval de l'AMF pour être lancée. Le gendarme de la Bourse vérifie que l'opération respecte bien la règlementation comme par exemple la nécessité qu'une partie des titres mis sur le marché (au minimum à 10 % du capital social) soit vendue à des investisseurs individuels.

POURQUOI CHOISIR DE S'INTRODUIRE EN BOURSE ?

L'entrée en Bourse, surtout si elle est réussie, avec une forte demande de la part des investisseurs, est souvent considérée par les entrepreneurs comme la reconnaissance officielle de leur réussite. Attention ! pour l'investisseur, cela n'est pas toujours une garantie de gains. La bulle Internet de la fin des années 90 a montré que ce critère était loin d'être fiable à 100 % et que des sociétés qui étaient entrées en Bourse avec succès n'avait pas eu la réussite et la croissance qu'elles avaient anticipées. Certaines d'entre elles, après avoir vu leurs cours de bourse s'envoler, ont connu des parcours chaotiques aboutissant parfois même à une faillite. C'est ce qui est arrivé aux groupes américains de télécommunications Worldcom et Gobal Crossing.

Le fait d'être côté en Bourse ne présente pas que des avantages pour l'entreprise, car cela implique de rendre des comptes à un grand nombre d'actionnaires et de se conformer à beaucoup de règles. C'est la raison pour laquelle de grands groupes le plus souvent familiaux ont préféré assurer leur développement sans avoir recours au marché. On peut citer par exemple les groupes de la grande distribution Auchan et Décathlon, aux mains de la famille Mulliez ou l'entreprise multinationale de négoce Louis-Dreyfus.

Néanmoins, la cotation d'une entreprise offre un plus indéniable : elle permet à l'entreprise de lever des capitaux qu'elle n'aurait jamais pu obtenir si elle avait sollicité son entourage et son banquier. Ces nouvelles liquidités, la société va pouvoir les utiliser pour investir, poursuivre sa phase de croissance des résultats et assurer son développement.

Quelles que soient les motivations qui gouvernent la décision des dirigeants, l'entrée en Bourse d'une société demeure toujours un évènement. Cette nouvelle entreprise cotée sera peut-être, dans quelques années, la valeur vedette de la cote. Le cours de son action s'envolera pour le plus grand plaisir d'investisseurs qui auront eu le nez fin. Il est donc important que l'épargnant s'intéresse à ce type d'opération sans pour autant y souscrire automatiquement. Il va devoir étudier les notes d'information financière concernant l'entreprise, identifier son cœur de métier, évaluer sa santé financière et juger de ses perspectives de développement pour mieux anticiper une évolution positive ou non de son cours de bourse. C'est avec ces éléments qu'il pourra faire le choix ou non de participer à l'opération. ■

Quelle est l'origine du mot Bourse ?

À première vue son origine paraît évidente, mais la réalité historique a décidé de jouer les trouble-fête.
En effet, contre toute attente, l'usage du mot Bourse pour désigner les marchés financiers, n'aurait pas de lien direct avec le mot latin « *bursa* » désignant, notamment au Moyen Âge, un porte-monnaie bien garni et immortalisé par l'expression « la Bourse ou la vie ».
Il aurait tout d'abord pour source géographique la ville de Bruges. En effet, cette cité flamande a connu entre le XIIe et le XVe siècle un spectaculaire essor démographique et économique. Elle devient l'un des plus dynamiques carrefours européens d'échanges commerciaux, financiers et culturels. La ville reliait à l'époque des pays très actifs économiquement, bordant notamment la mer du Nord, la Baltique et la Méditerranée.
Les riches marchands européens venaient y traiter leurs affaires. Ils ont peu à peu pris l'habitude de se retrouver sur une place autour de laquelle se dressait l'hôtel de la famille Van der Buerse. Cette famille possédait à côté de son hôtel plusieurs auberges dans lesquels les marchands venaient se désaltérer et sceller leurs accords autour d'un bon repas.
Au fil du temps et des évolutions étymologiques, cette place de Buerse est devenue la place de la Bourse, lieu privilégié où se concluaient toutes les grosses affaires commerciales et financières.
Au XVe siècle, Bruges est à son apogée, s'imposant comme la première place financière d'Europe. Le mot Bourse et ses déclinaisons selon les pays (« *Borsa* » en Italie, « *Boerse* » en Allemagne, « *Bolsa* » en Espagne et « *Burse* » en Angleterre) sont alors communément utilisés par tous les marchands européens. Ces termes sont toujours employés de nos jours, à l'exception de l'Angleterre qui au XVIIIe siècle remplace le mot « *Burse* » par l'appellation *Royal Exchange*, nettement plus distinguée.
Malheureusement toute belle histoire a une fin. L'ensablement progressif de son accès à la mer entraîne l'inexorable déclin de Bruges. C'est sa voisine, la ville d'Anvers, qui va lui voler la vedette et prendre sa place, dès le XVIe siècle. Elle demeure encore aujourd'hui une place commerciale internationale avec son port, deuxième plus important d'Europe en termes d'activités après Rotterdam.

QU'EST-CE QUI FAIT FLUCTUER UNE ACTION ?

Une action (appelée aussi part sociale) est un titre de propriété délivré par une entreprise. Il correspond à une part de son capital social. Ainsi, tous ceux qui détiennent des actions sont propriétaires d'une « portion » de la société.

Si l'entreprise est cotée sur un marché, le prix de l'action va constamment évoluer, notamment en fonction des anticipations des investisseurs quant aux futurs résultats de l'entreprise. La valeur de l'action peut ainsi monter ou descendre au gré des échanges, avec à la clef des gains ou des pertes financières en cas de revente. Avec comme scénario catastrophe, la perte intégrale de l'argent investi si l'entreprise fait faillite.

VALEUR NOMINALE ET VALEUR D'ÉCHANGE

Le nominal d'une action est déterminé en confrontant la valeur du capital social indiquée dans le bilan de l'entreprise et le nombre d'actions en circulation. Plus précisément en divisant le montant du capital social par le nombre d'actions émises.

EXEMPLE Si le capital social d'une entreprise est valorisé à 20 millions d'euros et que le nombre d'actions est de 100 000, le nominal de l'action sera de 200 € (soit 20 000 000/100 000)

La valeur d'échange ou cours de Bourse d'une action est égale à la valeur du titre constatée sur les marchés au moment de la cotation ou, si le titre n'est pas coté, à la valeur constatée au cours d'une transaction de gré à gré de vente et d'achat de titres entre investisseurs.
Les investisseurs peuvent en effet considérer que compte tenu de son activité propre, de son positionnement sectoriel, de la conjoncture économique nationale et internationale, l'entreprise va poursuivre la croissance de son activité et de ses bénéfices ou au contraire affichera des résultats en berne.
Aussi à tout moment, en fonction des anticipations des investisseurs, la valeur d'échange de l'action, peut être égale, supérieure ou inférieure à sa valeur nominale.

DIFFÉRENTS TYPES D'ACTIONS : COMMENT S'Y RETROUVER ?

Il existe toute une famille d'actions qui ont chacune des qualités propres et répondent à des règles différentes.

L'action cotée au porteur

C'est le type d'action le plus répandu. Elle est anonyme, car la société ne détient pas l'identité de l'actionnaire. Toutes les opérations d'achat ou de vente des titres sont réalisées par un intermédiaire financier (banque, courtier ou conseiller financier indépendant) pour le compte de son client. En principe, c'est l'intermédiaire financier qui prévient son client actionnaire des dates des AG et transmet les documents associés à cette AG (résolutions, comptes de l'entreprise). L'action est enregistrée sur le compte titre ou le PEA de l'épargnant.

L'action cotée nominative

Elle exige l'inscription de l'identité de l'actionnaire sur un registre de l'entreprise, qui en détient la garde. L'actionnaire est alors convoqué personnellement par l'entreprise pour participer aux AG ou à certaines manifestations. Toutes les entreprises cotées n'offrent pas la possibilité de détenir des actions nominatives. Ce peut être un moyen pour l'entreprise de mieux contrôler son actionnariat et les mouvements sur ses titres, car l'actionnaire doit avertir l'entreprise avant de mener toute opération d'achat ou de vente.

L'action de capital et l'action d'apport

Une action de capital ou action numéraire a été acquise par le versement d'une somme d'argent.
Une action d'apport a été acquise par l'apport, en faveur de l'entreprise, de biens immobiliers, de matériels, de droits d'exploitation ou de brevets. Leur négociation sur les marchés ne peut intervenir qu'après un certain temps d'existence (en moyenne 2 ou 3 ans). Après cette période, elles sont considérées comme des actions de capital.

L'action de préférence (ADP)

À côté des actions ordinaires qui donnent des droits bien définis (droit de vote, droit à l'information, droits de percevoir des dividendes), il existe des actions « particulières » dites de préférence (ADP) qui peuvent apporter des avantages financiers, juridiques ou décisionnels, à titre temporaire ou permanent, à leurs détenteurs. Et par là-même, déroger à la règle démocratique « une action, une voix ». Elles répondent assez souvent à un besoin précis de la part des dirigeants de l'entreprise.
Ces actions peuvent être émises au moment de la création de l'entreprise ou au cours de son développement. Ce sont les actionnaires qui, réunis en assemblée générale extraordinaire, décident de l'émission, du rachat ou de la conversion des actions de préférence en actions ordinaires. Ainsi, au sein du capital d'une même société peuvent coexister différents types d'actions.

ADP à dividende prioritaire. Au sein des ADP, les plus communes sont celles qui offrent un dividende prioritaire sans droit de vote. Ainsi leurs détenteurs seront les premiers servis, si l'entreprise décide de verser un dividende, et cerise sur le gâteau, le montant du dividende par action versé sera plus élevé que celui distribué aux propriétaires d'actions ordinaires. Cette prime sera au minimum égale à 7,5 % de la valeur nominale de l'action. Ils peuvent aussi bénéficier de droits spécifiques, comme une information financière plus détaillée ou d'une représentation au conseil d'administration.

En cas de liquidation, ils sont prioritaires sur les propriétaires d'actions ordinaires pour récupérer un peu d'argent sur des biens qui n'ont pas été saisis et ils ne seront pas appelés pour rembourser des dettes.

Mais en contrepartie de ces avantages, les détenteurs renoncent à leur droit de vote et donc ne peuvent pas exprimer leur avis sur les grandes orientations stratégiques de la société.

Ce type d'actions permet notamment aux actionnaires fondateurs de pouvoir réaliser une augmentation de capital sans diluer le droit de vote et sans prendre le risque de perdre le contrôle de l'entreprise.

ADP à droit de vote double. Les actions à droit de vote double sont largement distribuées dans les grands groupes cotés au CAC 40 ou au SBF 120. Il faut dire qu'une loi a été votée pour favoriser l'émission d'actions à vote double. Malgré l'opposition du Sénat, les députés français adoptent, en février 2014, la loi Florange, visant à reconquérir l'économie réelle.

Dans son article 7, la loi institutionnalise la création d'actions à vote double pour les entreprises cotées. En effet, sauf dispositions contraires votées à la majorité des deux tiers par les actionnaires en assemblée générale ou inscrites dans les statuts de l'entreprises, tous les détenteurs d'actions nominatives d'une entreprise depuis au moins 2 ans bénéficieront de droits de vote double. Pour le gouvernement de l'époque, cette loi avait pour objectif de favoriser l'actionnariat de long terme au détriment des spéculateurs de court terme, tout en sécurisant le capital de l'entreprise face à toute tentative de prise de contrôle inattendue et inamicale. Les actions à droit de vote double reviennent ainsi aux actionnaires « stables » qui souhaitent rester dans le capital de l'entreprise sur une période assez longue et aux actionnaires de référence qui ont un poids dans l'entreprise. Cette notion de vote double, même si elle favorise les actionnaires fidèles, est loin de susciter l'unanimité. Non seulement la proposition de loi Florange avait été retoquée à l'époque par les sénateurs, mais actuellement des associations d'actionnaires tirent à boulets rouges sur ce système de vote double qu'ils associent à un bouclier anti-OPA (offres publiques d'achat). Or durant les OPA (qui sont des opérations visant à fusionner deux

VOTE DOUBLE ÉCARTÉ
Pour éviter la grogne de leurs actionnaires, certaines sociétés cotées comme Air Liquide, BNP Paribas, Crédit agricole, Vinci, L'Oréal, Eiffage, la Scor ont écarté de leurs statuts cette notion de vote double.

sociétés cotées), amicales ou inamicales, les cours des actions s'envolent et les actionnaires sont souvent les grands gagnants.

L'Action à bon de souscription d'action (ABSA)

Au cours d'une opération d'augmentation de capital, l'entreprise peut coupler les nouvelles actions émises avec un ou plusieurs bons de souscription d'action. Elles portent le nom d'actions à bon de souscription d'action (ABSA). Ces bons de souscription offrent à l'actionnaire la possibilité d'acheter des actions supplémentaires à un prix défini à l'avance pendant une durée limitée. Ces bons font l'objet d'une cotation à part durant leur période de validité et peuvent être vendus à tout moment indépendamment des actions avec lesquelles ils étaient distribués. Si pendant leur durée de validité, le cours de l'action devient supérieur au prix d'achat fixé par le bon, les actionnaires ont tout intérêt à exercer leurs bons et à acquérir des actions à un prix inférieur au marché. Ces opérations correspondent pour l'entreprise à une augmentation de capital. Car ce sont de nouvelles actions émises par la société qui sont achetées par les actionnaires. Ces actions à bons de souscription d'actions sont plutôt utilisées par les jeunes PME et start-up afin d'attirer et fidéliser les investisseurs. ■

L'INFLUENCE DU CLIMAT ÉCONOMIQUE

Le cours d'une action va certes dépendre de la solidité financière de l'entreprise et de la croissance de ses résultats, mais pas seulement. Elle est dépendante du dynamisme de l'environnement économique national et international : mondialisation oblige.

S'il est logique que des facteurs internes à l'entreprise, touchant sa santé financière, la croissance de ses résultats, le montant de ses bénéfices puissent influer sur le cours de son action, en revanche, il est nettement moins évident pour tout néophyte de la finance d'admettre que la publication du taux de chômage aux États-Unis puisse influer sur le cours de l'action de Danone ou de Michelin. En quoi la publication des taux d'intérêt de la Fed ou de la BCE peut-elle avoir un impact sur la valeur du titre BNP Paribas ou de Total ?

Ces liens de cause à effet n'ont *a priori* aucun fondement et pourtant, il est important de connaître les schémas décisionnels et réactionnels des investisseurs pour mieux anticiper leurs réactions.

Aussi, dans ce chapitre nous allons détricoter ces liens pour vous permettre d'y voir plus clair, afin d'affiner les éléments qui conduiront vos choix d'investissement. Car investir en Bourse ce n'est pas gratter un jeu de Bingo ou remplir une grille de loto. Il faut s'informer avant de décider.

Évidemment, la Bourse a aussi ses moments d'irrationalité. Les marchés sont avant tout composés d'êtres humains. L'effet de groupe participe aussi à la vie des investisseurs, avec parfois ce caractère moutonnier qui peut s'exprimer dans des moments d'extrême nervosité ou d'euphorie. C'est ce qui arrive lors de la formation de bulles spéculatives comme il y en a eu avec les sociétés Internet à la fin des années 90. Les investisseurs montrent un véritable engouement vis-à-vis de certaines actions dont les cours explosent. Et quand brutalement la bulle éclate, ces mêmes actions dévissent tout aussi rapidement.

Les marchés s'emballent à la baisse ou à la hausse, mais à un moment ou à un autre, le rationnel et le pragmatisme reprennent le dessus, car c'est de l'argent sonnant et trébuchant qui est en jeu. Une période de correction des excès survient tôt ou tard.

Enfin, il ne faut pas oublier que la Bourse est le royaume des anticipations. Pour gagner en Bourse, il faut sans cesse prévoir les périodes de croissance économique comme les périodes de récession. Mieux vous anticiperez et plus les gains seront au rendez-vous.

Comme il est impossible de tout posséder, de tout dominer, de tout connaître de l'information économique et financière, nous allons vous dresser une liste des principaux indicateurs macro-économiques clefs qu'il convient d'observer avant d'investir. Il faudra aussi accepter la présence d'impondérables, de facteurs positifs ou négatifs sur lesquels vous n'avez pas de prise et qui soudainement s'exprimeront un jour et viendront balayer votre analyse. Comme par exemple une opération de fusion de deux entreprises, un *profit warning* ou avertissement sur les résultats, des données comptables falsifiées ou une série d'attentats de grande envergure au cœur de capitales occidentales, ou encore, des attaques par drones d'infrastructures pétrolières.

LE PRODUIT INTÉRIEUR BRUT (PIB)

Le PIB mesure les richesses produites dans un pays. Plus concrètement, cet indicateur résulte de la somme des valeurs ajoutées réalisées par les différents acteurs économiques d'un pays. Ainsi, pour fabriquer une table, une menuiserie a besoin de la matière première, c'est le bois, des matériaux transformés comme des vis, de la colle, du vernis, et de services, comme la fourniture d'électricité pour faire tourner ses machines. Si l'entreprise vend sa table à un prix qui est supérieur à la somme des dépenses dites intermédiaires, nécessaires pour la produire (le prix du bois, des vis, de la colle, du vernis et les dépenses en électricité), elle crée de la valeur ajoutée.

Un indicateur important

Le PIB est un bon indicateur du dynamisme d'une économie nationale et des entreprises présentes sur son territoire puisque ce sont les entreprises elles-mêmes qui par leur activité créent de la valeur ajoutée. Mais comme la Bourse cherche à anticiper, il y a souvent un décalage, dans le temps, entre le taux de PIB et la croissance des indices boursiers. Bien plus que la valeur du PIB en elle-même, c'est la croissance de cette valeur qui suscite l'intérêt. Aussi mieux vaut être averti pour éviter de prendre trop tardivement le train en marche !

Croissance oui, mais sans créer d'inflation

Mais attention, ce lien entre niveau du PIB et niveau des indices boursiers n'est pas indéfectible. Parfois, selon l'environnement politico-financier, une croissance du PIB n'aura que peu d'impact sur l'évolution des indices boursiers. Ce fut le cas au cours des années 60, début des années 70. Nous sommes à l'époque des Trente Glorieuses, le PIB fait des étincelles avec des taux compris entre 4,5 et 8 % *(Source : Wikipédia)*. Mais en France, l'euphorie boursière n'est pas pour autant

La Bourse anticipatrice, mais pas toujours...

Année	Évolution CAC 40 en %	Évolution PIB américain en %
1988	57,4	4,18
1989	29,5	3,67
1990	-24,06	1,89
1991	15,5	-0,11
1992	5,2	3,52
1993	22,1	3,75
1994	-17,5	4,03
1995	-4,3	2,68
1996	23,24	3,77
1997	29,34	4,45
1998	37,31	4,48
1999	51,12	4,75
2000	-0,54	4,13
2001	-29,97	1
2002	-33,75	1,75
2003	16,12	2,86
2004	7,4	3,8
2005	23,4	3,51
2006	17,53	2,85
2007	1,31	1,85
2008	-42,68	-0,14
2009	22,32	-2,54
2010	-3,34	2,56
2011	-16,95	1,55
2012	15,23	2,25
2013	17,99	1,84
2014	-0,54	2,45
2015	8,53	2,88
2016	4,86	1,52
2017	9,26	2,22
2018	-10,95	2,86

PIB américain : source OCDE /CAC 40
Source : Wikipédia

Avec la mondialisation, le poids de l'économie américaine et le fort intérêt des investisseurs pour les statistiques financières américaines sont tels qu'ils influent sur l'ensemble des indices internationaux. D'ailleurs le CAC 40, dès l'ouverture de Wall Street, aura tendance à suivre l'évolution des indices américains. C'est la raison pour laquelle nous avons associé dans notre tableau l'évolution du CAC 40 et l'évolution du PIB américain.
La Bourse de Paris a su anticiper une baisse de la croissance américaine en 1990, en 1994, en 2000-2001, en 2007-2008 et en 2010. L'indice CAC 40 a alors affiché des performances boursières en forte baisse annonçant un ralentissement de l'économie américaine l'année suivante (en marron sur le tableau). En revanche, elle a montré ses limites d'anticipation en 1995, en 2002, en 2011 et en 2014 (en gris sur le tableau). Ces années-là, la Bourse est restée mal orientée, alors que la croissance américaine était relativement solide l'année suivante.
Inversement, la Bourse de Paris est restée confiante en 1989, alors que le PIB américain affichait un niveau de croissance en baisse (en jaune sur le tableau). Aussi, elle a dû rectifier le tir de façon brutale en affichant une forte baisse de 24 % du CAC 40 en 1990.
De façon globale, la Bourse de Paris n'a pas su se montrer efficace dans ses anticipations à cinq reprises sur une période de trente ans. C'est finalement une belle performance.

au rendez-vous. Au contraire, les marchés financiers sont interminablement orientés à la baisse, ce qui poussera d'ailleurs un bon nombre de petits épargnants à se détourner complètement de la Bourse. Il faut dire aussi qu'à cette époque, la mondialisation est encore un embryon, et ce sont avant tout les données économiques et sociales françaises qui impactent la performance de la Bourse de Paris.

Pourquoi une telle situation ? Certes durant les Trente Glorieuses, l'économie française produit de la richesse, les ménages consomment et les entreprises investissent. Mais certains indicateurs économiques vont passer dans le rouge et inquiéter les investisseurs. Il y a, tout d'abord, les risques d'inflation. Jusqu'à la fin de l'année 1973, au moment où éclate le premier choc pétrolier, le taux de chômage est inférieur à 3 %. Il n'y a pas de tension sur le marché du travail, les entreprises se développent et ont besoin de recruter. La hausse des salaires est globalement supérieure aux gains de productivité. Ce qui crée, en bout de course, des tensions sur les salaires et, mécaniquement, sur les prix. Du coup, l'inflation ne cesse de progresser, passant de 2,15 % en 1964 à 8,48 % en 1973, pour culminer à 15,16 % en 1974 (Source : inflation.eu). Or les investisseurs n'apprécient pas ce type de situation, qui finit par peser sur les marges des entreprises et donc sur leurs bénéfices. De plus, les comptes du budget de l'État se dégradent avec l'apparition d'un déficit public en 1968. À cela s'ajoutent, au cours de la même année, les mouvements étudiants, les grèves à répétition, et la crise des institutions qui conduira en 1969 à la démission du président de la République, Charles de Gaulle, générant un climat d'incertitudes néfaste pour l'investissement en Bourse. Entre décembre 1961 et décembre 1967, l'indice parisien des valeurs boursières cède 32,3 %, mettant ainsi un terme à un cycle haussier observé depuis 1949. *(Source : Histoire de la Bourse de Paris de Paul Jacques Lehmann, PUF).* Alors que sur la même période, le PIB français affiche des taux de croissance annuel compris entre 4,8 % et 6,8 % ! *(Source : Wikipédia).* Des taux qui enthousiasmeraient de nos jours les investisseurs. Malgré une situation de prospérité sur le plan économique, l'environnement politique incertain et les tensions sur les prix et les salaires ont fini par peser sur le moral des investisseurs. La Bourse a ainsi évolué à contre-courant du PIB.

L'INFLATION

L'inflation correspond à une hausse générale et durable des biens de consommation et des services aux particuliers (alimentation, électricité, gaz, réfrigérateur, billets de train...) ainsi que des biens de production et des services aux entreprises (matières premières, énergie, machines, moyens de transport...).

L'impact de l'inflation sur la Bourse : une question de dosage

À petite dose, autour de 2 %, l'inflation est plutôt une bonne chose pour l'économie. Si le consommateur a la certitude que ce qu'il souhaite acheter vaudra un peu plus cher demain, il pourra choisir de l'acquérir aujourd'hui, plutôt que d'épargner pour l'acheter plus tard. Cette inflation encourage la demande qui remplit les carnets de commandes des entreprises. Cela « lubrifie » la mécanique, alimente la croissance. Bref, c'est plutôt vivifiant pour l'économie, tonifiant pour les bénéfices et prometteur pour les dividendes.

La crainte d'une inflation galopante

Seulement voilà, si l'inflation n'est pas maîtrisée, perdure et progresse, cela va finir par laminer la compétitivité des entreprises et donc par peser sur le marché boursier.

Pour faire face à ce risque d'une inflation galopante et durable, les banques centrales des pays touchés vont augmenter leurs taux directeurs, notamment leur taux de refinancement, qui est le taux auquel les banques peuvent emprunter auprès de la banque centrale. Du coup, les banques vont répercuter cette hausse sur le coût des crédits qu'elles accordent aux particuliers, aux entreprises et à l'État. Il y aura moins de demandes d'emprunts pour consommer ou investir. Parallèlement, les placements à taux fixe comme les livrets, les obligations vont offrir des taux plus élevés, ce qui va pousser les gens à épargner. Moins de consommateurs et plus d'épargnants, une situation qui va finir par tirer l'inflation vers le bas.

Pour les entreprises, qui dit hausse généralisée des prix, dit aussi hausse des matières premières, hausse des matériaux nécessaires à la production, hausse des services, ainsi qu'à terme une hausse des salaires nécessaire pour tenter de limiter la perte de pouvoir d'achat des employés. Une situation qui va réduire les marges des sociétés, altérer leur compétitivité face à des concurrents étrangers. Les bénéfices piquent du nez. Les dividendes sont enterrés et l'actionnaire doit patienter.

Aussi, durant les périodes de forte inflation, mieux vaut faire le dos rond si vous avez des actions et éviter d'investir, tout en surveillant de près les premiers signes d'une décélération de l'inflation, car c'est à ce moment-là qu'il faudra revenir en Bourse pour acheter des titres devenus, la plupart du temps, bon marché.

RÉPERCUSSION SUR LES OBLIGATIONS
Cette période de remontée des taux d'int»rêt favorise aussi l'attractivité du marché obligataire au détriment du marché boursier, son principal concurrent.

LA DÉFLATION

Comme son nom l'indique, c'est le mécanisme inverse de l'inflation. L'économie se trouve embourbée dans une spirale de baisse généralisée et durable des prix. Une situation qui incite les ménages à repousser leurs achats en attendant des jours meilleurs. Les stocks des entreprises grossissent, la production ralentit, les investissements se raréfient. Les entreprises se restructurent, les plans sociaux se multiplient, le chômage s'envole, favorisant de nouveau la baisse de la consommation. Une fois installée, la déflation devient très difficile à combattre, car le système s'auto-entretient. C'est une période noire pour les investisseurs en général et les marchés des actions en particulier.

Aussi, les banques centrales veillent de très près à éviter que cette situation perdure, quitte à lancer des mesures préventives. Cela été notamment le cas de la banque centrale américaine (Fed) qui a très rapidement réagi lors de la crise des *subprimes* en 2007, en baissant ses taux directeurs et en injectant d'importantes liquidités pour éviter les risques de déflation.

Heureusement les situations de déflation sont assez rares et ne se sont pleinement exprimées qu'à trois reprises, à chaque fois après un krach financier et immobilier : au début des années 30 aux États-Unis et qui se propagea en Europe, de 1995 à 2014 au Japon et dans une moindre mesure de 2013 à 2017 en Grèce. À chaque fois la déflation touche de plein fouet la Bourse et le marché immobilier.

L'ÉVOLUTION DES TAUX D'INTÉRÊT ET LEURS EFFETS

Comme nous l'avons vu précédemment, les banques centrales peuvent intervenir sur leur taux directeur afin de juguler les risques d'une inflation galopante ou de déflation.

Mais au-delà de ce type d'intervention, les missions d'une banque centrale sont nombreuses et importantes pour assurer le bon fonctionnement de l'économie, car elle veille notamment à la stabilité du système financier et bancaire de son pays ou d'une zone monétaire d'appartenance comme c'est le cas pour la Banque centrale européenne (BCE) avec la zone euro.

Le rôle de la Banque centrale

Cette banque fixe le niveau des taux d'intérêt de ses prêts accordés au banques commerciales (taux directeurs), qui conditionnera le niveau des taux des prêts accordés aux États, aux entreprises et aux particuliers. De plus, elle « Bat monnaie », fabriquant des pièces et des billets qui sont ensuite injectés dans l'économie via les banques commerciales au profit des entreprises et des particuliers (crédits accordés).

Les investisseurs auront avant tout les yeux rivés sur un point : la Banque centrale va-t-elle modifier ses taux directeurs ? Car c'est bien l'évolution des taux directeurs qui dicte le niveau des taux d'intérêt court terme qui seront pratiqués par les banques commerciales. Or ces taux court terme sont déterminants pour mieux comprendre l'évolution de l'économie.

Lorsque la Banque centrale ne redoute pas de risques d'inflation, elle va favoriser des niveaux de taux qui seront bas. Dans la foulée, c'est l'ensemble des taux, qu'ils soient court, moyen ou long termes, qui seront tirés vers le bas. À condition, cependant, que les acteurs économiques et les investisseurs soient tout aussi optimistes.

Si les investisseurs, notamment les banques, sont confiants, cette stratégie de taux bas sera favorable pour l'économie. Du coup, le crédit coule à flot car il est peu cher, les particuliers vont pouvoir s'endetter pour acheter leur maison, une

voiture, un lave-vaisselle ou réaliser des travaux. Les entreprises seront tentées d'emprunter pour investir, les États de mener des politiques de grands travaux. Les niveaux des taux courts puis moyen et long termes vont baisser, pouvant atteindre des paliers proches de zéro comme c'est le cas actuellement.
En revanche, si les investisseurs ont des doutes sur la politique monétaire de taux bas de la banque centrale et craignent un risque inflationniste, alors elles hésiteront à prêter. L'offre limitée de crédit, notamment pour financer les investissements et les prêts sur longue période, aura pour effet d'entraîner une remontée des taux longs, même si du fait de la politique de la Banque centrale, les taux courts restent bas. La prime de risque réclamée par les prêteurs, quant à elle, sera plus élevée.

Le rôle des États

Les États peuvent aussi influer sur le niveau des taux long terme. Si un gouvernement décide de baisser les impôts tout en gardant des dépenses élevées (stratégie de la politique libérale aux États-Unis dans les années 80), ou s'il augmente ses dépenses sans que les recettes fiscales suivent (politique française de la gauche en 1981), un déficit budgétaire de l'État peut survenir ou s'accroître. L'État doit émettre des emprunts pour tenter de le réduire. Plus il en émet et plus il risque d'avoir des difficultés pour trouver des investisseurs pour y souscrire. Pour attirer les investisseurs, il devra émettre des emprunts long terme avec des taux plus élevés.

Peu de marge face à la déflation

Aussi, des périodes de déficit budgétaires vont souvent de pair avec une remontée des taux long terme. Fin 2009, la crise grecque et les tensions sur certains pays comme l'Italie ou l'Espagne en sont les parfaits exemples. Les banques centrales veillent également à empêcher tout risque de déflation. Face à une telle menace, elles disposent d'une double parade : baisser les taux directeurs et injecter des liquidités pour doper l'économie du pays. Mais avec les taux directeurs actuels, autour de zéro, la Banque centrale européenne aurait peu de marge de manœuvre pour faire face à un tel danger.
Si des risques d'inflation se précisent, la Banque centrale va alors resserrer sa politique monétaire et relever ses taux directeurs. On assiste à une remontée des taux court, puis moyen et long termes avec, à la clef, un ralentissement de l'activité économique. Les actionnaires doivent alors s'attendre à des jours difficiles.
D'autant plus que toute remontée des taux long terme apporte de l'attractivité au marché obligataire, principal concurrent du marché actions.
C'est la raison pour laquelle les actionnaires, les acteurs économiques et les politiques n'apprécient pas l'intervention de la Banque centrale en faveur d'une remontée des taux directeurs. Les pressions sont fortes car une telle mesure ne peut être qu'impopulaire. Aussi pour limiter le poids de ces pressions, la plupart des pays ont opté pour que leur Banque centrale soit indépendante.

Etudier les taux d'intérêt pour anticiper les crises

Evolution des taux d'intérêts long et court terme entre 2000 et 2019

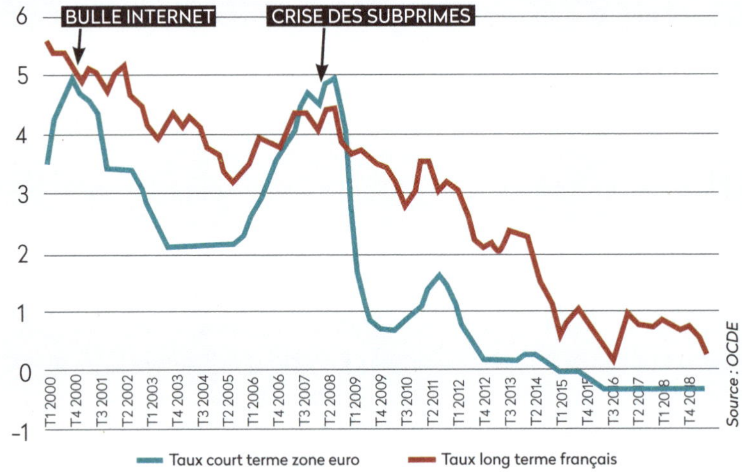

L'étude comparative des courbes de taux peut être un moyen d'anticiper les évolutions des marchés.

Si les taux long terme sont plus élevés que les taux court terme mais avec un écart stable et relativement faible, on se trouve dans la situation la plus courante. Plus un prêt est long plus le risque pour le prêteur qu'il ne soit pas remboursé est fort. Un taux long terme est naturellement plus élevé qu'un taux court terme pour compenser un risque plus important.

Si l'écart entre les taux court terme et long terme à tendance à s'accentuer en faveur des taux long terme, on peut envisager deux cas de figure. Première situation, les investisseurs anticipent le retour de l'inflation, alors que de son côté la Banque centrale reste optimiste. Deuxième cas, des États enregistrent une dégradation de leur situation budgétaire. Pour réduire ce déficit, ils doivent emprunter à long terme, mais compte tenu de leur situation, les investisseurs vont accepter de leur prêter mais à des taux plus élevés.

Si au contraire les taux court terme sont plus élevés que les taux long terme, cela signifie que la Banque centrale, face à un fort risque d'inflation, est en train de remonter ses taux directeurs (court terme). C'est un très mauvais signal pour la Bourse et pour les résultats des entreprises puisqu'il annonce un ralentissement de la croissance. Comme le montre le graphique, c'est ce qui est arrivée en 2007-2008, au moment où la crise financière mondiale battait son plein. En 2000, nous assistons à un resserrement des taux long terme et court terme car la finance mondiale est ébranlée par l'éclatement de la bulle internet.

Pour les États, une remontée des taux directeurs entraîne une hausse des taux long terme et donc des intérêts pour tout nouvel emprunt sollicité.
Pour les actionnaires, ce n'est pas non plus une bonne chose, car cela pénalise les entreprises puisque les emprunts souscrits pour investir vont « coûter » plus cher avec des intérêts à régler plus élevés. De plus la concurrence existe bien évidemment entre les différents produits financiers. Car si les taux augmentent, les emprunts d'État seront mieux rémunérés et le marché obligataire devient plus attractif au détriment du marché des actions. L'écart peut encore être aggravé : les résultats des entreprises risquent de baisser avec, dans leur sillage, un recul des dividendes versés et finalement une baisse des rendements financiers pour les actions. Mieux vaut, dans une telle situation, acheter des obligations qui présentent, en outre, moins de risques que les actions.

L'ÉVOLUTION DU TAUX DE CHANGE ENTRE L'EURO ET LE DOLLAR

Depuis la fin des accords de Bretton Woods en 1973 et la mise en place d'un taux de change flottant, la valeur d'une monnaie varie constamment par rapport à celle des autres devises.
Une monnaie sera généralement forte quand son économie est en pleine croissance. Avec la mise en place de la zone euro en 1999, les investisseurs sont désormais attentifs aux variations du taux de change des devises étrangères par rapport à la monnaie unique. Si l'euro se renchérit de manière trop forte par rapport aux autres monnaies et notamment face au dollar, les investisseurs vont être plus réticents à investir dans des entreprises implantées dans cette zone. Cette situation va en effet pénaliser la compétitivité des sociétés exportatrices. Leurs produits vendus en euros vont coûter plus cher pour les clients étrangers qui disposent d'une monnaie locale qui se déprécie face à l'euro. À l'inverse les importations vont progresser, car les consommateurs européens achèteront davantage de produits fabriqués à l'étranger, dont le prix d'achat devient de plus en plus compétitif.
Suite à la crise financière des *subprimes*, l'euro, entre 2008 et 2011, s'est fortement renchéri par rapport au dollar. Est-ce un hasard ? Mais parallèlement à cette bonne tenue de la monnaie unique, la Bourse de Paris s'est retrouvée dans le rouge en 2008, 2009 et 2011.
Néanmoins, un euro fort, surtout face au billet vert, n'offre pas que des inconvénients.
Il permet de limiter les hausses de prix des matières premières libellées en dollars comme les produits pétroliers et gaziers, les métaux, les produits agricoles importés... Et ainsi de réduire les risques de tensions inflationnistes.

L'ARBITRAGE ENTRE LE MARCHÉ ACTION ET LE MARCHÉ OBLIGATAIRE

À première vue, le choix entre action et obligation pourrait paraître assez

simple, il suffirait de comparer le rendement d'une obligation d'État et celui d'une action (le montant des intérêts face à celui du dividende).
La réalité est plus complexe. L'obligation offre un rendement tous les ans, fixé à l'avance ou avec un mode de calcul connu à l'avance. Il est identifié par son taux actuariel (expliqué plus en détail P. 83).
Pour les actions, le versement d'un dividende n'est pas systématique et son montant peut varier selon l'importance des bénéfices enregistrés. Aussi, le rendement d'une action demeure aléatoire. Cependant, afin de tenter de limiter l'impact de cette incertitude, les analystes financiers publient des anticipations de résultats, de versements de dividendes et de PER (*Price earning ratio*). Mais attention, qui dit anticipation ne signifie pas pour autant réalisation ! Il arrive parfois que des facteurs non identifiés viennent contrarier les projections des analystes.

RENTABILITÉ D'UNE ACTION
Pour la calculer il faut diviser le montant du bénéfice net par action par le cours de l'action. C'est en réalité le rapport inverse du PER, indice bien connu des actionnaires, mesurant la cherté d'une action et que nous verrons (au chapitre 4, p 153).

ET PUIS IL Y A L'IMPONDÉRABLE

Les marchés financiers sont cycliques, parce que l'économie l'est. L'observation de l'évolution de l'indice CAC 40 depuis sa création en 1987 met en évidence des cycles haussiers puis baissiers. Ainsi, le CAC 40 enregistre en moyenne 2 à 3 années de hausses successives avant de passer dans le rouge. La période 2003 à 2007 a été particulièrement bénéfique pour l'indice phare de la Bourse de Paris qui a connu cinq années dans le vert et un indice qui a progressé de 83,2 % ! Mais cette incroyable performance boursière succédait d'une part à une contre-performance tout aussi violente puisque sur les années 2000, 2001 et 2002, l'indice CAC 40 a chuté de 48,5 %. Et d'autre part, la correction ne s'est pas fait attendre en 2008. L'indice parisien s'est effondré de 42,7 %, avec pour toile de fond la crise financière mondiale et la faillite de la banque américaine Lehman Brothers en septembre 2008. Ainsi, les retours de bâton causés par des crises peuvent être brutaux et produire des baisses vertigineuses.
Parfois, même si l'environnement économique semble favorable, un évènement international hors du commun et subit peut provoquer un trou d'air et entraîner dans son sillage la chute des Bourses internationales. Ainsi, l'annonce, le 19 août 1991, de l'éviction de Mikhaïl Gorbatchev à la tête de l'URSS, à la suite d'un *putsch*, entraîne la chute du CAC 40 qui abandonne 7,3 % sur une séance. Le 11 septembre 2001, quand des avions pilotés par des terroristes percutent les tours jumelles du World Trade Center et le Pentagone, les Bourses mondiales s'effondrent, le CAC 40 dévisse de 7,39 %.
Une entreprise peut aussi subir des déboires non anticipés et voir son cours chuter. Ce fut le cas du groupe Buffalo Grill qui vécut un mercredi tragique. Ce 18 décembre 2002, le cours de son action s'effondre de près de 90 % et il

doit être suspendu, après l'annonce de la mise en examen de quatre de ses dirigeants. Une décision liée à une possible contamination de la maladie de Creutzfeldt Jacob de clients de l'enseigne de restauration. Lors de la reprise de la cotation le 8 janvier 2003, l'action dégringole de 44 %. Quinze années plus tard, le groupe bénéficiera d'un non-lieu judiciaire.

LA NOTION DE JUSTE PRIX EST-ELLE RÉALISTE ?

Parfois le simple bon sens, quitte à être à contre-courant du marché, peut vous permettre de réaliser une bonne affaire. Ainsi, l'histoire de ce médecin de campagne est éclairante. Il avait acheté comme bon nombre de Français des actions France Télécom au moment de la privatisation de l'opérateur. *« Je les avais achetées 182 francs (27,75 €), lors de la première privatisation en 1997, je n'avais plus porté attention à mes actions, puis un jour, début mars 2000, j'ai regardé mon relevé de portefeuille et je vois mes titres qui étaient à 215 €. Leur cours avait été multiplié par 8 en 2 ans et demi. Je me suis dit, c'est de la folie une telle augmentation de richesse. Une entreprise ne peut pas atteindre de tels taux de progression. Il y a anguille sous roche. Je suis à la tête d'un cabinet médical. Certes c'est une entreprise unipersonnelle, mais je génère un chiffre d'affaires et j'ai des charges à assumer. France Télécom, a, à son niveau, d'importantes charges. Elle doit verser des salaires, payer un loyer, faire de lourds investissements et ça coûte cher. Fort de ce simple constat, j'ai décidé de tout vendre et de me faire plaisir en achetant un tableau que je voulais acquérir depuis des années. Quelques mois plus tard le cours des actions France Telecom a commencé à s'effondrer pour ne jamais se redresser. Je n'aurais jamais pu ensuite m'acheter ce tableau. J'ai eu un peu de flair et beaucoup de chance ».* Mais aussi du bon sens.

Avant tout un prix de marché

Face à une telle constatation, qui est loin d'être isolée, il est naturel de se demander si la notion de juste prix pour une action est bien réaliste ou n'est, au fond, qu'une illusion. Le débat reste ouvert. En tout cas, il existe un prix de marché qui résulte de la confrontation de l'offre et de la demande. À un moment donné, un vendeur d'une ou plusieurs actions s'est mis d'accord avec un acheteur sur un prix d'achat de l'action.
Peut-on pour autant dire que ce prix est conforme à la réalité économique et financière de l'entreprise ? Cette question est d'autant plus problématique que la cotation en continu des marchés entraîne parfois, dans la même journée, des variations de cours importantes pour une même entreprise. Ces variations se justifient-elles ? Ceci est d'autant plus flagrant dans des périodes de forte volatilité des marchés. La nervosité ambiante des investisseurs peut avoir des conséquences qui ne sont pas toujours rationnelles sur le cours de bourse. Alors qu'il n'y a pas eu d'annonce particulière, comment expliquer qu'au cours

d'une même séance de cotation, une action va débuter sa cotation en hausse de 2,5 % puis baisser pour atteindre un plus bas de 3 % avant de remonter en fin de séance pour enregistrer à la clôture une progression de 1,5 % ? L'entreprise a-t-elle pu, dans le cadre de son activité quotidienne, influer sur la valorisation de son bilan et de ses résultats au point d'expliquer de telles variations ? Bien sûr que non.
Cette situation montre bien qu'il y a des facteurs externes à l'entreprise, liés à l'environnement économique national et international, à la stabilité géopolitique mondiale et qui vont influer sur le prix des actions. Bienvenue dans l'ère de la mondialisation. ■

LES DIFFÉRENTES FORMES D'ACTIONNARIAT

Les actionnaires individuels ne sont pas les seuls à détenir des actions. Au contraire, ils ne sont en fait que la face émergée de l'iceberg. Différentes formes d'actionnariat modèlent profondément le paysage boursier et assurent la répartition des pouvoirs dans l'entreprise.

L'ACTIONNARIAT FAMILIAL

Il demeure le type d'actionnariat le plus répandu dans le monde. En France, plus de 80 % des entreprises, toutes tailles confondues, sont des sociétés familiales. Elles emploieraient près de deux tiers des salariés du secteur privé.
Les groupes cotés familiaux ont été quelque peu délaissés par les investisseurs dans les années 90 et au début des années 2000. Même s'ils étaient performants, ils véhiculaient une image plutôt « vieillotte », perpétuant des valeurs et des méthodes de management jugées trop conventionnelles et pas assez tournées vers l'avenir et le changement, comme pouvaient le proposer, par exemple, les entreprises de la nouvelle économie.

Favoriser le long terme

Toujours soucieuses d'assurer la transmission de ce « patrimoine économique », les entreprises familiales privilégient la prudence à la précipitation pour guider leurs choix stratégiques. Il est rare qu'un groupe familial modifie radicalement et brutalement ses méthodes de management, son organisation, même s'il choisit la voie de la diversification. Toute succession à la tête de la société va se préparer assez longtemps à l'avance. Le capital est dans la mesure du possible « verrouillé », pour limiter les risques d'OPA ou d'OPE, et avancer dans la continuité. En revanche, les actionnaires familiaux sont attentifs à leur actionnariat minoritaire et fidèle, qui constitue à leurs yeux un gage de stabilité. Ils n'hésitent pas à proposer des mesures pour récompenser cette loyauté (attribution d'actions gratuites, dividende majoré). Les choix stratégiques et d'investissements ne sont pas guidés par la nécessité d'assurer de bonnes performances trimestrielles et semestrielles mais elles sont mûries par une logique de long terme. Bref, soucieux de leur réputation les grands groupes

familiaux ne cherchent pas à briller, ils privilégient une efficacité discrète loin des paillettes.
Après l'éclatement de la bulle Internet en 2000 et la crise financière de 2007, ces valeurs « obsolètes » cultivées par ces groupes familiaux sont redevenues des vertus appréciées et recherchées, à l'image de groupes comme Bouygues, Pernod-Ricard, LVMH, et JC Decaux. D'autant plus, que diverses études menées par des universitaires reconnus,

Les droits et les contraintes d'un actionnaire

Bien plus qu'un simple placement une action offre des droits, du pouvoir et des contraintes.
L'actionnaire peut exprimer son avis et influer sur la stratégie globale, sociale, commerciale et financière de l'entreprise au moment des assemblées générales.
Il bénéficie d'un droit de vote qui lui donne le pouvoir de participer aux grandes décisions stratégiques de l'entreprise au cours des assemblées générales ordinaires et extraordinaires.
En tant que copropriétaire de l'entreprise, il a le droit de décider qui dirigera l'entreprise, comment sera réparti le bénéfice (et notamment quelle sera la part de ce bénéfice qui sera reversé aux actionnaires), si le salaire de son PDG est compatible avec les résultats obtenus...
Il sera également consulté sur le bien-fondé d'opérations importantes et structurantes qui auront un impact sur la valeur du capital de l'entreprise, comme des opérations de fusion (OPA,OPE) avec une autre entreprise, d'augmentation de capital, de retrait de la cote...
Son statut de copropriétaire lui confère un « droit à l'actif » qui s'exprime dans deux situations.
Tout d'abord, si les dirigeants ou les actionnaires majoritaires décident de retirer l'entreprise du marché boursier, ils devront, en cas d'accord, verser aux actionnaires minoritaires une compensation financière. Elle se calcule la plupart du temps à partir du prix de l'action lors de la dernière cotation auquel est ajoutée une prime.
Avec la loi pacte du 22 mai 2019, si un actionnaire ou groupe d'actionnaires dispose d'au moins 90 % du capital et des droits de vote (le seuil était avant de 95 %), il peut décider du retrait obligatoire et obliger les actionnaires à leur vendre leurs actions.
Ensuite, en cas de liquidation d'actifs de l'entreprise, suite à une restructuration par exemple, les actionnaires détiennent un droit sur les biens détenus par l'entreprise et sur la revente de ses biens. Mais ce droit est très relatif, car ils seront placés de facto en fin de liste des éventuels bénéficiaires.
En revanche, en cas de faillite, l'actionnaire est considéré comme co-responsable des dettes et des engagements financiers de l'entreprise à hauteur de son investissement. Il pourra donc être appelé à contribuer au remboursement des créanciers prioritaires comme le fisc... et perdre toute sa mise.

comme Dimitris Margaritis et Maria Psillaki, Roberto Barontini et Lorenzo Caprio Barontini, ont démontré que ces groupes avaient mieux surmonté les différentes crises boursières que leurs homologues non familiaux.

L'ACTIONNARIAT FINANCIER

Quand ils prennent le contrôle d'une entreprise, les actionnaires financiers sont souvent redoutés par les salariés qui craignent la tyrannie des chiffres.
Le mode de fonctionnement d'un fond d'investissement est radicalement différent de celui d'un actionnariat familial. Quand il investit dans une société, il veut que son engagement financier soit rentable, et surtout que son retour sur investissement intervienne rapidement. Car il n'a pas à vocation à rester durablement dans le capital de l'entreprise dont il a pris le contrôle.
Pour atteindre ses objectifs, le fonds d'investissement va rapidement mettre en place une équipe de managers expérimentés (avec ou sans la participation des anciens dirigeants), qui va poursuivre un plan stratégique planifié par l'actionnaire. Il va dérouler des méthodes qui ont déjà fait leurs preuves au cours de prises de contrôles antérieures. Il n'hésite pas, s'il le faut, à lancer un plan de restructuration conduisant à des licenciements et à délocaliser certaines activités. Le fonds d'investissement élabore parfois des mécanismes complexes pour financer son opération comme le LBO (Leveraged Buy-Out) ou achat par effet de levier. L'acquisition est alors financée en partie par de la dette remboursée grâce aux bénéfices générés par l'activité. Si c'est le cas, la pression sur le management sera d'autant plus forte qu'il devra dégager des niveaux de bénéfices suffisants pour honorer les échéances de la dette contractée.
Pragmatique, il n'hésitera pas à investir avec ses propres liquidités, s'il a acquis la certitude que cet effort financier sera récompensé soit par une hausse des bénéfices, soit par un accroissement de la valeur intrinsèque de l'entreprise. Car au-delà de l'objectif de rentabilité, le fonds ambitionne de revendre à moyen terme la firme, en réalisant au passage une confortable plus-value.
Bien évidemment les fonds d'investissement ne prennent pas systématiquement une position majoritaire, voire unique dans le capital d'une société. Ainsi BlackRock, l'un des fonds d'investissement les plus puissants de la planète est présent dans le capital d'une vingtaine de groupes cotés au CAC 40 avec des participations dans le capital variant entre 3 et 10 %.

DEGRÉ D'IMPLICATION
L'implication de l'actionnaire financier dans la gouvernance de l'entreprise dépendra de son poids dans le capital de la société et du degré de confiance qu'il aura vis-à-vis de la direction de la société.

L'ACTIONNARIAT PUBLIC

Longtemps discret, l'État actionnaire a été propulsé sur le devant de la scène médiatique quand il a décidé, à partir de 1986, de procéder à plusieurs vagues de privatisations qui se sont succédé sur une période de 20 ans.

L'État garde une certaine influence

Mais ce processus n'a pas pour autant limité l'influence de l'État français dans la sphère des entreprises à participations publiques. Des sociétés qui emploient environ 2,4 millions de personnes, soit 10 % des postes salariés en France.

D'après un rapport de Cour des comptes publié en 2017, l'État français détiendrait des participations dans 1800 entreprises et il en contrôlerait plus de 1600. Bien sûr la très grande majorité de ces sociétés ne sont pas cotées et n'ont pas vocation à l'être. Seuls les grands groupes cotées ou susceptibles de l'être peuvent susciter l'intérêt des investisseurs individuels. Et sur ce terrain, le poids de l'État actionnaire dans le capital de ces sociétés peut être très variable. Il détient encore plus de 80 % du capital d'EDF et d'Areva, 50,6 % du groupe ADP (Aéroports de Paris), 42 % de la compagnie d'assurance CNP. Mais dans d'autres firmes, sa présence s'est réduite sensiblement. Ainsi, il ne possède plus que 20 % du capital de la Française des jeux (FDJ), 15 % de Renault, 14,3 % d'Air France KLM et 11,1 % d'Airbus.

L'État, un actionnaire pas comme les autres

Comme pour tout actionnaire, ses participations lui rapportent des dividendes qui viennent alimenter ses caisses. Il peut aussi engranger des plus-values lorsqu'il revend ses titres dans de bonnes conditions. Néanmoins, en tant qu'État, il ne peut pas se contenter d'être un actionnaire comme les autres. Ses prérogatives vont bien au-delà de la simple sphère patrimoniale. Il doit savoir concilier son rôle d'actionnaire avec celui de défenseur des intérêts publics en matière de politique de l'emploi, d'action sociale, de protection de la santé et de l'environnement, de reconquête industrielle, d'aménagement du territoire, de transport...

Une double casquette qui n'est pas toujours simple à mettre en œuvre et qui explique sans doute pourquoi il n'a pas toujours été un actionnaire exemplaire, tiraillé par des enjeux parfois contradictoires. La multiplicité de ses participations ne simplifie pas sa tâche et l'amène à subir de perpétuelles tensions, qui ne lui permettent pas de gérer les situations de manière sereine.

Pour illustrer ce constat, la Cour des comptes donne dans son rapport plusieurs exemples particulièrement parlants. Comme elle le souligne *« dans le secteur de l'énergie, l'État, actionnaire très majoritaire d'EDF et d'Areva, n'a pas su empêcher la dégradation de la situation financière de ces entreprises et l'apparition de grandes difficultés au sein de la filière nucléaire. Il a lui-même contribué à cette situation, dans un contexte certes marqué par une crise mondiale du secteur, liée à des facteurs externes (accident de Fukushima) et des facteurs de marché (arrivée de concurrents d'EDF en France). Les contradictions entre les multiples objectifs poursuivis par l'État ont été particulièrement fortes : politique de protection de l'environnement et politique énergétique visant à*

réduire la part de l'énergie nucléaire ; politique tarifaire utilisée en faveur des consommateurs et au détriment de l'équilibre financier d'EDF ; politique de dividendes longtemps trop exigeante pour préserver la capacité d'investissement d'EDF. »
Enfin, les sociétés publiques sont davantage soumises à des « coûts » politiques. Ainsi, les nominations des dirigeants des grands groupes où l'État est actionnaire majoritaire ou de référence, sont la plupart du temps imposées par l'État et rarement discutées en Conseil d'administration. Les décisions les plus stratégiques sont prises selon un processus qui permet aux cabinets ministériels d'avoir le dernier mot. Ce qui pose des problèmes de transparence dans la gouvernance, car ces ministères ont souvent des relations très étroites avec les dirigeants qu'ils ont eux-mêmes nommés…

L'ACTIONNARIAT SALARIÉ

Dans la grande majorité des cas, l'actionnariat salarié est un dispositif mis en place par les grandes et moyennes entreprises pour faire entrer, si possible de manière durable, leurs salariés dans le capital de l'entreprise. Cette opération présente un double avantage. Il permet, tout d'abord, de créer un groupe d'actionnaires stables et attachés à l'entreprise. Ensuite, c'est un moyen de motiver les salariés en les associant aux résultats de l'entreprise, puisque si la firme offre de bons résultats, les actionnaires toucheront un dividende et verront le cours de leurs titres augmenter. Si la part de ces salariés dans le capital est assez importante, ils pourront obtenir un ou plusieurs sièges au sein du conseil d'administration. Ainsi, la loi du 30 décembre 2006 a prévu que si les salariés détiennent plus de 3 % du capital,

Les différents profils d'actionnaires

Un **actionnaire** est considéré comme majoritaire quand il détient, dans le cadre d'une AG ordinaire, la moitié des droits de vote plus un et 66 % des voix en cas d'AG extraordinaire.
Un **petit porteur** est un actionnaire qui détient une très faible proportion d'actions de l'entreprise.
Un **actionnaire de référence** désigne une personne ou un groupe d'actionnaires solidaires qui détiennent une part significative de l'entreprise et agissent de concert pour peser sur les prises de décisions stratégiques. Il peut être minoritaire mais suffisamment important pour faire entendre sa voix au cours des AG. C'est le cas notamment de certains fonds d'investissement ou d'associations d'actionnaires.
Si les statuts le prévoient, un actionnaire ou un groupe d'actionnaires solidaires peut, sans être majoritaire, détenir une minorité de blocage. Il détient suffisamment de droits de vote pour bloquer certaines décisions en AG.

ils disposeront d'un ou plusieurs postes d'administrateurs au conseil d'administration ou au Conseil de surveillance. Des administrateurs qui seront élus par un vote de l'ensemble des actionnaires au cours de l'assemblée générale et sur proposition des actionnaires salariés.

Depuis 2013, (loi de sécurisation de l'emploi du 14 juin 2013), qu'ils soient actionnaires ou non, les salariés doivent d'ailleurs être représentés au conseil d'administration dans les sociétés qui ont leur siège social en France et y emploient au moins 5 000 salariés.

Selon une étude publiée en 2018 par la Fédération européenne de l'actionnariat salarié (FEAS), la France compte près de 3,2 millions d'actionnaires salariés, en progression de 38 % par rapport à 2007. Quelque 50 % des entreprises du SBF 120 (qui regroupe les 120 plus grosses capitalisations de la Bourse de Paris) disposent d'un plan d'actionnariat salarié, contre 36 % en 2014. Certains grands groupes du CAC 40 ont même favorisé l'émergence d'un actionnariat salarié structurant le capital de la société. Ainsi, il représente 20 % du capital du groupe Bouygues.

Mais attention, être actionnaire salarié, c'est être actionnaire, détenteur de titres qui peuvent certes grimper mais également dévisser et entraîner d'importantes pertes financières, comme ce fût le cas au début des années 2000, pour les actionnaires salariés de Vivendi dont beaucoup y ont laissé leur chemise ! ■

LES SOURCES D'INFORMATION

L'achat d'action est un acte fort, car vous investissez de l'argent, une partie de votre épargne. Aussi, avant d'acquérir les actions, faites le bon choix et surtout il doit être réfléchi.

À la différence de l'argent que vous placez sur un livret d'épargne, l'argent placé en Bourse n'est pas garanti. Vous pouvez donc enregistrer des gains assez élevés mais aussi perdre une grande partie de ce que vous avez investi.

SAVOIR BIEN S'INFORMER

Il n'est pas nécessaire d'être un génie de la finance pour s'en sortir, il faut juste prendre un peu de temps pour s'informer sur la santé financière et sur le dynamisme commercial des sociétés qui ont retenu votre attention, consulter quelques documents incontournables, avoir quelques notions basiques de comptabilité et observer les statistiques économiques internationales qui sont régulièrement publiées. Et enfin, il faut faire preuve de bon sens et parfois même de sang-froid.

Certes les professionnels de la finance, les yeux rivés sur leurs écrans toute la journée, ont sans doute bien plus d'atouts que vous pour gérer un portefeuille de produits financiers.
Mais ces professionnels de la gestion organisent de façon active les portefeuilles. C'est-à-dire qu'ils sont amenés chaque jour, à effectuer des ordres d'achat et de vente. Ils réagissent aux moindres mouvements d'un titre en portefeuille ou d'un indice boursier de référence. Ils sont amenés parfois à vendre un titre qui a pris 5 % pour en acheter un autre titre qui leur paraît décoté. La plus-value réalisée est avant tout due à une multiplicité d'ordres en Bourse.
Chez le particulier, la logique est différente et elle est beaucoup plus liée à une logique de long terme. Il est très difficile de gérer un portefeuille au quotidien. Il faut avoir du temps pour lire et traiter les informations, et aussi avoir les moyens d'acheter un abonnement à une agence de presse économique et financière telle que l'AFP ou Reuters, à un journal ou à un magazine financier...

Consulter l'information essentielle

Aussi, la stratégie d'un investisseur particulier consiste plus à surveiller l'évolution du cours de ses titres ou de ceux qu'il envisage d'acheter, à collecter périodiquement de l'information sur la société et son secteur d'activité, à observer certaines données économiques internationales qui impactent l'humeur des marchés. Et de vendre un titre, si son cours permet de dégager une belle plus-value de 20 %, 30 %, voire plus, après l'avoir détenu en portefeuille parfois pendant plusieurs mois ou plusieurs années. Pour ensuite racheter des actions quand on a les moyens financiers de le faire. Parfois même, ça peut être bénéfique de ne pas avoir le nez sur son écran. L'investisseur évite ainsi de se retrouver balloté par les surréactions des marchés financiers en cas d'annonce de résultats ou de statistiques non anticipées. Des marchés qui vont dévisser sur 2 ou 3 séances avant de remonter tout aussi brutalement pour corriger les premiers excès. C'est ce qui est arrivé, les 1er et 2 octobre 2019. Le CAC 40 chute de 4,49 % au cours de ces deux séances, liées aux inquiétudes du marché de voir les États-Unis sombrer dans la récession. Puis tout aussi brutalement le marché, s'est repris progressant de 5,2 %. Le CAC 40 va même afficher, le 15 octobre, un plus haut en séance à 5 708 points, un niveau qui n'avait plus été atteint depuis 12 ans !

L'INFORMATION ESSENTIELLE
C'est celle qui permet de faire des choix cohérents et avisés. Elle existe et est facile d'accès. Il suffit de savoir quels documents il faut consulter, et quelles sont les annonces faites par certains organismes qui méritent qu'on s'y attarde.

Attention il est important d'identifier les sources d'une information pour éviter d'être victime d'une manipulation spéculative. Notes d'analystes de banques reconnues, le dernier rapport annuel des entreprises, les communiqués de presse, les rapports de la Fed (la banque centrale américaine) et de la Banque centrale européenne, les publications de statistiques, les rapports des agences de notation, sont autant de sources d'information importantes qui vont vous permettre de limiter les mauvaises surprises.

COMMENT S'INFORMER

Si vous souhaitez gérer votre portefeuille de façon dynamique, il y a la possibilité d'être informé au quotidien sur la vie économique et financière des entreprises et sur l'évolution des grands indicateurs économiques.

Auprès des médias et des agences de presse

Des informations quotidiennes qui peuvent avoir un impact sur la Bourse sont transmises via les agences de presse Reuters ou AFP. Elles reprennent des communiqués de presse des entreprises, transmettent une information sur la vie de l'entreprise comme sa conquête de nouveaux marchés, le rachat d'un concurrent... Ces agences publient aussi les statistiques économiques et financières transmises par les organismes agréés. Ces informations sont brutes, publiées sans analyses. Parfois, elles peuvent cependant intégrer le commentaire d'un analyste, d'un économiste ou d'un expert financier. Vous pouvez les obtenir facilement en surfant sur les sites boursiers qui publient ces informations d'agence. Sur ces mêmes sites, vous pouvez collecter de multiples informations financières relatives aux entreprises cotées, avec des graphes, des recommandations d'achat ou de vente..., mais quelques fois sujettes à caution. Mieux vaut croiser ses sources.

Les chaînes de télévision d'information financière en continu comme Bloomberg TV ou BFM business affichent en continu la cotation des actions, commentent certaines informations économiques et financières, invitent sur leurs plateaux des experts qui apportent un éclairage sur une statistique économique ou sur une information touchant la vie d'une entreprise (publication des résultats, opération de rachat, obtention de nouveaux contrats commerciaux...).

Les pages *business* des grands quotidiens nationaux, relayées par leurs sites Internet vous apporteront une information déjà un peu plus travaillée et analysée que celles distillées par les agences de presse et les sites boursiers. Ces informations permettront avant tout à ceux qui gèrent de façon dynamique leur portefeuille de prendre des décisions rapides. Bien sûr, cela demande d'avoir du temps pour assurer cette gestion active.

Toute une palette de documents. Pour la grande majorité des épargnants qui ne cherchent pas à faire des profits au quotidien mais qui veulent plutôt diversifier leur épargne et recherchent dans la Bourse un moyen de faire des gains sur le long terme, il existe à leur disposition nombre de documents. Ce sont avant tout des rapports et des analyses sur la situation d'une entreprise, sur la santé d'un secteur économique, sur l'évolution des taux d'intérêt, sur les prévisions de croissance économique...

Le magazine hebdomadaire financier. Sa rédaction composée de journalistes spécialisés en finance, disposant de réseaux bien établis leur permettant d'interviewer des analystes financiers, des économistes et des gérants de fonds. Ils apportent un éclairage et une analyse sur les faits les plus marquants de la semaine précédente. Ils réalisent également des analyses sectorielles, proposent des pistes d'investissement et apportent des conseils de placement sur les grandes et moyennes entreprises de la Bourse de Paris. Vous retrouvez ce type d'informations dans *La Lettre des Placements* publiée par Le Particulier chaque semaine (leparticulier.lefigaro.fr, rubrique boutique, puis magazines). Ils proposent aussi une cote enrichie qui, en plus du cours de l'action et ses variations, donne des informations économiques et financières sur l'entreprise et offre un conseil sur le bien-fondé d'acheter ou non ce titre.

Les publications de résultats des entreprises

Toute entreprise cotée sur un marché réglementé est dans l'obligation de

communiquer régulièrement sur sa situation financière et ses choix stratégiques auprès de ses actionnaires. C'est la raison pour laquelle elle publie périodiquement différents documents : les rapports annuels et semestriels. Certaines d'entre elles, car ce n'est pas imposé, publient également un communiqué relatif à leurs résultats trimestriels. La teneur et l'importance de ces rapports sont développés p. 114.
Mais nous pouvons tout de même indiquer que ce sont des documents essentiels sans lesquels il est impossible d'analyser les résultats passés d'une entreprise, de faire le point sur ses marchés phares qui portent sa croissance. Ils aident aussi à mieux comprendre la stratégie de développement mise en place et d'être informé sur les priorités futures et sur les prévisions de ses dirigeants. Ainsi, l'investisseur peut se faire une première idée de la situation passée, présente et future de l'entreprise et tenter d'anticiper une hausse ou une baisse des résultats et dans quelle proportion. Il pourra également déduire le niveau probable de dividende versé et mieux appréhender les performances boursières de ses actions. Des facteurs qui vont conditionner son choix d'acheter le titre, de le garder ou de le vendre.
Ces rapports annuels et semestriels et les communiqués trimestriels sont consultables et téléchargeables sur les sites internet des sociétés cotées.
Les publications se font en dehors des heures de cotation, souvent juste après la clôture du soir ou tôt le matin avant l'ouverture des marchés.

Les synthèses des notes ou « rating » des agences de notation

Comme nous le développons dans la partie p. 89 consacré au marché obligataire, les agences de notation sont des sociétés privées spécialisées dans l'évaluation de la solidité financière des entreprises privées et publiques et des États désireux d'emprunter sur le marché obligataire. Elles mènent une analyse comptable, économique et financière de la société étudiée et donnent une note qui est le reflet du risque de faillite de l'emprunteur. Le marché est dominé par quatre sociétés de rating : Moody's (moodysanalytics.com), Standard & Poor's (standardandpoors.com), Fitch Ratings (fitchratings.com) et Dagong (en.dagongcredit.com).
La publication de la note ou « rating » de l'entreprise s'accompagne d'une synthèse économique et financière qui peut être consultée sur le site de l'agence de notation.

Les publications des institutions monétaires et financières

Après la fin de la Seconde Guerre mondiale, de nombreuses organisations économiques et financières internationales ont été créées avec un double objectif : éviter de nouvelles crises susceptibles d'engendrer des conflits armés, favoriser la reconstruction de pays laminés par cinq années de guerre, puis leur développement économique, et enfin, assurer la stabilité monétaire.

Après toutes ces années de souffrance, un élan de solidarité internationale a poussé les États à favoriser l'émergence de ces institutions.
Puis les missions ont évolué au fil du temps, avec la mise en place de programmes d'aide aux pays en voie de développement.
Enfin, certaines institutions ont été créées pour répondre à une situation particulière. Ainsi la Banque européenne pour la reconstruction et le développement (BERD) a vu le jour en 1997, pour accompagner les anciens pays communistes d'Europe de l'Est dans leur mutation économique, sociale et financière en faveur d'une économie de marché.
Ces organismes de référence disposent d'un savoir-faire et d'équipes de spécialistes et d'experts sur les questions économiques et financières. Elles publient régulièrement des rapports et des notes et disposent de bases de données fournies (croissance, inflation, emploi...) qui sont des mines d'informations pour comprendre la situation économique d'un pays, d'un continent ou du monde. Pour plus de lisibilité, vous disposez pages 50 et 51 d'un tableau qui sélectionne les organismes incontournables dans votre quête d'information. Nous vous présentons en quelques lignes leurs missions, le type de documents qu'ils proposent et l'adresse de leur site Internet pour mener facilement vos recherches.

Les publications de la Fed et de la BCE

La Réserve fédérale (Federal Reserve System) appelée plus communément la Fed est la banque centrale des États-Unis. Elle a été créée en 1913, à la suite de plusieurs crises bancaires qui ont secoué le pays.

Le fonctionnement et le calendrier de la Fed. Son organisation et son mode de fonctionnement sont assez originaux, guidés par la volonté de garantir l'indépendance de la Fed par rapport au pouvoir politique.
Ainsi, la Réserve fédérale américaine dispose d'un conseil des Gouverneurs, le « board of governors » qui joue le rôle d'un conseil d'administration. Il regroupe sept membres nommés par le président des États-Unis et confirmés par le Sénat. Finalement le politique a quand même son mot à dire !
Le comité de politique monétaire, le « Federal Open Market Committee » (FOMC) est l'instance opérationnelle. Il comprend douze membres dont ceux du conseil des Gouverneurs. Enfin, l'actionnariat se compose des douze banques régionales de la Réserve fédérale qui ont chacune un territoire d'intervention. La banque de la Réserve fédérale de New York est la plus connue, car elle a la spécificité, en plus de sa mission première d'appliquer la politique monétaire décidée au niveau national, de superviser le fonctionnement de la Bourse de New York. Ces établissements régionaux collectent également des données économiques et financières au sein de leur zone d'activité, rédigent des notes, des études et des analyses qui sont transmises au FOMC. Et ce, afin qu'il dispose de tous les éléments nécessaires pour

Organisme	Année de création	Mission
Fonds Monétaire International (FMI)	1944	Il veille à la stabilité financière et à la coopération monétaire et commerciale internationale.
Organisation de Coopération et Développement Economique (OCDE)	1961	Elle soutient la mise en place de politiques publiques favorisant la prospérité et l'égalité des chances.
Eurostat	1953	C'est l'office des statistiques de l'Union européenne. Elle a pour mission de de fournir des données harmonisées pour les pays de l'UE.
Banque Mondiale	1945	Elle finance des projets de développement économique, met en place des programmes de modernisation pour lutter contre la pauvreté.
Banque des règlements internationaux (BRI) ou Bank for International Settlements (BIS) en anglais	1930	Elle assure la stabilité du système financier à l'échelle mondiale. Elle agit comme la banque des banques centrales et favorise la coopération entre les banques centrales.
Organisation Mondiale du Commerce (OMC) ou World Trade Organization (WTO)	1995	Elle favorise le développement du commerce international et veille au respect des accords commerciaux.
Conférence des Nations Unies sur le Commerce et le développement (CNUCED) ou United Nations Conference onTrade and Development (UNCTAD)	1964	C'est l'organe des Nations Unies chargé de promouvoir un développement économique durable via le commerce, la finance, l'investissement et la technologie.
Banque Interaméricaine de Développement (BID) ou Inter-American Development Bank (IADB)	1959	Elle met en place des programmes visant à réduire la pauvreté et à favoriser la croissance économique d'Amérique latine, centrale et des Caraïbes.
Banque Asiatique de Développement (BAD) ou Asian Development Bank (ADB)	1965	Elle accompagne le développement économique et social dans les pays d'Asie et du Pacifique en fournissant des prêts et de l'assistance technique.
Banque Africaine de Développement (BAfD) ou African Development Bank (AFDB)	1966	Elle a pour mission de faire reculer la pauvreté en Afrique par ses actions en faveur du développement économique durable et du progrès social.
Banque Arabe pour le Développement Economique en Afrique (BADEA)	1973	Cet organisme financier a pour objectif d'agir comme une banque mondiale pour les pays africains
Banque de France	1800	La banque centrale de la France assure la stabilité financière et monétaire et le contrôle des services bancaires comme le surendettement, la médiation du crédit.
Conseil économique et social	1946	Cette assemblée constitutionnelle est composée de représentants sociaux (patronat, syndicats, associations) qui poursuivent des travaux de réflexion.
Federal Reserve System ou FED	1913	C'est la banque centrale des Etats-Unis. Elle agit pour assurer la stabilité monétaire, la croissance et le plein emploi aux Etats-Unis
Banque centrale européenne (BCE)	1998	Elle décide de la politique monétaire de la zone euro pour obtenir la stabilité des prix. Elle autorise l'émission des billets de banque.

Source : Marc Michaux

	Documents et notes économiques et financières	Langue	Site Internet
	Ouvrages, rapports (notamment le «World Economic Outlook»), statistiques par pays, au niveau mondial, en libre accès.	F, GB	https://www.imf.org
	Ouvrages, rapports, études, statistiques, indicateurs, graphes, par pays, au niveau mondial, en libre accès.	F, GB	https://www.oecd.org
	Publications, études, statistiques, indicateurs, prévisions, sondages par thème, par pays, par région, pour les 28 pays de l'UE, en libre accès.	F, GB	https://ec.europa.eu
	Ouvrages, notes, rapports en libre accès, plus ciblés sur les pays en voie de développement, mais pas uniquement.	F, GB	https://www.banquemondiale.org
	Publications, notes d'experts et notamment son rapport annuel (Annual Economic Report), véritable référence financière, à télécharger.	GB	https://www.bis.org
	Publications, notes d'expert, statistiques avec les rapports annuels «World trade report» et «World trade statistical Review» sur le commerce mondial des marchandises et des services. Identification des secteurs porteurs. En accès libre.	F, GB	https://www.wto.org
	Publications, statistiques, rapports sur le commerce et les investissements internationaux comme « Key statistics and trends in international trade », « Key statistics and trends in trade policy » et « World Investment Report ». A télécharger.	GB	https://unctad.org
	Publications, notes, rapports sur les économies nationales, les secteurs d'activités, statistiques et graphes interactifs pour les pays d'Amérique du Sud et Centrale. En accès libre.	E, P, GB	https://www.iadb.org
	Publications, notes et statistiques sur les pays de la Zone Asie-Pacifique, à télécharger.	GB	https://www.adb.org
	Publications, notes et statistiques sur les pays d'Afrique, en accès libre.	F, GB	https://www.afdb.org
	Publications, rapports annuels avec focus et prévisions sur la situation économique mondiale en général et africaine en particulier. A télécharger.	F	https://www.badea.org
	Prévisions économiques trimestrielles pour la France, discours du gouverneur, statistiques comparatives (France, Allemagne, zone euro), notes pédagogiques (l'éco en bref). En libre accès.	F	https://www.banque-france.fr
	Rapports (travaux) sur des sujets économiques et sociaux qu'il est possible de télécharger.	F	https://www.lecese.fr
	Rapports, livre beige, notes, communiqués de presse, discours du président, vice-présidents, des gouverneurs. A télécharger.	GB	https://www.federalreserve.gov
	Rapports, notes, communiqués de presse, statistiques dans la zone euro, discours du président, vice-président ou des membres de l'Executive board. A télécharger.	F, GB	https://www.ecb.europa.eu

faire ses choix en matière de politique monétaire, quand il se réunit toutes les six semaines. Le calendrier des réunions est disponible sur le site de la Fed (federalreserve.gov).

L'influent Livre beige. Deux semaines avant cette réunion, la Réserve fédérale publie un rapport de référence : le fameux Livre beige. C'est à partir du contenu de ce rapport, que le comité de politique monétaire va décider, quinze jours plus tard, s'il va augmenter, baisser ou laisser inchangé, le niveau des taux directeurs et notamment celui du taux d'escompte, taux d'intérêt auquel les banques commerciales empruntent des liquidités. Les analystes financiers étudient avec attention le contenu de ce document afin d'anticiper la décision du FOMC, qui peut impacter l'orientation des marchés financiers.
À l'issue de la réunion du comité de politique monétaire, un communiqué est publié justifiant la décision de la Fed. Depuis 2018, date d'arrivée d'un nouveau président, Jerome Powell, à la tête de l'institution, une conférence de presse est désormais organisée après chaque décision du FOMC.
Un compte-rendu de la réunion du FOMC est quant à lui rendu public trois semaines après l'annonce de la décision.

Le fonctionnement et le calendrier de la BCE. La Banque centrale européenne a vu le jour en 1998 afin d'assurer la politique monétaire de la zone euro, créée quelques mois plus tard, le 1er janvier 1999. Son organisation fédérale s'inspire du modèle de fonctionnement de la Réserve fédérale américaine, motivé par la même volonté d'assurer à la BCE son indépendance par rapport au pouvoir politique. Depuis, le 1er novembre 2019, c'est Christine Lagarde qui préside cette influente institution.
Tout d'abord, le Conseil des gouverneurs, organe de décision de la BCE se compose des six membres du directoire et des gouverneurs des dix-neuf banques centrales nationales de la zone euro. Il se réunit deux fois par mois, selon un calendrier publié sur le site de la BCE (ecb.europa.eu). Le Conseil des gouverneurs définit la politique monétaire que devront appliquer les banques centrales nationales. Il décide également d'intervenir ou non sur le niveau des taux directeurs. Cette décision est prise toutes les six semaines et elle est suivie par une conférence de presse explicative, animée par le président et le vice-président de la BCE. Des compte-rendu des réunions du conseil des gouverneurs sont régulièrement rendus public et téléchargeables sur son site Internet. Ils sont étudiés dans les détails par les experts financiers qui cherchent à deviner le prochain arbitrage de la BCE.

Évolution de la masse monétaire. Pour faire appliquer la politique monétaire au sein de la zone euro, tout en assurant la préparation des réunions bimensuelles du Conseil de gouverneurs, la BCE s'est dotée d'un directoire. Il associe le président de la BCE, le vice-président et

quatre autres membres choisis pour leurs compétences sur le plan monétaire. Les membres du directoire peuvent compter sur les analyses et les statistiques économiques, monétaires et financières publiées par les analystes de la BCE et par Eurostat pour étayer leur réflexion.
Tout comme pour la Fed, ce sont les banques centrales nationales des pays de l'Union européenne qui sont détentrices du capital de la BCE. Ainsi, même les pays de l'Union européenne qui ne sont pas dans la zone euro sont actionnaires de l'institution. Leur répartition respective dans le capital est liée à la fois à leur poids dans la richesse productive (PIB) de l'UE et à l'importance de leur population.
Enfin, le Conseil général est un organe de conseil et d'analyse élargi à l'Union européenne. Il réunit tous les trois mois le président et le vice-président de la BCE ainsi que les gouverneurs et présidents des banques centrales nationales des actuels 28 pays membres de l'Union européenne. Ils passeront à 27 quand le Brexit sera officiellement approuvé.
La BCE publie également ses propres statistiques concernant notamment l'évolution mensuelle de la masse monétaire et les volumes de crédits accordés aux ménages et de prêts consentis aux entreprises.
Le dernier mois de chaque trimestre, elle affiche ses prévisions économiques appelées *« ECB staff macroeconomic projections for the euro area »* qui sont une source importante d'informations et permettent de déterminer les points qui retiennent l'attention de la BCE.

Les statistiques qui font bouger les marchés

Aux États-Unis comme en Europe, des salves de statistiques sont régulièrement publiées. Leur influence est suffisamment forte pour affecter l'évolution des marchés financiers internationaux au moment de leur publication.
Les statistiques américaines sont tout particulièrement attendues et analysées par l'ensemble de la communauté financière à l'échelle mondiale. Tout d'abord parce que les États-Unis constituent la première puissance économique et financière mondiale. Sa monnaie, le dollar, demeure la devise de référence, et ses marchés financiers continuent à donner le « La ». Si le pays s'enrhume, c'est l'ensemble de la planète Finance qui tousse. Ensuite, en acteur pragmatique, les États-Unis se sont dotés, depuis des décennies, de tout un arsenal stratégique d'informations économiques et financières. Avec pour objectif d'être en capacité d'analyser rapidement la situation économique du pays, d'anticiper et d'intervenir rapidement.
L'extraordinaire richesse des statistiques américaines, tant par son nombre que par sa diversité, est un formidable creuset pour analyser la situation économique de ce pays, anticiper les décisions de la Fed et en déduire de possibles répercussions pour le reste du monde. Mais cette richesse peut aussi brouiller les pistes si certaines de ces statistiques s'avèrent contradictoires.
Dans un tel contexte, l'interprétation et la nuance de l'analyse ont bien évidemment toute leur place.

Un manque d'harmonisation en Europe. Il est incontestable que l'Union européenne et la zone euro forment des espaces économiques majeurs. Malgré sa jeunesse (elle a été créée en 1998), la Banque centrale européenne a su s'imposer comme une institution financière incontournable et respectée au même titre que la Fed.

Seulement voilà, les statistiques européennes souffrent d'un manque de cohésion et d'harmonisation. Manque de cohésion, car il y a parfois de fortes disparités au niveau de la situation économique des pays membres de la zone euro ou de l'UE. Manque d'harmonisation, car ces pays ont su garder leurs propres règles sociales, fiscales, juridiques.

C'est une des raisons pour lesquelles les statistiques qui traitent du moral des acteurs économiques prennent une place aussi importante pour les investisseurs quand ils analysent la performance économique européenne. Néanmoins, Eurostat, l'organisme statistiques de la Commission européenne, poursuit depuis plusieurs années un vaste travail d'harmonisation des données au niveau de l'Union européenne en général et de la zone euro en particulier qui commence à porter ses fruits.

Enfin, pour les investisseurs qui détiennent des actions à la Bourse de Paris, notamment des titres d'entreprises de taille moyenne cotées sur Euronext Access ou Euronext Growth, les statistiques européennes globales ou relatives à un pays sont essentielles. Car l'Europe demeure souvent leur terrain de jeu privilégié, là où elles réalisent l'essentiel de leur chiffre d'affaires.

Pour vous aider à vous orienter dans ce maquis de statistiques qui ressemble plus à une forêt tropicale qu'à un petit bosquet, nous avons réalisé deux tableaux. Un premier récapitule les statistiques américaines les plus influentes, le second sélectionne les indicateurs européens les plus observés. Vous disposez également d'informations pratiques comme l'organisme émetteur de la statistique, sa périodicité, et surtout nous vous donnons les clefs pour pouvoir interpréter l'indicateur. Pour prendre connaissance de ces statistiques, il suffit d'aller sur le site de l'organisme émetteur en vous reportant aux tableaux récapitulatifs pages 50 et 51. Alors bonnes recherches et bon voyage dans le monde merveilleux des données statistiques. ■

LES 20 STATISTIQUES AMÉRICAINES LES PLUS OBSERVÉES PAR LES MARCHÉS

Nom de l'indicateur	Organisme éditeur	Périodicité	Descriptif et interprétation
Indicateurs sur le moral des acteurs économiques			
Indice de confiance du consommateur ou Revised University Of Michigan Consumer Sentiment.	Université du Michigan	Mensuelle	Il évalue le moral des ménages. Il est réalisé à partir d'un panel d'environ 500 personnes. Les questions portent sur leur perception de la situation économique à court et moyen à terme ainsi que sur l'évolution de leurs finances personnelles. C'est un indicateur qui mesure à la fois la santé future de l'économie et l'évolution possible de la consommation.
Indice de confiance des consommateurs du Conference Board (Conference Board Consumer Confidence)	Institution « The Conference Board »	Mensuelle	Il est réalisé à partir d'une enquête faite sur un échantillon représentatif de la population de 5 000 personnes environ. Il donne des indications sur le niveau de confiance des ménages et par extension sur l'évolution de la consommation.
Indice manufacturier de la FED de Philadelphie (Philly Fed Manufacturing Index)	La banque de la Réserve Fédérale de Philadelphie (Federal Reserve of Philadelphia)	Mensuelle	Il est calculé à partir d'un échantillon représentatif de 250 chefs d'entreprise de la région de Philadelphie. Il mesure du moral des entrepreneurs et leur perception de la situation économique.
Indice de confiance PMI manufacturier (ISM manufacturier Index)	Institut ISM (Institute for Supply Management)	Mensuelle	Il reflète la vitalité du secteur industriel américain. Il résulte d'une enquête, auprès des directeurs d'achats de plus de 400 entreprises du secteur industriel, qui porte sur les nouvelles commandes, les délais de livraison, les stocks, l'évolution des prix, l'emploi... Cet indicateur est évalué en pourcentage : au dessus de 50 %, l'activité est en expansion, en dessous de 50 %, elle est en contraction. En dessous de 42,7 %, les risques de récession sont élevés.
Indice PMI des services (Final Services Purchasing Manager Index)	Institut Markit Economics (IHS Markit)	Mensuelle	Cet indicateur est réalisé à partir d'une enquête auprès des directeurs d'achats du secteur des services. Il vient en complément de l'indice de confiance PMI manufacturier. Cet indicateur est évalué en pourcentage : au dessus de 50 %, l'activité est en expansion, en dessous de 50 %, elle est en contraction. En dessous de 42,7 %,les risques de récession sont élevés.
Indicateurs sur l'activité du secteur industriel			
Indicateur des ventes au détail (USA Retail Sales)	Ministère américain du commerce (Census)	Mensuelle	C'est un indicateur important qui évalue le niveau des ventes des produits à destination des ménages, hors achats d'automobiles et de produits pétroliers. Il donne ainsi une idée assez précise mais partielle de l'évolution de la consommation des ménages, puisqu'il ne tient pas compte des achats de services.
Variation des commandes de biens durables (Core Durable Goods Orders)	Ministère américain du commerce (Census)	Mensuelle	Il évalue, en pourcentage, la variation des commandes de biens durables (durée de vie de plus de 3 ans) passées aux entreprises américaines, d'un mois sur l'autre, à l'exclusion des activités de transport. Il mesure le dynamisme industriel.
Indice ISM PMI manufacturier (Manufacturing Purchasing Managers Index)	Institut ISM (Institute for Supply Management)	Mensuelle	Il mesure l'activité industrielle du pays. Il est réalisé à partir d'une enquête auprès des directeurs d'achats du secteur manufacturier sur les prix, les nouvelles commandes, les stocks et l'emploi. Il est complémentaire de l'indice ISM PMI non maufacturier. Si l'indicateur est supérieur à 50 %, cela signifie que l'activité est en expansion, un indice inférieur à 50 %, le secteur est en contraction.
Indicateur sur l'activité des services			
Indice ISM PMI non manufacturier (Non-Manufacturing Purchasing Managers Index)	Institut ISM (Institute for Supply Management)	Mensuelle	Il détermine l'activité de l`ensemble du secteur des services aux Etats-Unis. Il est réalisé à partir d'une enquête auprès de 300 directeurs d'achats. C'est un baromètre de la conjoncture économique dans le secteur des services. Si l'indicateur est supérieur à 50 %, cela signifie que l'activité est en expansion, un indice inférieur à 50 % , le secteur est en contraction.

Nom de l'indicateur	Organisme éditeur	Périodicité	Descriptif et interprétation
Indicateurs sur l'emploi			
Demandes d'allocations chômage (Unemployment Claims)	Ministère américain du travail (ETA)	Hebdo-madaire	Il recence le nombre de personnes sans emploi qui peuvent prétendre aux allocations de chômage. Par extension, il mesure le dynamisme économique des Etats-Unis et donne des indications sur l'évolution possible de la consommation.
Indice de création d'emplois dans le secteur privé non agricole (Non-Farm Payroll Employment)	Ministère américain du travail Bureau of Labor Statistics	Mensuelle	Il calcule l'évolution du nombre personnes ayant un emploi (hors secteur agricole et organisations sans but lucratif) d'un mois sur l'autre. Par extension, il anticipe l'évolution de la consommation, un facteur important qui alimente la croissance.
Indicateur sur la croissance			
Indicateur du PIB (Final Gross Domestic Product)	Ministère américain du commerce (BEA)	Trimestrielle	Il mesure l'ensemble des biens et services produits par l'ensemble de l'économie américaine (administrations, entreprises, particuliers). C'est le principal indicateur qui évalue de manière directe le dynamisme de l'économie américaine.
Indicateur sur la productivité			
Indicateur de la productivité non agricole (Non Farm Productivity)	Banque UBS	Trimestrielle	Il évalue, en pourcentage, l'évolution de la productivité horaire du travail d'un trimestre sur l'autre, dans la production des biens et des services (hors agriculture). Si l'indicateur baisse cela peut signifier que les entreprises augmentent les salaires. Par extension, il permet d'anticiper l'évolution de l'inflation et de la consommation.
Indicateurs sur l'inflation			
Indice des prix avancés du PIB (Advance Gross Domestic Product Price Index)	Ministère américain du commerce (BEA)	Trimestrielle	Il mesure la variation de l'inflation ayant affecté l'ensemble de l'activité économique américaine (biens et services). C'est une des principales statistiques sur la santé de l'économie américaine.
L'indice des prix préliminaire du PIB (Preliminary Gross Domestic Product Price Index)	Ministère américain du commerce (BEA)	Mensuelle	C'est un indicateur qui offre une mesure mensuelle anticipée de l'inflation, corrigée chaque mois avant la publication, à la fin du trimestre, de l'indice (définitif) des prix avancés du PIB.
Indice des prix à la production (Producer Price Index-PPI)	Ministère américain du travail (BLS)	Mensuelle	Il mesure l'évolution des prix des biens, à tous les stades de la production : les biens bruts, les produits semi-finis et les produits finis. Il est intéressant car il permet d'évaluer le prix des biens qui seront vendus aux consommateurs et par extension anticiper l'évolution de l'inflation.
Indicateurs sur le marché de l'immobilier			
Indicateur des ventes de maisons neuves (New Home Sales ou New Residential Sales)	Ministère américain du commerce (Census)	Mensuelle	Il mesure le nombre de maisons neuves qui ont été vendues durant le mois précédent sa publication. C'est un bon indicateur de l'activité immobilière, du secteur de la construction et de la santé économique du pays.
Indicateur des ventes de constructions anciennes (Existing Home Sales)	NAR (National Association of Realtors)	Mensuelle	Il mesure le nombre de maisons anciennes qui ont été vendues au cours du mois précédent. Cet indicateur immobilier est un bon baromètre de l'économie américaine car l'achat de biens immobiliers anciens génère de l'activité : agences immobilières, hypothèques, travaux de rénovation...
Indicateur des permis de construire (New Residential Construction Bulding Permits)	Ministère du commerce (Census)	Mensuelle	C'est un indicateur économique qui apprécie le dynamisme du marché de l'immobilier et celui de la construction. Des secteurs économiques tests pour évaluer la santé future de l'économie. Car le dynamisme ou la déprime affichés par ces marchés ont tendance ensuite à se propager à l'ensemble des autres secteurs d'activité.
Indicateur des promesses de ventes de logements (Pending Home Sales)	Institut NAR (National Association of Realtors)	Mensuelle	Il collecte le nombre de promesses de ventes de maisons (qu'il y ait vente ou pas vente) qui ont été conclues au cours du mois. Il apporte un éclairage sur la santé économique du secteur de l'immobilier et des secteurs associés (travaux de rénovation, agences immobilières, services des hypothèques,...)

Source : Marc Michaux

La plupart de ces indicateurs n'ont pas d'effet, en tant que tels, sur les marchés. Leur influence provient de l'écart observé entre le chiffre publié et le chiffre qui était attendu par le consensus représentant la communauté financière.

LES 20 STATISTIQUES EUROPÉENNES LES PLUS OBSERVÉES PAR LES MARCHÉS

Nom de l'indicateur	Organisme éditeur	Périodicité	Descriptif et interprétation
Indicateurs monétaires et financiers			
Taux de Croissance de la Masse Monétaire (Annual growth rate of broad monetary aggregate M3)	BCE (Banque centrale européenne)	Mensuelle	La masse monétaire M3 correspond à l'ensemble des «valeurs» détenues par les ménages, les entreprises, les administrations... susceptibles d'être converties en monnaie (liquidités, comptes bancaires, livrets, les crédits à court terme, placements monétaires) pour la zone euro. Toute augmentation de la masse monétaire, si elle est supérieure à la croissance du PIB, peut induire des risques d'inflation et amener la BCE à intervenir, en augmentant ses taux directeurs.
Taux de Croissance des Prêts aux Entreprises (Annual growth rate of adjusted loans to non-financial corporations)	BCE	Mensuelle	Une progression du montant des prêts accordés aux entreprises se traduit normalement par une plus grande capacité pour les firmes à investir. Un facteur plutôt favorable à la croissance.
Taux de Croissance des Crédits aux Ménages (Annual growth rate of adjusted loans to households)	BCE	Mensuelle	Une progression du montant des crédits accordés aux ménages est un facteur favorisant la consommation et la croissance. A condition que cette hausse soit raisonnable et n'entraîne pas un surendettement des ménages, ce qui aurait alors un effet négatif sur la croissance.
Indicateurs sur le moral des acteurs économiques			
Indice du Sentiment Economique (Economic sentiment indicator Index -ESI)	Eurostat	Mensuelle	Cet indice est calculé à partir de cinq indicateurs de confiance (celui de l'industrie, des services, des consommateurs, de la construction et du commerce de détail). Il s'agit d'un indicateur de base 100. Si l'indicateur est supérieur à 100, les acteurs économiques sont plutôt confiants quant à la bonne santé de l'économie, inférieur à 100, cette confiance se dégrade.
Indice du Sentiment des Investisseurs (Sentix sentiment Index)	Institut Sentix	Mensuelle	Cet indicateur traduit la façon dont les investisseurs perçoivent la santé économique de l'Allemagne en particulier et de la zone euro en général. Il apporte un éclairage sur le moral des investisseurs pour les 6 mois à venir et sur leur niveau d'optimisme concernant le dynamisme économique. L'enquête est réalisée auprès d'environ 3 000 analystes et investisseurs. Si la valeur est au-dessus de 0, la confiance l'emporte, en dessous de 0, c'est un sentiment de défiance qui domine au sein de la communauté financière.
Indice Ifo du Climat des Affaires en Allemagne (IFO business climate)	Institut IFO	Mensuelle	Il est calculé à partir d'une enquête portant sur près de 7 000 sociétés. Il mesure le niveau d'optimisme ou de pessimisme des chefs d'entreprise allemands face à la conjoncture économique nationale et internationale pour les 6 mois à venir. Cet indicateur permet d'anticiper à moyen terme les mouvements du marché du travail et la politique d'investissement des entreprises. Si l'indicateur est supérieur à 100, les acteurs économiques sont plutôt confiants quant à la bonne santé de l'économie, inférieur à 100, c'est le pessimisme qui l'emporte.
Indicateur du Climat Economique Allemand (ZEW Economic Sentiment)	ZEW (Zentrum für Europäische Wirtschaftforschung)	Mensuelle	Cet indicateur est obtenu à partir d'une enquête effectuée auprès de plusieurs centaines d'investisseurs institutionnels allemands et de chefs d'entreprises. Il exprime le sentiment des décideurs économiques et financiers sur les perspectives économiques pour les 6 prochains mois. Si la valeur est au-dessus de 0, la confiance l'emporte, en dessous de 0, c'est un sentiment de défiance qui domine au sein des décideurs économiques.

Nom de l'indicateur	Organisme éditeur	Périodicité	Descriptif et interprétation
Indicateur de Confiance dans l'Industrie (Industrial confidence Indicator)	Eurostat	Mensuelle	Cet indicateur est élaboré à partir d'une enquête de conjoncture menée auprès de dirigeants et de directeurs travaillant dans le secteur de l'industrie. Elle met en évidence leur analyse sur leur secteur d'activité et sur les performances présentes et futures de leur entreprise. Si l'indice est supérieur à 0, les professionnels du secteur industriel sont plutôt optimistes quant aux perspectives de croissance de leur secteur. Si l'indicateur est négatif, c'est le pessimisme qui l'emporte.
Indicateur de Confiance dans les Services (Services confidence Indicator)	Eurostat	Mensuelle	Cet indicateur est élaboré à partir d'une enquête de conjoncture menée auprès de dirigeants et de directeurs travaillant dans le secteur des services. Elle met en évidence leur analyse sur leur secteur d'activité et sur les performances présentes et futures de leur entreprise. Si l'indice est supérieur à 0, les professionnels du secteur des services sont plutôt optimistes quant aux perspectives de croissance de leur secteur. Si l'indicateur est négatif, c'est le pessimisme qui l'emporte.
Indice de Confiance du Consommateur (Consumer confidence Indicator)	Eurostat	Mensuelle	Cet indicateur est élaboré à partir d'une enquête de conjoncture menée auprès d'un panel représentatif de consommateurs. Elle met en évidence leur analyse sur la situation économique et l'impact sur leurs habitudes de consommation. Si l'indice est supérieur à 0, les ménages sont plutôt optimistes et auront tendance à consommer. Si l'indicateur est négatif, c'est la morosité qui l'emporte, avec à terme un risque de ralentissement de la consommation au profit de l'épargne.
Indicateur sur l'inflation			
Indice Harmonisé des Prix à la Consommation (Harmonised indices of consumer prices -HICP)	Eurostat	Mensuelle	L'indice des prix à la consommation harmonisé (IPCH) est conçu pour permettre la comparaison internationale de l'inflation des prix à la consommation avec des pays comme les Etats-Unis ou le Japon. Il détermine le niveau de l'inflation dans la zone euro, au sein de l'union européenne (UE) ou par pays membre de l'UE. Il est publié tous les mois, exprimé en % de variation d'un mois sur le mois précédent ou sur les 12 derniers mois glissants.
Indice Harmonisé des Prix à la Consommation Hors Energie et Produits Alimentaires (HICP excluding energy and seasonal food)	Eurostat	Mensuelle	Cet indice a la particularité d'exclure les produits alimentaires et l'énergie, des secteurs dont les prix peuvent fortement varier d'un mois sur l'autre (forte volatilité) et ainsi perturber temporairement l'analyse de l'inflation. Il est suivi de près par la BCE dont l'un des principaux objectifs est d'éviter tout risque inflationniste. Il est publié tous les mois, exprimé en % de variation d'un mois sur le mois précédent ou sur les 12 derniers mois glissants.
Indice des Prix à la Production dans l'Industrie -zone euro- (Industrial producer prices)	Eurostat	Mensuelle	Il mesure l'évolution des prix des produits industriels, qu'ils soient semi-finis ou finis. Il permet ainsi d'anticiper de possibles hausses des prix des produits industriels qui seront vendus aux consommateurs, avec à la clef des risques de tensions inflationnistes.
Indice des Prix à l'Importation pour l'Ensemble de l'Industrie -zone euro- (Industrial import prices)	Eurostat	Mensuelle	L'indice des prix industriels à l'importation mesure la variation mensuelle du prix des produits importés par les acteurs nationaux, principalement les entreprises, dans leur pays. Les marchandises importées proviennent d'un pays extérieur qui peut être membre de la zone euro ou pas. Cependant l'indicateur distingue les importations en provenance de la zone euro de celles provenant de l'extérieur de la zone euro. L'indice des prix à l'importation calcule l'évolution des prix des biens intermédiaires destinés à la production et des biens de consommation. Il permet ainsi de déterminer l'influence des prix à l'importation sur l'évolution de l'inflation.

Nom de l'indicateur	Organisme éditeur	Périodicité	Descriptif et interprétation
Indicateurs sur l'activité du secteur industriel			
Indice de la Production Manufacturière (Industrial production index)	Eurostat	Mensuelle Trimestrielle	Cet indice mesure les variations mensuelles (ou trimestrielles) de volumes de la production. Il permet d'identifier si la production industrielle est dynamique ou plutôt en phase de décélération. C'est un indicateur visant à anticiper les risques de récession. Il est publié tous les mois, exprimé en % de variation d'un mois sur l'autre, d'un trimestre sur l'autre ou d'une année sur l'autre.
Indicateur sur l'Evolution des Nouvelles Commandes Industrielles (Industrial new orders)	Eurostat	Mensuelle	Cet indicateur économique permet d'identifier l'évolution, en pourcentage, d'un mois sur l'autre, du nombre de nouvelles commandes passées auprès des entreprises du secteur manufacturier de la zone euro. Il permet d'identifier le dynamisme à moyen terme du secteur industriel avec un impact positif ou négatif sur la croissance.
Indice de Croissance des Ventes au Détail (Volume of retail trade index)	Eurostat	Mensuelle	C'est un indicateur économique qui nous renseigne sur l'évolution des volumes des ventes au détail (hors automobile et produits pétroliers). Il est important car il donne des informations sur le niveau des dépenses des consommateurs.
Indicateur sur la croissance			
Indicateur de Croissance du PIB (GDP growth rate)	OCDE/Eurostat	Trimestrielle	Le produit intérieur brut (PIB) permet de mesurer la richesse créée par un pays ou un groupe de pays. Il correspond à la valeur totale des biens et services produits par les entreprises, les ménages et les administrations du pays ou du groupe de pays considéré. L'indice est exprimé en % et mesure le niveau de la croissance.
Indicateurs sur l'emploi			
Indicateur de l'Emploi et de l'Activité (Employment rate)	Eurostat	Annuelle	Il donne des informations sur le nombre de personnes employées, âgées de 20 à 64 ans, sur une année, dans la zone euro, au sein de l'Union européenne (UE) ou par pays. Il mesure ainsi le dynamisme économique, créateur d'emplois. C'est aussi un indicateur qui par extension donne des informations sur l'évolution de la consommation du pays, de la zone euro ou au niveau de l'UE. Malheureusement cet indicatif est annuel, ce qui limite son effet d'anticipation.
Indice d'Evolution de la Main dOœuvre dans les Services (Labour force service sector index)	Eurostat	Trimestrielle	Il affiche l'évolution de la main d'œuvre dans le secteur des services, en % d'un trimestre sur l'autre et d'une année sur l'autre, pour la zone euro, pour l'UE ou par pays. Cet indicateur permet ainsi d'identifier le dynamisme du secteur des services qui influence la croissance et sur le niveau d'embauches de ce secteur d'activité qui impacte la consommation.

Source : Marc Michaux

La plupart de ces indicateurs n'ont pas d'effet, en tant que tels, sur les marchés. Leur influence provient de l'écart observé entre le chiffre publié et le celui qui était attendu par le consensus représentant la communauté financière.
La grande majorité de ces indicateurs notamment ceux publiés par Eurostat, sont disponibles pour la zone euro, pour l'union européenne et par pays membre de l'Union européenne. La zone euro est privilégiée par les investisseurs car c'est la zone d'intervention de la BCE. Les pays de l'Union européenne qui pèsent le plus économiquement comme l'Allemange et la France, dans une moindre mesure, peuvent être également analysés sur certains indicateurs relatifs à la production, au chômage, au moral des consommateurs, au climat des affaires.

COMMENT FONCTIONNENT LES MARCHÉS FINANCIERS ?

2

PRINCIPAUX MARCHÉS ET INDICES

Avec le développement des nouvelles technologies, les marchés boursiers sont devenus beaucoup plus accessibles.

Il est désormais très simple de passer en bourse un ordre d'achat ou de vente d'actions à l'aide de son ordinateur ou son téléphone portable. Les principaux marchés sont cotés en continu, et il est facile d'observer l'évolution du cours d'une action.

FACILITER L'ACCESSIBILITÉ DES MARCHÉS

Le 10 juillet 1987, au Palais Brongniart, siège de la Bourse de Paris, une page d'histoire se tourne. La corbeille, lieu hautement symbolique où les agents de change se réunissaient, criaient, gesticulaient dans tous les sens pour acheter et vendre des actions pour le compte de leurs clients, fait son dernier tour de piste avant de devenir une pièce de musée. Et les agents de change perdent leur statut au profit de sociétés de Bourse. Une révolution devenue indispensable si la Bourse parisienne voulait rivaliser avec ses concurrentes de New York et de Londres.

Car avec le développement des nouvelles technologies, le système ancestral de la criée, doit laisser sa place à de puissants serveurs informatiques. Ceux-ci sont capables d'enregistrer en temps réel la multitude des ordres d'achat et de vente passés par les investisseurs et de les exécuter dès que des ordres de vente et d'achat sont compatibles. C'est l'avènement de la cotation continue. Ce système va s'appeler cotation assistée en continu ou CAC. Voilà pourquoi le principal indice de la Bourse de Paris a pris le nom de CAC 40. Le nombre 40, indique qu'il y a 40 sociétés cotées sur cet indice.

Ainsi le cours des produits financiers comme par exemple les actions, les obligations, les produits dérivés, les SICAV est désormais calculé de deux façons différentes. Si les produits financiers bénéficient d'un nombre important et régulier de transactions (il faut au moins en comptabiliser 2 500 par an), ils vont être cotés en temps réel tout au long de la journée, c'est ce qu'on appelle la cotation en continu. S'ils sont moins recherchés, avec un nombre d'ordres quotidiens relativement limité, ils bénéficieront d'une cotation ponctuelle à des heures définies de la journée, voire uniquement en fin de séance boursière, c'est la cotation au fixing. À la différence d'une cotation continue, qui est fluide, ce système peut enregistrer des écarts importants entre deux cotations.

Aujourd'hui, les sociétés de Bourse ont pour rôle de mettre à disposition des outils qui assurent en temps réel la cotation des titres et de permettre à chaque actionnaire, quelle que soit sa nationalité, de négocier le produit financier sur son marché financier de prédilection.

Elles simplifient aussi l'accès de tous les marchés financiers qu'ils soient basés à Paris, à New York, à Londres ou à Tokyo. Ces intermédiaires ouvrent les portes des Bourses à tous les profils d'investisseurs qu'ils soient professionnels ou individuels, qu'ils soient avertis ou non. Elles facilitent les transactions en optimisant la rapidité et la capacité d'exécution.

LA COTATION EN CONTINU

Elle concerne une majorité d'actions cotées sur la place parisienne.

À Paris, la cotation en continu débute à 9h00 et se termine à 17h30. Les horaires d'ouverture et de fermeture diffèrent d'une place financière à une autre, mais le système de cotation demeure identique quel que soit le pays.

De 7h15 à 9h00, tous les ordres passés après la clôture de la veille sont enregistrés et ce sont eux qui vont déterminer le prix d'ouverture des actions. Ensuite, l'ensemble des ordres donnés tout au long de la séance sur un titre particulier va impacter en permanence l'évolution du prix de cette action. Et cela concerne bien évidemment l'ensemble des actions cotées.

Les ordres sont enregistrés jusqu'à 17h30. Un prix de clôture est déterminé en fonction des derniers ordres passés. A 17h35, les ordres qui bénéficient d'une contrepartie sont exécutés. Les ordres non exécutés sont soit reportés à la prochaine séance, soit résiliés si leur durée de validité est terminée. À l'annonce du cours de clôture vers 17h35-17h40, les transactions sont terminées.

La cotation en continu est un système qui offre plusieurs avantages. Tout d'abord, elle assure une égalité d'information, puisque tous les investisseurs, petits ou gros, particuliers ou institutionnels, disposent du cours réel de l'action et de ses volumes échangés, à tous moments de la journée. Elle offre également une égalité de traitement, car un ordre d'achat ou de vente concernant 1 000 actions ne sera pas traité prioritairement par rapport à un ordre sur 15 actions. Ce qui est important, c'est l'ordre d'enregistrement, l'horaire où l'ordre a été donné.

LA COTATION AU *FIXING* OU COTATION AU FIXAGE

Cette cotation fonctionne de manière différente de la cotation en continu. Elle concerne des valeurs peu « liquides », dont les volumes d'échanges quotidiens sont particulièrement faibles (moins de 2 500 transactions sur l'année) et pour lesquelles une cotation en continu n'aurait pas de sens. Il s'agit surtout d'actions qui sont cotées sur Euronext Access ou Euronext Growth.

UNE SIMPLICITÉ APPARENTE
Derrière la facilité de passer un ordre en Bourse se cache toute une complexité organisationnelle et comportementale des marchés financiers liée à leurs interconnexions, à leur sensibilité aux évènements économiques et financiers nationaux et mondiaux, aux réactions réflexes de panique ou contrôlés de la nature humaine. En réalité, le monde de la Bourse est un monde enchevêtré.

Néanmoins, des dérogations sont possibles, si la société a signé un contrat de liquidité avec une société d'investissement. Dans ce contrat, qui doit être notifié à l'AMF, l'intermédiaire financier s'engage à assurer la liquidité du titre. Pour y parvenir, la société va, avec l'accord des actionnaires, racheter une certaine quantité de ses actions qu'elle va mettre à disposition de la société d'investissement. Celle-ci doit ensuite, selon la situation, acheter ou vendre des actions de façon homéopathique, pour générer des transactions sans pour autant entraîner de fortes variations du cours de l'action.

Assurer l'accumulation des ordres

À Paris (mais un système comparable est développé dans les autres places financières), une pré-ouverture a lieu de 7h15 à 11h30, période durant laquelle les ordres sont enregistrés. À 11h30, un premier *fixing* affiche le prix de l'action, qui est calculé à partir des ordres passés. Entre 11h30 et 12h, les investisseurs peuvent acheter ou vendre les actions de la société cotée au prix fixé à 11h30, c'est ce qu'on appelle la cotation au dernier prix connu.

Entre 12h et 16h30, il y a une nouvelle période de pré-ouverture. Les ordres s'accumulent dans le carnet d'enregistrement et ils vont permettre d'afficher à 16h30 un nouveau *fixing* avec un nouveau prix de l'action.

Entre 16h30 et 17h, les actionnaires ont la possibilité d'acheter l'action au prix indiqué lors de ce deuxième fixing.

Ainsi, cette méthode a pour finalité de cibler une période de 4h15/4h30, entre deux cotations ponctuelles, pour que l'accumulation des ordres offre un volume suffisant de transactions. Et ce, afin de fixer un prix de l'action qui reflète objectivement les décisions des investisseurs.

Désormais, il est assez simple de passer un ordre en Bourse à l'achat ou à la vente. Avec le développement du web, que ce soit par l'intermédiaire d'une banque traditionnelle ou d'une banque Internet, il est facile d'aller sur son espace personnel et de passer un ordre.

QUAND LES BOURSES FUSIONNENT

Pièce centrale dans l'organisation des marchés, les sociétés de Bourse proposent des systèmes performants et fiables pour sécuriser les transactions et assurer la gestion de millions d'opérations financières quotidiennes complexes. L'évolution technologique a permis aux Bourses mondiales de gagner en efficacité et en inventivité pour proposer aux investisseurs une multitude de nouveaux produits. Mais pour y parvenir, ces sociétés doivent sans cesse investir. Comme tout secteur en pleine croissance, celui-ci s'est consolidé : des alliances et des fusions ont été menées, avec plus ou moins de réussite d'ailleurs, au cours des dernières décennies pour permettre à certaines d'entre elles de devenir des acteurs internationaux majeurs.

Première fusion européenne en 2000

En France, dès 1988, des sociétés de Bourse succèdent aux agents de change. La Société des Bourses françaises (SBF-Bourse de Paris) remplace la Compagnie des agents de change. Elle va se montrer très active, donner naissance à un indice reconnu le SBF 120 et assurer la gestion de plusieurs marchés comme le MONEP (marché des options), le MATIF (marché à terme) et le Nouveau Marché (actions). Elle va s'imposer comme la société qui gère la Bourse de Paris.

En septembre 2000, les Bourses de Paris, d'Amsterdam et de Bruxelles fusionnent et prennent le nom d'Euronext. Fort de son statut paneuropéen, Euronext s'introduit en Bourse en 2001. Elle multiplie, dès 2002, les opérations de croissance externe.

Le véto de la Commission européenne

Elle acquiert le London International Financial Futures and Options Exchange (LIFFE), le marché londonien des produits dérivés et fusionne avec la Bourse portugaise. En 2007, Euronext réalise une énorme opération puisqu'elle fusionne avec le New York Stock Echange (NYSE), le premier marché mondial d'actions pour devenir la première plateforme boursière mondiale, NYSE Euronext. Et l'aventure aurait pu se poursuivre avec son projet de fusion, en 2011, avec la Bourse allemande (Deutsche Börse) qui aurait permis à NYSE Euronext de contrôler près de 90 % du marché européen des produits dérivés. Mais c'est l'intervention de trop, car la Commission européenne met son véto à l'opération, pour éviter tout abus de position dominante, notamment sur le marché européen des produits dérivés. Affaiblie par cet échec, NYSE Euronext accepte, fin 2012, d'être rachetée par la place boursière américaine basée à Atlanta, Intercontinental Exchange (ICE). Spécialisée avant tout dans les produits dérivés, ICE s'intéresse surtout aux activités du LIFFE et du NYSE, qui renforcent sa position aux États-Unis. Aussi, décide-t-elle de se séparer des activités européennes d'Euronext (hors LIFFE) et de les introduire en Bourse, en 2014, à Paris, Amsterdam et Bruxelles. Euronext retrouve alors le dimensionnement qu'elle avait en 2000.

Quatre ans plus tard, Euronext reprend du service. La société rachète, en mars 2018, la Bourse de Dublin, puis celle d'Oslo, en juillet 2019, après une âpre bataille avec le Nasdaq aussi intéressé par la Bourse norvégienne.

La Bourse de Londres, le London Stock Exchange (LSE) acquiert quant à elle la Bourse d'Italie en 2007 et tente en 2011 une fusion avec la Bourse canadienne, le Toronto Stock Exchange (TSE), qui échoue finalement.

De son côté, la Deutsche Börse prend en 2015 des participations dans la Bourse suisse. Elle annonce en 2016 son intention de fusionner avec la Bourse anglaise LSE. Mais la Commission européenne impose ses conditions. Notamment, elle demande au LSE de vendre des activités de la Bourse d'Italie pour des raisons de concurrence, ce que refuse la Bourse anglaise. La fusion est alors rejetée par la Commission européenne.

FAUT-IL CRAINDRE DE FUTURS MONOPOLES ?

Si la mise en place de grandes places financières favorise les capacités d'investissement, les volumes d'échanges et les économies d'échelle, il ne faut pas pour autant que cette stratégie aboutisse à la création de monopoles, avec à la clef, l'émergence de groupes gigantesques capables à eux seuls de contrôler un ou plusieurs continents, ou un marché particulier au niveau mondial comme celui des actions, des produits dérivés ou des obligations. Si toute concurrence disparaissait, les Bourses seraient alors capables d'imposer leur tarification et de décider de fortes hausses des frais de transactions pour les investisseurs et des augmentations sensibles des commissions de cotation pour les entreprises cotées.

Mais les instances internationales ne restent pas inactives. Ainsi, la Commission européenne est vigilante et elle n'hésite pas à s'opposer à des opérations de fusion, si elle estime que ces rapprochements sont contraires aux intérêts des clients investisseurs et qu'elles empêcheront, à terme, la concurrence de s'exprimer. Elle a rédigé et fait voter par le Parlement européen, en 2007, une directive européenne sur le Marché des instruments financiers (MIF en français et MIFID en anglais). La directive MIF 2, entrée en vigueur en 2018, révise et corrige celle existante après la crise financière des *subprimes*. Tout en ne s'opposant pas systématiquement à la consolidation des marchés européens, cette directive MIF 2 définit des règles à suivre pour sauvegarder une situation de saine concurrence entre les différents marchés financiers. Elle favorise la mise en place de solutions alternatives offertes aux intermédiaires financiers, banques et conseillers en patrimoine indépendants (CGPI), pour exécuter les ordres en Bourse. Ainsi, tout intermédiaire financier peut soit passer les ordres sur le marché réglementé, soit avoir recours à une plateforme électronique appelée en Europe, Multilateral Trading facilities (MTF) et aux États-Unis, Alternative Trading Facilities (ATF). C'est à lui de faire ses choix pour optimiser le fonctionnement de sa structure (rapidité, fiabilité, sécurisation) et préserver l'intérêt de ses clients (offrir des coûts de transaction modérés).

La directive renforce aussi les obligations d'information des intermédiaires financiers vis-à-vis de leurs clients investisseurs, notamment sur les caractéristiques et les spécificités des produits financiers commercialisés.

LES PRINCIPAUX ACTEURS DE LA BOURSE DE PARIS

On en dénombre trois.

L'AMF, Le gendarme de la Bourse

Surnommée le gendarme de la Bourse, l'Autorité des marchés financiers (AMF) surveille, depuis 2003, le bon fonctionnement des marchés financiers sur le sol français. Malgré son jeune âge, elle bénéficie de l'expérience des organismes de contrôle qui l'ont précédée, puisqu'elle est née de la fusion entre la Commission des opérations de bourse (COB), le Conseil des marchés financiers (CMF) et le Conseil de discipline de la gestion financière (CDGF).

L'AMF est une autorité administrative française qui dispose d'une autonomie financière pour mener ses missions en toute indépendance. Elle ne perçoit pas d'aides de l'État et tire ses revenus de droits et taxes versés par les entreprises cotées ou les sociétés de gestion soumises à son contrôle. Lorsqu'une société de Bourse demande l'agrément à l'AMF pour émettre sur le marché un nouveau produit financier, elle doit payer une contribution. De même, le gendarme de la Bourse perçoit des taxes quand une entreprise s'adresse à lui pour obtenir le « sésame », le précieux visa pour s'introduire en Bourse ou pour déposer un document de référence afin de communiquer sur son activité et ses résultats auprès de la communauté financière.
Cependant, le président de l'AMF n'est pas indépendant du pouvoir politique puisqu'il est nommé pour un mandat de 5 ans, non renouvelable, par le président de la République. Jusqu'à présent, les différents présidents qui se sont succédé avaient un profil de haut fonctionnaire. Le président Emmanuel Macron a brisé l'habitude en choisissant pour ce poste, Robert Ophèle, un économiste aguerri sur les questions financières.

Organe de contrôle et de régulation. L'AMF contrôle en permanence le bon fonctionnement des marchés financiers et veille à ce que les règles mises en place soient respectées. Si elle détecte une opération anormale ou un acte délictueux comme la diffusion de fausses informations, la manipulation de cours ou l'utilisation d'informations privilégiées pour passer des ordres en Bourse, communément appelée un délit d'initié, elle peut mener une enquête. Elle dispose pour cela d'un large pouvoir d'investigation. Elle a la compétence d'infliger des sanctions, si la culpabilité de l'opérateur soupçonné a été prouvée. De même, si un investisseur subodore une opération suspecte, il doit la déclarer à l'AMF qui mènera alors une enquête. L'AMF protège ainsi les intérêts des investisseurs institutionnels ou individuels et s'assure qu'ils bénéficient tous d'une information transparente et exacte pour réaliser leurs opérations financières.
Elle accorde les agréments et les visas et édicte des règlementations qui s'appliquent aux acteurs des marchés (Euronext, les sociétés cotées, les sociétés de gestion, les conseillers en investissements financiers (CIF), aux produits

financiers (actions, obligations, contrats à terme, options...) et aux opérations financières (OPA, OPE, entrée en Bourse, augmentation de capital..) et qui visent à améliorer le bon fonctionnement du marché tout en s'adaptant aux évolutions techniques et technologiques.

Enfin, l'AMF contribue aussi à l'harmonisation et à une meilleure régulation du fonctionnement des marchés financiers au niveau international en général et européen en particulier. Elle est à ce titre un membre actif de l'Autorité Européenne des Marchés Financiers (ESMA -European Securities and Market Authority - en anglais) et de l'Organisation Internationale des Commissions de Valeurs (OICV) qui regroupe plus de 100 pays.

Des enquêtes avec des amendes à la clef. Pour gagner en transparence et en efficacité, l'AMF fonctionne sur le principe de la séparation des pouvoirs, notamment lors du déclenchement d'une enquête.

Ainsi, l'organisation se divise en plusieurs entités : un collège, une commission des sanctions, cinq commissions consultatives permanentes et un conseil scientifique ayant des missions spécifiques. Les commissions consultatives et le conseil scientifique étant avant tout des organes de réflexion, le fonctionnement opérationnel est assuré par la commission des sanctions et le collège. Composé de 16 membres dont le président de l'AMF, le collège adopte notamment les nouvelles règlementations, organise les commissions consultatives qui vont plancher sur certains sujets de réflexion et décide, en cas de soupçons d'infraction, de déclencher des poursuites.

L'enquête est alors confiée à la commission des sanctions qui est constituée de 12 personnes, avant tout des hauts fonctionnaires, des magistrats et des dirigeants d'entreprise. La commission des sanctions désigne alors parmi ses membres un rapporteur, une sorte de juge d'instruction, qui va superviser l'enquête. Elle va ensuite étudier le rapport final d'enquête. Et c'est elle qui statuera, sans la présence du rapporteur, sur la culpabilité et sur le montant de l'amende à appliquer.

Ainsi, l'AMF a infligé, en juillet 2019, à deux filiales de la Banque de financement Natixis, une amende totale de 3 millions d'euros pour manquements relatifs à l'information communiquée aux investisseurs ainsi qu'à la gestion des conflits d'intérêts. Quelques mois auparavant, en mars 2019, elle avait condamné la société Iliad et son directeur au moment des faits, à une amende globale de 700 000€. Le gendarme de la Bourse ayant reproché à l'entreprise d'avoir tardé à communiquer son intérêt pour l'opérateur de téléphonie américain T-Mobile, dévoilé fin juillet 2014, et d'avoir ainsi manqué à ses obligations d'information au public.

Les intermédiaires financiers

Il existe toute une chaîne d'intermédiaires financiers qui participent à la vie des marchés. Ils facilitent les transactions, assurent la conservation, la gestion des

produits financiers et des capitaux de leurs clients investisseurs. Ils peuvent aussi lancer de nouveaux produits agréés par l'AMF. Ils ont également un rôle d'information, d'avertissement sur les risques financiers et de conseils sur les produits qu'ils commercialisent auprès des investisseurs. Ils doivent enfin fournir le détail des frais qu'ils vont facturer à leurs clients. Il s'agit avant tout de frais directement liés aux produits qu'ils proposent et aux conseils qu'ils prodiguent.
Certains intermédiaires disposent d'un service d'analyses financières composé d'économistes et d'analystes qui publient régulièrement des études sur l'évolution des marchés, sur des entreprises cotées. Ces études peuvent être une excellente source d'information pour se faire une meilleure idée de la conjoncture économique nationale, européenne, mondiale, sur la situation économico-financière d'un secteur d'activité, sur la santé commerciale et financière d'une entreprise cotée.
À côté des réseaux physiques (banques, compagnies d'assurances, sociétés de gestion, cabinets de conseillers en investissements financiers...), il existe un nombre croissant de courtiers en ligne qui proposent leurs services à des tarifs souvent plus intéressants que les réseaux traditionnels. La plupart d'entre eux sont d'ailleurs des filiales de banques françaises ou étrangères.

Euronext, l'entreprise gestionnaire

Euronext est une société privée cotée en Bourse notamment à Paris. Avec le développement des nouvelles technologies assurant la cotation et la négociation des produits en temps réel, Euronext pilote des systèmes informatiques extrêmement complexes. Ils ont pour mission de gérer de façon optimale, juste et transparente, les différents marchés financiers, qu'ils soient réglementés, régulés ou libres.
Malgré la sophistication de ses systèmes, les risques de manquement au principe de neutralité ne sont pas totalement écartés. Ainsi, en décembre 2015, Euronext a été condamnée par la commission des sanctions de l'AMF à payer une amende de 5 millions d'euros pour n'avoir pas exercé son activité de façon neutre et impartiale. La commission avait mis en évidence la responsabilité d'Euronext qui avait accordé un avantage commercial à une société de trading. Ce qui avait conduit cette société à manipuler les cours de 27 sociétés cotées sur le CAC 40 entre juillet et septembre 2009, pour un profit estimé à 800 000€. En appel, le Conseil d'État avait confirmé le bien-fondé de la sanction mais avait réduit le montant de l'amende à 3 millions d'euros.
Sous le contrôle de l'AMF en France et des autorités des marchés nationales dans les autres pays où elle intervient (la Norvège, les Pays-Bas, l'Irlande, le Portugal, la Belgique et le Royaume-Uni), Euronext fixe également les règles qui permettent à des sociétés d'entrer en Bourse ou inversement de quitter la cote. Elle propose aussi des services d'accompagnement des entreprises cotées en matière de communication, de

relation avec les investisseurs, de gouvernance, de conformité avec la règlementation sur les marchés financiers.
Euronext régit également l'adhésion de ses membres, des banques et des sociétés d'investissements, qui interviennent sur ses marchés.
Enfin, comme toute entreprise, elle assure la promotion commerciale de ses activités en diffusant régulièrement des informations à destination des investisseurs et des médias.

EURONEXT PARIS, LE MARCHÉ RÉGLEMENTÉ

Pour simplifier les choses (mais parfois la simplification peut être source de confusion), Euronext c'est à la fois le nom de la société de Bourse paneuropéenne qui gère notamment le marché parisien et le nom du marché réglementé de la Bourse de Paris.
En 2005, la société Euronext décide de réorganiser son premier et son second marché ainsi que son marché libre. Elle fusionne l'ensemble de ses marchés et crée Eurolist Euronext qui va s'appeler Euronext en 2008.
Pour permettre aux investisseurs de mieux identifier les sociétés cotées à Paris, la société Euronext décide de ne plus les classer selon leur secteur d'activité mais selon le niveau de leur capitalisation boursière.
Ainsi, Les valeurs du marché réglementé sont réparties dans quatre compartiments : A, B, C et professionnel. Le compartiment A regroupe les sociétés cotées dont la capitalisation boursière (valeur de l'action multipliée par le nombre d'actions détenues de la société) est supérieure à 1 milliard d'euros. Les groupes dont la capitalisation boursière se situe entre 150 millions et 1 milliard d'euros sont disposés dans le compartiment B. Les entreprises dont la capitalisation boursière est inférieure à 150 millions d'euros sont répertoriées dans le compartiment C. Enfin, le compartiment professionnel s'adresse aux entreprises françaises ou étrangères qui entrent en bourse sans faire d'offre préalable de titres au public.
Ainsi fin octobre 2019, Euronext Paris cotait 506 sociétés dont 14 étaient également répertoriées sur au moins un des autres marchés d'Euronext à savoir Euronext Amsterdam, Bruxelles, Lisbonne ou Londres. Par ailleurs, 190 entreprises étaient listées sur Euronext Bruxelles, 141 sur Euronext Amsterdam, 56 sur Euronext Lisbonne et une sur Euronext Londres.
Pour être cotée sur Euronext, toute entreprise doit diffuser dans le public au minimum un quart de son capital. Si le nombre de titres est élevé, ce pourcentage peut descendre jusqu'à 5 % à condition que l'offre publique porte au moins sur 5 millions d'euros.
La cotation sur Euronext s'effectue en continue de 9 heures à 17h30, mais pour les petites valeurs, peu liquides, c'est le fixing qui prime (voir p. 61).

Euronext Growth

C'est en quelque sorte la version modernisée de l'ancien « second marché » anciennement dénommé Alternext, dont le nom a changé en 2017, pour devenir Euronext Growth (croissance). L'objectif d'Euronext Growth est de permettre à de petites et moyennes entreprises d'intégrer les marchés financiers pour obtenir des capitaux qui leur serviront à financer leurs investissements et leur développement. Ainsi, les règles qui régissent l'admission et le fonctionnement sur ce marché sont nettement moins strictes et sélectives que celles qui sont appliquées pour les sociétés cotées au marché réglementé d'Euronext Paris. Il n'y a pas de contraintes imposant qu'un pourcentage minimum d'actions soit détenu par le public au moment de l'entrée en Bourse. Les entreprises ne sont pas tenues de publier leur comptabilité selon les normes IFRS.

En revanche, Le sociétés cotées sur Euronext Growth doivent présenter aux moins deux années de comptes certifiés. Si la société prévoit de faire une offre préalable au public, elle devra alors demander à l'AMF d'apposer son visa sur le prospectus d'information destiné aux investisseurs. Pour la majorité des valeurs présentes sur ce marché, la cotation n'est pas continue mais relève du fixing. Seules les valeurs qui font l'objet d'au moins 2500 transactions par an bénéficient d'une cotation continue (voir p. 61).

Malgré cette souplesse de fonctionnement, Euronext Growth n'a pas la renommée, ni le dynamisme d'Euronext. Sans doute, un certain nombre d'entreprises restent marquées par l'effondrement du second marché au début des années 2000, avec l'éclatement de la bulle Internet et la chute brutale des cours de Bourse qui avaient entraîné la faillite financière d'un certain nombre de ces sociétés cotées.

CHIFFRES
Fin octobre 2019, 240 sociétés étaient cotées sur Euronext Growth à Paris et 3 entreprises à la fois sur Paris et sur Bruxelles.

Euronext Access

Tout comme Alternext, le Marché libre s'est modernisé pour devenir Euronext Access (libre) en 2006. Ce marché a surmonté bien des réformes depuis sa création en septembre 1996. Il propose des règles de cotations encore plus souples que celles qui sont requises pour Euronext Growth. Les documents comptables sont les mêmes que ceux qui doivent être produits par les sociétés non cotées ayant la même forme juridique. Il n'y a pas de seuil minimal du capital à ouvrir au public. L'AMF doit cependant donner son visa au prospectus d'information qui est publié lorsqu'une société décide d'ouvrir son capital au public. Mais ensuite, le gendarme de la Bourse n'effectuera qu'une surveillance légère sur les conditions de transactions. Les intérêts des actionnaires minoritaires sont peu protégés. La règlementation sur les abus de marché (opérations d'initiés, manipulation du cours) n'est pas appliquée sur ce marché.

La cotation au fixing est de règle pour l'ensemble des valeurs cotées sur ce marché (voir p. 61).

CHIFFRES
Fin octobre 2019, 164 valeurs étaient répertoriées sur Euronext Access.

EnterNext, au service des PME, PMI

Cette filiale de la société Euronext a été créée en mai 2013 pour assurer la promotion de ses marchés boursiers et des services qu'elle développe tant à Paris, qu'à Amsterdam, Bruxelles, Lisbonne, Dublin et Oslo, auprès des PME et des ETI. EnterNext accompagne les dirigeants de PME et ETI pour leur faciliter l'accès à ses marchés, pour les conseiller dans leur relation avec leur intermédiaire financier, pour assurer leur promotion auprès de futurs investisseurs, pour les aider à réussir leurs opérations financières (introduction en Bourse ou sur le marché obligataire, augmentation de capital...).

EnterNext a également mis en place un label « Tech 40 » pour valoriser des PME-ETI innovantes cotées sur les marchés de la Bourse paneuropéenne. Ce label permet de sélectionner, chaque année, quarante entreprises très performantes et novatrices. EnterNext leur offre un accompagnement spécifique et leur propose des rencontres avec des investisseurs internationaux appelées « roadshows ». Elle les intègre dans l'indice EnterNext Tech 40, ce qui leur permet de se faire connaître auprès de la communauté financière.

LES GRANDS INDICES FRANÇAIS, EUROPÉENS, AMÉRICAINS, ASIATIQUES ET MONDIAUX

Pour mieux visualiser les variations, les tendances, des cours des actions des entreprises cotées sur un marché, des financiers avisés ont eu l'idée de créer des indices boursiers. Ces indices sont calculés et varient, en fonction des évolutions de cours d'un nombre plus ou moins grand de valeurs sélectionnées.

Les indices mode d'emploi

Ce sont les américains Charles Dow et Edward Jones, dirigeants d'une agence de presse, qui publient, le 26 mai 1896, le premier indice des valeurs industrielles construit à partir d'une liste de douze titres. Le célèbre indice Dow Jones est né. Il a prospéré depuis, puisqu'il regroupe désormais 30 grandes valeurs et demeure, 125 ans plus tard, un indice réputé et scruté.

La valeur de la majorité des indices boursiers – c'est le cas notamment de l'indice allemand DAX 30, du FTSE 100 pour le Royaume-Uni et du CAC 40 pour la France - est calculée en faisant une moyenne, pondérée par la capitalisation flottante (nombre d'actions susceptibles d'être échangées en Bourse multiplié par le prix de l'action) de chacune des valeurs composant l'indice. Aussi, plus la capitalisation en valeur d'un titre est importante, plus sa variation influera sur celle de l'indice.

Une fois calculées, les capitalisations boursières des sociétés constituant l'indice sont ainsi additionnées et divisées par le nombre de titres composant l'indice. Comme la plupart des indices se calculent en points afin d'identifier dès le premier coup d'œil leur variation, le résultat obtenu est divisé par 100 ou par 1000.

Les principaux indices cotent généralement toutes les 30 secondes pendant les horaires d'ouverture des marchés financiers, alors que d'autres peuvent coter ponctuellement dans la journée, le Dow Jones, par exemple, cote en continu.

La représentativité d'un indice dépend de sa composition. Plus un indice intègre un nombre important de sociétés, plus il reflètera l'évolution de l'ensemble d'une place, par extrapolation, il reflètera la santé économique et financière d'un pays à travers ses grands groupes cotés. L'indice symbolise en quelque sorte le baromètre d'une économie nationale.
C'est par exemple le cas de l'indice CAC 40 ou du SBF 120 pour la France, du Dow Jones ou du S&P 500 pour les États-Unis, du FTSE ou «Footsie » 100 pour le Royaume-Uni, du Dax 30 pour l'Allemagne ou du Nikkei 225 pour le Japon. Ces indices sont qualifiés de généralistes. Pour avoir une vision plus précise du niveau de dynamisme d'un secteur d'activité, d'un tissu d'entreprises avec un focus sur de petites ou moyennes sociétés, des indices spécialisés ont été créés et ils se sont multipliés.

Sectoriels, nationaux, mondiaux. Ainsi, la société STOXX, dont les actionnaires sont les sociétés de Bourse allemandes (Deutsche Börse) et suisses (SIX Swiss Exchange), a créé toute une batterie d'indices principalement européens, suivis par les investisseurs. Elle a lancé notamment des indices sectoriels comme l'EuroStoxx Bank (secteur bancaire), l'EuroStoxx Health (santé), l'EuroStoxx Automobliles and parts (constructeurs et équipementiers automobiles)...
À Paris, l'indice CAC PME suit les performances d'une quarantaine de petites et moyennes entreprises cotées à Paris. Le CAC Mid 60 a été construit, quant à lui, à partir de 60 entreprises de tailles relativement importantes ou moyennes, réparties dans tous les secteurs d'activités.
D'autres indices, au contraire, pour mieux apprécier les effets de la mondialisation dans l'économie, proposent une couverture internationale. Ils intègrent des entreprises implantées aux quatre coins de la planète. C'est le cas par exemple de l'indice MSCI World Index qui mesure la performance des marchés boursiers de 23 pays.

Un indice est un indicateur vivant, dans le sens où sa composition peut varier durant son existence, en fonction de l'évolution même des entreprises qui le composent. Des entreprises peuvent disparaître, être nationalisées, fusionner, sortir de la cote, avoir une capitalisation boursière moins importantes et donc moins significatives ou au contraire devenir trop importantes pour l'indice. Ainsi, régulièrement, des entreprises vont sortir de l'indice et d'autres y faire leur entrée.
Peu à peu, les indices se sont imposés comme des indicateurs fondamentaux pour comparer et évaluer la performance d'un produit financier ou d'un gestionnaire de portefeuille. Ainsi, les conseillers en investissements financiers ou les sociétés de gestion cherchent à dupliquer ou à faire mieux que les performances de tel ou tel indice. Certains produits financiers « dérivés » proposés aux investisseurs sont intimement liés aux variations de l'indice auquel ils sont associés.

Les indices de la Bourse de Paris

Le CAC 40. C'est l'indice vedette, la référence de la Bourse de Paris. Il a été créé, en 1987, sur une base de 1000 points et comprend 40 valeurs qui comptent parmi les plus grosses capitalisations boursières.

CAC signifie cotation assistée en continu et 40, parce que l'indice est calculé à partir des variations de cours de 40 valeurs cotées à Paris comme Airbus, L'Oréal, Sanofi ou Vinci.

La valeur de l'indice est calculée à partir de la capitalisation flottante de chaque entreprise composant l'indice. Le flottant correspond au nombre d'actions réellement négociables par le public. Il s'agit du nombre d'actions émises duquel il faut exclure les actions détenues par la société elle-même (auto-contrôle), par les membres de la famille fondatrice, par l'État, par les dirigeants, par les salariés, et par les actionnaires individuels détenant plus de 5 % du capital.

SUPPORT DE DIFFÉRENTS PRODUITS
L'indice CAC 40 est un indice « négociable » qui sert de support à un certain nombre de produits dérivés comme les options, les warrants, les trackers, les certificats... dont nous évoquerons le fonctionnement p. 103.

Cette méthode de calcul se justifie notamment par le fait qu'un certain nombre d'entreprises constituant l'indice du CAC 40 sont de grandes sociétés détenues en partie par l'État comme Engie, Renault, Airbus. Le nombre d'actions réellement en circulation pour ces entreprises est limité.

Il a été également décidé, pour éviter qu'un très petit nombre de valeurs influent de manière significative sur l'indice, de limiter le poids d'une valeur dans l'indice à 15% maximum, et ce, même si la capitalisation de son flottant lui permettrait de dépasser ce pourcentage. C'est le cas par exemple de Total, de LVMH, de L'Oréal et de Sanofi.

Comme tout indice, le CAC 40 peut enregistrer des départs de sociétés, qui seront compensés par des entrées, car en revanche sa composition reste stable à 40 entreprises.

Les autres indices parisiens. Tout d'abord, il y a le CAC Next 20 qui regroupe les 20 plus grandes valeurs qui se placent derrière les valeurs du CAC 40 en matière de capitalisation boursière du flottant. En définitive, ce sont celles qui occupent les places de la 41e à la 60e, à l'image d'EDF, de Natixis ou d'Eiffage.

Depuis mars 2011, un troisième indice a fait son apparition. C'est le CAC Large 60, qui agrège le CAC 40 et le CAC Next 20 et regroupe les 60 plus grandes valeurs de la Bourse de Paris.

Le CAC Mid 60 regroupe quant à lui les 60 plus grandes valeurs qui se positionnent derrière les valeurs du CAC Large 60, c'est-à-dire les valeurs situées entre la 61e et la 120e place des valeurs les plus importantes de la Bourse de Paris. Les sociétés comme BIC, Bolloré, Casino ou JC Decaux sont répertoriées dans le CAC Mid 60.

Ces 120 premières capitalisations de la Bourse de Paris sont regroupées au sein de l'indice SBF 120. SBF tirant ses initiales de Société des Bourses Françaises. À la différence des autres indices CAC, l'indice CAC Small n'est pas limité en nombre et intègre toutes les valeurs qui ne font pas partie du SBF 120 et qui répondent à un certain nombre de critères bien déterminés liés au volume annuel de transactions et à la part du flottant.

Ainsi, le taux de rotation des actions (le rapport entre le nombre de titres échangés annuellement / le nombre de titres composant le flottant) x 100 - doit être d'au moins 20 %.

Autrement dit, pour intégrer le CAC Small, une société doit à la fois proposer un nombre suffisant d'actions négociables par le public et offrir un certain niveau de volume d'échanges. Bref, il faut que la valeur puisse bénéficier d'une vie boursière suffisamment animée.

Le CAC Small regroupait, en octobre 2019, 181 valeurs comme Bénéteau, Boiron, Bonduelle, Kaufman & Broad ou Interparfums.

L'agrégation du CAC Mid 60 et du CAC Small a permis de donner naissance à l'indice CAC Mid & Small.

Enfin, l'ensemble de ces sociétés issues de ces différents indices forme l'indice CAC All-Tradable. Il a ainsi remplacé, en 2011, le SBF 250 et regroupe 250 valeurs cotées sur le marché parisien. Aussi est-il l'indice le plus représentatif de l'économie française, permettant aux investisseurs d'appréhender l'évolution globale du marché parisien.

Fin février 2014, Euronext a lancé un indice CAC PME pouvant intégrer jusqu'à 40 sociétés, toutes éligibles au PEA-PME, à l'image de Trigano, Genfit, Soitec, Chargeurs.

La composition de l'indice et le poids de chaque valeur (plafonné à 7,5 % de l'indice) sont réactualisés trimestriellement. Les entreprises éligibles doivent afficher un chiffre d'affaires inférieur à 1,5 milliard d'euros, employer 5 000 salariés au maximum et présenter un total de bilan inférieur à 2 milliards d'euros.

Les indices européens

Tous les marchés européens disposent de leur indice phare national.

Mais qui évoque la Bourse, évoque la puissance économique et financière et les investisseurs vont surtout regarder l'évolution des indices des pays qui pèsent le plus politiquement et économiquement en Europe, à savoir l'Allemagne et le Royaume-Uni.

Il y a le FTSE 100, l'indice vedette de la Bourse de Londres et le Dax 30 de la Bourse Francfort.

Surnommé familièrement « Footsie » par les investisseurs britanniques, l'indice phare de la Bourse de Londres le FTSE (Financial Times Stock Exchange), lancé en 1983, concentre les 100 plus grandes entreprises cotées sur la place anglaise. La palette des entreprises qui le composent est assez diversifiée à l'image d'AstraZeneca (pharmacie), Barclays (banque), BP (pétrole), BT (télécoms) ou d'Intercontinental Hotels (hôtellerie). Aussi, les investisseurs ont tendance à considérer le Footsie comme un indicateur pertinent pour observer la situation économique du Royaume-Uni.

Créé en 1987, le DAX 30, l'indice de référence de la Bourse de Francfort, est composé des 30 entreprises cotées les plus importantes. En raison du nombre limité de sociétés qui le composent, le

DAX 30, à l'image du CAC 40 pour la France et du Dow Jones pour les États-Unis, est avant tout un indicateur témoin de la performance des grands groupes allemands comme Siemens, Volkswagen, Adidas ou Allianz.

Pour avoir une vision plus précise de l'environnement économique européen, les investisseurs internationaux s'intéressent de plus en plus aux indices paneuropéens qui couvrent l'ensemble du continent ou qui privilégient les pays de la zone euro.

Les indices les plus suivis sont ceux développés par les Bourses européennes en partenariat avec les sociétés STOXX comme l'Eurostoxx 50, MSCI et son indice MSCI Europe et la fameuse agence de notation Standard & Poor's qui a développé le S&P Euro 50 et le S&P Europe 350.

Les indices américains

Le Dow Jones Industrial Average (DJIA) traverse le temps sans prendre la moindre ride et demeure une référence mythique. Il a l'avantage d'être simple et de se calculer facilement. Il regroupe le cours de 30 grandes valeurs du New York Stock Echange qui sont simplement additionnées sans tenir compte de leur poids en termes de capital.

Autre avantage, compte tenu de la méthode de calcul, les valeurs qui composent le Dow Jones changent très peu. L'indice gagne donc en fiabilité et sa variation au cours du temps peut être facilement analysée. Du fait de son grand âge, le DJIA permet d'étudier l'évolution de l'économie américaine sur près de 125 ans.

Il y a eu cependant quelques modifications enregistrées, notamment en 2009 quand Citigroup est remplacé par The Travelers Companies et General Motors par Cisco Systems.

En 2013 Goldman Sachs, Visa et Nike quittent l'indice au profit d'Alcoa, Bank of America et de Hewlett Packard. En 2015, le géant Apple remplace AT&T.

Du fait que son mode de calcul est jugé trop simple (toutes les entreprises ont le même poids quelle que soit l'importance de leur capitalisation) et qu'il ne regroupe que trente sociétés, les investisseurs lui préfèrent l'indice S&P 500 comme baromètre de la performance de l'économie américaine.

Le Standard & Poor's 500 (S&P 500) est l'indice boursier qui représente les 500 plus grandes sociétés cotées sur les Bourses américaines. Son mode de calcul tient compte du niveau de capitalisation des sociétés qui le composent. Il présente donc la qualité d'offrir un panel varié de sociétés implantées dans tous les secteurs de l'économie américaine comme Amazon.com, JP Morgan Chase, Exxon Mobil, AT&T, Pfizer, Home Depot, Boeing, Coca Cola… Et comme les États-Unis demeurent le principal poumon de la finance mondiale, le S&P 500 est l'un des indices les plus suivis par les gérants de fonds et par les différents acteurs de la finance.

Le Nasdaq (*National Association of Securities Dealers Automated Quotations*). Les indices Nasdaq (notamment le Nasdaq composite et le Nasdaq 100) sont calculés à partir des valeurs cotées sur le marché qui porte le même nom. En effet, le Nasdaq est le plus grand marché mondial des valeurs technologiques, ce qui ne l'empêche pas d'accueillir quelques valeurs de l'économie traditionnelle positionnées dans les transports, la vente au détail, l'industrie pharmaceutique.

Le poids de chaque société liée à sa capitalisation boursière est utilisé pour le calcul de l'indice.

L'indice Nasdaq Composite est incontestablement celui qui est le plus suivi, analysé par les investisseurs et les analystes financiers pour anticiper l'évolution des performances du secteur des technologies et notamment celui des NTIC (nouvelles technologies de l'information et des communications) au niveau mondial. Il est calculé en tenant compte de toutes les compagnies inscrites au marché d'actions Nasdaq, ce qui représente plusieurs milliers de sociétés.

Le Nasdaq 100 regroupe, quant à lui, les 100 plus grandes sociétés non financières cotées sur son marché dont certaines sont également répertoriées dans le Dow Jones. C'est le cas par exemple des géants Amazon.com, Apple, Cisco Systems, Intel, Microsoft.

Les indices asiatiques

Le Nikkei 225 est sans doute l'indice le plus connu de la Bourse de Tokyo. Il regroupe 225 sociétés issues de tous les secteurs de l'économie japonaise comme Daiichi Sankyo (pharmacie), Cannon (optique, électronique), Daiwa Securities (finance), Fujitsu (semi-conducteurs), Honda Motor *(Automobile)*. Mais son mode de calcul, identique à celui du Dow Jones Industrial Average, ne tient pas compte de la capitalisation boursière des sociétés. Un facteur qui conduit les investisseurs à suivre également l'indice Topix qui est encore plus étoffé et plus représentatif du Tokyo Stock Exchange.

Créé en 1968, le Topix (ou Tokyo Price Index) regroupe environ 2 000 valeurs cotées à Tokyo. Il offre l'avantage, comme pour le CAC 40, d'intégrer dans ses calculs l'importance des capitalisations boursières de chaque société, ajustées en fonction du flottant (nombre d'actions d'une entreprise effectivement susceptibles d'être échangées en Bourse par le public). D'ailleurs, pour qu'une valeur soit éligible au Topix, ce flottant doit être au minimum de 30 %. Il accueille des sociétés comme NTT DoCoMo (télécoms), Sony (électronique), Toyota Motor (automobile), Takeda (pharmacie), Sumimoto Mitsui (banque).

Le Hang Seng Index (HSI 50). Poids de l'habitude oblige, les investisseurs étrangers continuent de s'intéresser à l'indice Hang Seng de la Bourse de Hong Kong. Créé en 1969, cet indice regroupe les 50 plus grandes sociétés cotées à Hong Kong. Ce sont avant tout des entreprises chinoises (Bank of China, China Mobile, China Life Insurance...), hongkongaises (Hong Kong Exchanges and clearing, Heng Seng Bank, Techtronic Industries...) ou britanniques (Swire Pacific).

Le SSE (Shanghai Stock Exchange) Composite Index. Il devient difficile d'ignorer la puissance économique et financière de la Chine. Aussi, les indices des Bourses de Shanghai et de Shenzhen sont de plus en plus analysés par les investisseurs désireux d'investir dans ce pays.

L'indice boursier Shanghai Stock Exchange (SSE) est le plus observé pour étudier la performance de la place financière de Shanghai. Lancé en décembre 1990, il forme un agrégat de toutes les valeurs cotées sur ce marché, qu'elles soient des actions de catégorie A (libellées en yuans pour les nationaux) ou de catégorie B (libellées en dollars américains ou hongkongais pour les étrangers). Il est ajusté en fonction de la capitalisation boursière et de la part de chaque société. Il comprend près de 250 sociétés et constitue un bon indicateur du niveau de dynamisme de la Bourse de Shanghai.

L'indice CSI 300. Il est aussi un indicateur suivi par les investisseurs pour analyser l'activité des Bourses de Shanghai et de Shenzhen. Il regroupe les 300 principales capitalisations boursières enregistrées sur ces deux places financières chinoises.

Les indices mondiaux

La firme Morgan Stanley Capital International publie toute une batterie d'indices MSCI continentaux (Europe, Amérique, Asie, etc.) et sectoriels. Sans parler de la référence mondiale MSCI World. Celui-ci mesure la performance financière des marchés boursiers de 23 pays économiquement développés implantés en Europe, en Amérique, en Asie, en Océanie et au Moyen-Orient.

Le S&P Global 1200 et le DJ Global Titan 50. Le premier est un indice boursier mondial, créé par l'agence de notation financière Standard & Poor's (S&P). Il couvre 31 pays et plus des deux tiers de la capitalisation boursière mondiale. Il est construit à partir d'indices S&P nationaux et continentaux, qui réunis regroupent 1200 sociétés.

L'indice Dow Jones Global Titan 50 est composé des 50 premières sociétés cotées mondiales qui se répartissent dans une vingtaine de secteurs d'activités différents. Les valeurs sont sélectionnées par Dow Jones en fonction de quatre critères : un risque et une volatilité des cours de l'action qui doivent être relativement bas, une position reconnue de *leader* au niveau mondial, des résultats bénéficiaires récurrents, une présence commerciale mondiale. Des valeurs comme les américains General Electric, Exxon Mobil, Johnson & Johnson, Apple, Microsoft, les japonais Toyota et Mitsubishi, l'allemand Siemens, ou le sud-coréen Samsung sont intégrées dans cet indice. ■

LES OBLIGATIONS ET LE MARCHÉ OBLIGATAIRE

Si le grand public associe spontanément la Bourse avec les actions, il a en revanche bien souvent du mal à faire le lien avec les obligations.

Et pourtant, les actions ne sont pas les seuls produits financiers cotés sur les places financières. Au niveau mondial, en termes de montants investis, le marché obligataire est bien plus important que celui des actions. Il faut dire qu'il n'y a pas que les entreprises qui ont accès à ce marché mais également les États qui financent leurs dépenses en lançant de grands emprunts obligataires.

LE DÉTENTEUR D'UNE OBLIGATION EST CRÉANCIER DE L'ENTREPRISE

Pour les entreprises et les collectivités territoriales, le marché obligataire, c'est en quelque sorte la formule « investisseur » du crédit bancaire.
L'entreprise ou l'État a besoin de liquidités pour financer ses activités. Au lieu de s'endetter vis-à-vis d'un seul partenaire, son banquier, il choisit de s'endetter vis-à-vis d'une multitude d'investisseurs privés. Des personnes qui choisissent de souscrire à son emprunt au moment où il est émis sur le marché primaire ou qui achèteront ensuite les titres d'emprunt une fois cotés sur le marché obligataire de « l'occasion » ou marché secondaire. Dans ces conditions, et la distinction est importante, le détenteur d'obligations d'une entreprise n'est pas comme l'actionnaire propriétaire de la société, mais il est un créancier. Les obligations sont assimilées à des reconnaissances de dettes. La société s'engage à rembourser l'emprunt à une date décidée à l'avance et à verser une rémunération annuelle (appelée coupon), dont le mode de calcul et le montant sont déterminés à l'avance. Cet emprunt est enregistré dans le bilan de l'entreprise comme dette, et les coupons versés dans le compte de résultat comme une charge financière.

Remboursement anticipé

Le remboursement de l'argent prêté s'effectue le plus souvent à la date d'échéance du prêt obligataire. Les remboursements anticipés ne sont autorisés que s'ils ont été prévus dans le contrat d'émission de l'obligation. Néanmoins, même si une telle clause n'a pas été prévue, l'entreprise ou l'État émetteur peuvent, tout de même, rembourser tout ou partie de l'emprunt obligataire en rachetant les titres cotés sur le marché. Une intervention qui peut être envisagée si le niveau des taux pratiqués sur le marché a sensiblement baissé et si l'émission d'un nouvel emprunt devient plus favorable, en termes de coûts, que le choix de conserver l'ancien emprunt. Un peu comme un particulier qui renégocie son prêt immobilier à la baisse, du fait de la chute des taux d'intérêt, en remboursant son ancien prêt par la souscription d'un nouveau, au taux plus favorable.

Mais pour réaliser cette opération, il faut que le prêteur, détenteur de l'obligation, soit vendeur ! Cela sera souvent le cas si les taux baissent : si le marché émet des obligations avec un coupon annuel de 1 %, les obligations émises avec un coupon annuel de 2 % voient mécaniquement leur valeur augmenter. Ainsi, le prêteur qui a acheté une obligation à 100 euros en échange d'une rémunération annuelle de 2 % voit la valeur faciale de son obligation augmenter. Il aura peut-être envie d'encaisser sa plus-value, quitte à renoncer à son rendement annuel.

L'INTÉRÊT POUR UNE SOCIÉTÉ D'ÉMETTRE UN EMPRUNT OBLIGATAIRE

Tout d'abord c'est un moyen pour elle de ne pas dépendre uniquement de son banquier, et de diversifier ses créanciers. Ensuite, un emprunt bancaire classique comporte un inconvénient : son montant sera limité aux ressources que la banque voudra bien débloquer. Du coup, si l'entreprise a besoin de fonds pour financer un plan de développement ambitieux avec d'importants investissements, les montants demandés pourront être jugés trop importants pour être supportés par une banque, voire même par un groupement bancaire. Il faudra alors recourir à l'emprunt obligataire qui offre, en plus, l'avantage de pouvoir intégrer des modalités de remboursement beaucoup plus souples et modulables qu'un prêt bancaire classique.

Enfin, les entreprises et les États peuvent espérer obtenir un emprunt obligataire avec un taux plus intéressant que celui qu'ils négocieraient avec leur banquier.

La percée des « green bonds »

Depuis une douzaine d'années, les obligations vertes ou green bonds connaissent un succès croissant, tant au niveau des États que des entreprises. Avec elles, les émetteurs de ces obligations s'engagent à utiliser l'argent récolté pour financer des projets environnementaux.

C'est la Banque mondiale qui a initié le mouvement, dès 2008, en émettant un green bond. Certains grands groupes industriels comme EDF, Enel, Engie, Iberdrola, ou SNCF Réseau ont multiplié les émissions d'obligations vertes. Quelques années plus tard, les États leur ont emboîté le pas, et la Pologne fut la pionnière, en lançant en 2016, des green bonds pour 750 millions d'euros.

Depuis, la France et la Chine sont devenues des pays très actifs dans ce domaine. Seulement voilà, la mention « vert » demeure un concept flou, exposé à toutes les interprétations et dérives. Ainsi, la Chine émet des green bonds pour construire des centrales à charbon plus modernes et donc moins polluantes... sauf que les centrales à charbon demeurent des installations extrêmement agressives pour l'environnement.

QUEL INTÉRÊT D'INVESTIR DANS DES OBLIGATIONS ?

Si vous détenez un contrat d'assurance vie, et que vous avez investi une partie de votre épargne dans le fonds en euros, vous détenez, indirectement, des obligations. Les fonds en euros en effet sont massivement investis dans des emprunts obligataires octroyés auprès de différents États, ainsi que dans des obligations d'entreprises.

Depuis plusieurs années, leurs taux de rémunération (les coupons) ont considérablement baissé, ce qui chagrine les investisseurs et inquiète les compagnies d'assurances.

Pourtant, comme vous le découvrirez au cours de ce chapitre, il peut être judicieux de détenir des obligations dans son portefeuille pour différentes raisons. L'obligation peut offrir un rendement supérieur au livret A, tout en offrant un risque peu élevé si l'investisseur sélectionne des obligations d'État ou de grands groupes très bien notés.

Si elle est convertible en action, l'obligation permet à l'investisseur de miser sur la croissance des résultats d'une entreprise tout en prenant un risque moins élevé que s'il achetait des actions.

Si l'épargnant anticipe une baisse des taux d'intérêt, il a tout intérêt à acheter des obligations qui lui offriront un taux de rendement défini et un cours de bourse en hausse.

Enfin, l'investisseur peut protéger son épargne contre un risque d'inflation galopante, s'il achète des obligations à taux variable indexées sur l'évolution du taux d'inflation.

Cotées comme des actions

Pour l'épargnant, la décision d'acheter des obligations d'une entreprise peut être une option intéressante car la société versera un taux d'intérêt qui sera toujours supérieur à ce que pourra verser un État de référence. Il s'agit d'États qui n'ont quasiment aucune chance de faire faillite à l'image de l'Allemagne ou de la France. D'autant plus qu'au sein des grands groupes internationalement connus, le risque de défaillance existe, mais il est assez faible.

Les obligations sont cotées tous les jours sur leur marché. L'investisseur peut donc à tout moment vendre ses obligations ou en acheter. Avec, à la clef, une certitude (si l'entreprise ne fait pas faillite !), celle de récupérer son capital investi s'il attend la date d'échéance de l'emprunt. En outre, il touchera, tout au long de la vie du prêt, des intérêts dont le mode de calcul a été défini au moment du lancement du prêt.

Cependant, en fonction de l'évolution de l'environnement financier, du niveau de taux des obligations qui arrivent sur le marché secondaire, un emprunt obligataire comme une action peut enregistrer une plus-value (ou une moins-value) au cours de sa cotation. Mais avec une différence par rapport à une action : dès que l'on se rapprochera de sa date de maturité ou date d'échéance, la valeur de l'obligation aura tendance à se rapprocher de sa valeur nominale (sa valeur d'émission).

Un marché de l'occasion

Il est important de souligner que le marché des obligations est nettement moins ouvert et attractif qu'auparavant pour les particuliers. À la différence des investisseurs institutionnels, les particuliers n'ont pratiquement plus accès au marché primaire qui regroupe les nouveaux produits sur le point d'être lancés. Résultat, ils n'ont plus la possibilité de souscrire des obligations au moment de leur émission et sont très rarement informés quand une grande entreprise ou un État lance un emprunt. Les organismes financiers qui gèrent l'émission d'emprunts obligataires vont avant tout les commercialiser auprès de banques, de groupes d'assurances, de caisses de retraite ou de gestionnaires d'OPCVM.
Les particuliers n'ont pas d'autres choix que de s'intéresser au marché secondaire, en quelque sorte le marché de l'occasion des obligations. Ainsi, les titres obligataires sont cotés et disponibles à l'achat sur le marché réglementé d'Euronext. Ils peuvent aussi se positionner « indirectement » en souscrivant à des OPCVM obligataires (SICAV et FCP).
Le marché obligataire est intéressant quand les taux proposés sont sensiblement supérieurs à l'inflation et que l'inflation est relativement stable sur longue période. Ce qui permet d'avoir un taux de rémunération qui compense largement le taux d'inflation et de récupérer à échéance un capital investi qui n'a pas été trop érodé.

BIEN MAÎTRISER LE FONCTIONNEMENT D'UNE OBLIGATION

Une obligation commence à produire un intérêt à partir de sa date de jouissance (émission) jusqu'à sa date de remboursement ou d'amortissement, appelée également date de maturité de l'emprunt. Cet intérêt versé correspond au revenu ou au rendement nominal (ou facial) de l'obligation. Ce revenu peut être versé, selon les modalités définies dans le contrat, de façon annuelle, semestrielle, trimestrielle ou mensuelle. L'intérêt pourra être fixe ou variable au cours de la durée de vie de l'obligation. Mais dans tous les cas, les méthodes de calcul du taux nominal sont définies à l'avance et donc connues de l'investisseur au moment de l'émission de l'emprunt obligataire.
Les calculs relatifs au rendement et à la cotation de l'obligation reposent sur le nominal, c'est-à-dire sur le montant qui est « inscrit » sur l'obligation.
Comme l'obligation est un titre coté, sa valeur de rachat varie au jour le jour et

donc son taux actuariel (qui dépend du cours réel de l'obligation) évolue chaque jour alors que le taux nominal (lié à sa valeur nominale) reste inchangé. Chaque année, l'investisseur percevra un coupon annuel toujours du même montant calculé sur la valeur d'émission de l'obligation et tenant compte du taux nominal.

COMMENT LE MARCHÉ ESTIME-T-IL LA VALEUR DES OBLIGATIONS ?

Comment comparer deux obligations de durée différente et n'offrant pas le même taux d'intérêt ?
Contrairement au cours d'une action qui peut fluctuer en fonction des performances économiques de l'entreprise, un produit obligataire dont la valeur de remboursement est fixe et connue à l'avance, qui offre un taux d'intérêt fixe ou variable mais dont le calcul est également connu à l'avance, ne devrait théoriquement pas fluctuer au cours du temps. Sauf si la solidité financière de l'émetteur se détériore avec un risque de non-paiement qui se dessine.
Mais la réalité est tout autre. La valeur d'une obligation est finalement très dépendante des caractéristiques des autres obligations cotées, du fait d'une forte concurrence entre ces mêmes produits financiers.
D'autant plus que le marché obligataire secondaire est constamment alimenté par de nouvelles obligations.
Ainsi, si l'obligation que vous détenez offre un taux fixe à 5 % et que les nouvelles obligations mises sur le marché proposent des taux à 3 %, votre obligation prendra automatiquement de la valeur aux yeux des investisseurs puisque cette dernière offre un taux de rendement supérieur à ce qui est émis actuellement sur le marché. La valeur va s'apprécier et le nouveau prix de votre obligation s'ajuste pour offrir un rendement de 3 %.

EXEMPLE Vous détenez une obligation d'une valeur nominale de 1 000 € avec un taux d'intérêt de 5 %. Sur le marché, les nouvelles obligations émises offrent un taux d'intérêt de 3 %. La valeur réelle de votre obligation va s'ajuster de la façon suivante : votre obligation offre un intérêt annuel de 5 % sur une valeur de 1 000 € soit un montant d'intérêt annuel de 50 €. Quelle doit être la valeur de l'obligation pour que ce montant de 50 € corresponde à un taux de rendement de 3 % ? V=50 €/0,03=1 667 €. Ce montant de 1 667 € correspondra alors plus ou moins au cours de votre obligation.

Cette valeur va également dépendre de l'évolution des taux de change. Avec l'internationalisation des marchés obligataires, il y a aussi une concurrence des obligations entre les multiples marchés nationaux. Il est possible d'acheter des obligations étrangères, libellées dans une autre monnaie que l'euro et pour un investisseur étranger d'acquérir des obligations émises en euros.

EXEMPLE Supposons qu'il soit possible d'acheter dans un pays européen des obligations à taux fixe de 6 % pour un

coût de 1 000€. Le rendement annuel du nominal sera de 60 €. Si l'inflation dans ce pays est de 2 %, le rendement réel de l'obligation sur un an sera alors de 4 % (6 % - 2 %).
Un pays étranger hors zone euro propose des obligations libellées en monnaie locale à taux fixe de 11 % pour un coût de 1 000€. L'inflation est de 6 %. Le rendement réel de l'obligation dans ce pays est de 5 % (11 % - 6 %), il semble donc plus intéressant d'acheter des obligations dans ce pays qui offre une rentabilité supérieure de 20 % à celle du pays européen. Mais il ne faut pas oublier de regarder l'évolution de la monnaie de ce pays par rapport à l'euro. Si la monnaie de ce pays a perdu 25 % de sa valeur par rapport à l'euro, mieux vaut acheter l'obligation du pays européen.

Ainsi, la cotation d'une obligation va tenir compte de l'ensemble de ces facteurs. Elle va aussi permettre de comparer en temps réel la valeur des différentes obligations cotées, qu'elles soient émises par des structures nationales ou étrangères.
Compte tenu de la multiplicité des facteurs qui font varier une obligation, il est finalement plus complexe d'anticiper l'évolution du cours d'une obligation que celle d'une action.

LES CARACTÉRISTIQUES DES OBLIGATIONS

Bien qu'elles offrent un taux d'intérêt connu à l'avance et proposent une date précise de remboursement du capital investi, les obligations demeurent exposées à certains risques.

Des titres divisés, simples pour la cotation

Les emprunts obligataires sont divisés en unités de petite taille. De ce fait, ils sont accessibles aux investisseurs individuels comme aux gros porteurs ou aux institutions financières. Par exemple, une obligation d'un montant de 10 millions d'euros pourra être divisée en 100 000 titres d'une valeur nominale de 100 €.

Des risques limités mais réels

Il existe trois types de risques.

Le risque de faillite ou d'insolvabilité. Lorsque vous achetez des obligations vous prenez un risque mais qui est bien plus limité que lorsque vous acquérez des actions.
Le principal risque consiste à ne pas récupérer le capital initial investi. C'est le cas quand la société émettrice fait faillite.
Le risque de faillite est loin d'être nul et dépend de la santé financière de l'entreprise, de l'État qui emprunte. Il sera cependant plus important pour une entreprise que pour un État. Car si un État est au bord de la cessation de paiement, il pourra toujours essayer d'augmenter les impôts, de renégocier sa dette, voire de bénéficier d'un effacement partiel de son ardoise auprès des instances internationales. En 2012, au sein même de l'Union européenne, la Grèce était à deux doigts de la faillite, si les États européens n'avaient pas

fait preuve de solidarité, lui accordant des moyens financiers pour faire face à l'urgence et amenant les banques à abandonner 50 % du montant de leurs créances.

Ce risque est aussi plus élevé quand la date d'échéance du prêt est lointaine. Cette simple constatation permet d'entériner, la plupart du temps, la règle qui stipule que plus un emprunt propose une date d'échéance lointaine et plus le taux d'intérêt servi par le titre devra être élevé.

Ainsi un emprunt obligataire à 25 ans devrait offrir un taux d'intérêt supérieur à une obligation à 10 ans. Une constatation qui s'explique également par le fait que l'investisseur immobilise sur une plus longue période les montants qu'il a investis.

Le risque d'inflation. Une hausse de l'inflation entraîne inévitablement une baisse de la rentabilité de l'obligation et une baisse du pouvoir d'achat du capital. Or ce risque n'est pas simple à prévoir à l'avance.

Par exemple, si vous avez acheté des titres d'emprunt offrant un taux de 7 % à un moment où l'inflation était à 1 % et que cette inflation progresse à 4 %, votre gain réel annuel passera de 6 % à 3 %. De surcroît, si vous décidez de vendre vos titres avant l'échéance, vous devrez les vendre moins chers que ce que vous les avez achetés. Pourquoi ? Parce qu'une hausse de l'inflation se répercutera par une remontée des taux d'intérêt des nouveaux emprunts obligataires émis sur le marché. Aussi, votre obligation qui offre des taux d'intérêt inférieurs au marché, n'intéressera pas ou peu les investisseurs, sauf s'ils bénéficient d'une décote en la payant moins cher que ce qu'elle valait à l'origine.

Néanmoins, les obligations ne voient pas toujours leur valeur diminuer. Ainsi, dans un contexte où l'inflation poursuit une courbe descendante sur plusieurs années, les nouvelles obligations émises vont l'être à des taux de rémunération bien inférieurs. Dans ce cas, vos obligations, qui rémunèrent l'épargne à un taux élevé, seront plus attractives sur le marché. Leur valeur de marché va grimper, et si vous les revendez en cours de route, vous encaisserez une plus-value.

Pour protéger les épargnants de cet aléa, surtout s'ils ont investi dans des obligations de longue durée, les financiers ont imaginé des obligations dont les taux évoluent en fonction de l'inflation, les obligations indexées sur l'inflation (OII). Elles sont essentiellement émises par des États. Ainsi, la France a été le premier pays de la zone euro à émettre, en 1998, ce type de produit financier. C'était une obligation assimilable du Trésor indexée sur l'inflation, une OATi 3 % juillet 2009. Ce qui signifiait que cette obligation rapportait 3 %, avec une date d'échéance fixée à juillet 2009.

Toute protection a un coût. Le montant initial du capital investi est recalculé en fonction du niveau de l'inflation dont le calcul est différent selon les pays. Les États-Unis se réfèrent à l'indice des prix, le Royaume-Uni à l'indice des prix au détail et la plupart des pays européens à

l'indice harmonisé des prix à la consommation hors tabac.
Comme le montant du capital initial (nominal) va évoluer en fonction du taux d'inflation constaté, le versement du coupon, variera également puisqu'il dépend du taux qui est fixe et du montant du nominal qui varie. Ainsi, le montant du coupon augmentera en période d'inflation.
La plupart du temps, le montant du capital investi est garanti en cas d'inflation

Les emprunts d'État ou obligations assimilables du trésor (OAT)

Dans ce domaine, les États-Unis sont un marché de référence parce qu'on y trouve un nombre important de titres et qu'il est très liquide. Il est assez facile de vendre ou d'acheter des titres du Trésor de l'État américain.
En France, un service spécial a été créé pour gérer la dette de l'État. Il dispose d'un site sur lequel il est possible de trouver de l'information sur les obligations assimilables du trésor ou OAT. Pour couvrir ses besoins d'argent, l'État émet régulièrement des titres avec des durées variables. Pour les durées les plus courtes, de moins d'un an, il émet les BTF, les bons du trésor à taux fixe et intérêts précomptés. Pour des durées de vie supérieures à un an, l'État propose des obligations, les OAT.
Chaque année, il lance par adjudication (ventes où seuls certains établissements financiers comme les SVT - spécialistes en valeur du Trésor - sont conviés) plusieurs emprunts vendus au plus offrant.
Les gestionnaires institutionnels ont l'habitude de souscrire des emprunts d'État qui permettent de « sécuriser » une partie de leurs placements.
Les particuliers peuvent acheter et vendre les OAT à taux fixe, cotées sur le marché d'Euronext, au même titre que les établissements financiers spécialisés.
Il existe aussi des OAT spécifiques. C'est le cas des obligations assimilables du Trésor indexés sur l'inflation (OATi). Il s'agit d'un placement très sécurisant mais qui rapporte peu. L'objectif étant d'obtenir une rémunération au moins égale au taux d'inflation.
Certaines OAT sont à coupon zéro. Deux cas se présentent alors.
- Soit l'OAT a un taux d'intérêt de 0 %. L'investisseur ne touche aucun coupon annuel, mais la rémunération a lieu au moment du remboursement du capital emprunté, incluse dans la prime d'émission. Si la prime d'émission est de 100 € et le nominal de l'obligation est de 1000 €, cela signifie que l'investisseur a déboursé 900 € et a acquis une obligation d'une valeur de 1000 €. Au moment de l'échéance du prêt, l'État lui versera 1 000€.
- Soit l'OAT offre un taux d'intérêt, mais le coupon annuel, plutôt que d'être versé, est capitalisé. Il est intégré au capital à rembourser. L'investisseur reçoit, au moment du remboursement de l'OAT, le montant du capital initial, et la somme des intérêts réinvestis.

négative (baisse générale des prix). Mais cette protection, qui annihile les risques inflationnistes, a un prix. Résultat, pour une durée de prêt comparable et concernant un même emprunteur, le taux d'intérêt fixé pour une OATi sera plus bas que celui d'une obligation assimilable du Trésor classique (OAT).

Tout au long de l'histoire, des périodes de forte inflation ont marqué et marqueront à l'avenir certains pays et certains continents. Depuis plus de 10 ans, l'Europe connaît une inflation durablement modérée. Le niveau des taux d'intérêt à court et long terme a fortement chuté et l'écart s'est considérablement resserré pour tendre vers 0. Depuis le mois de juin 2019, et c'est inédit, les obligations d'État à 10 ans ont basculé avec des taux... négatifs. L'épargnant, dans ce cas, paie l'emprunteur. Le monde à l'envers, et la planète Finance en perd la tête.

Dans de telles conditions, le marché des obligations n'est plus attractif pour les investisseurs, car les taux proposés sont faibles, parfois négatifs, et les chances qu'il y ait à un moment ou à un autre un mouvement à la hausse de l'inflation sont significatives.

Le risque de krach. Comme pour le marché action, un krach peut s'abattre sur le marché obligataire. L'épisode qui a le plus marqué les esprits, c'est incontestablement la crise obligataire de 1994. À l'origine, une décision de la banque centrale des États-Unis qui surprend, puis affole la communauté financière. Pour éviter une poussée de l'inflation, la Réserve fédérale des États-Unis (Fed) décide, le 4 février 1994, de relever son taux directeur court terme de 3 % à 3,25 %. Certes, c'est un signal assez fort destiné aux marchés financiers. Mais son président, Alan Greenspan, est à mille lieues d'imaginer que cette décision va provoquer l'effondrement du marché obligataire. Il faut dire que c'est la première fois, depuis 5 ans, que la Fed relève son taux et donc pointe du doigt un risque inflationniste. Pour les investisseurs, c'est la (mauvaise) surprise totale. Un coup de massue sur les obligations. Résultat, entre fin 1993 et fin 1994, les taux longs terme bondissent et dans leur sillage, les taux de rendement obligataire sur 10 ans des bons du trésor américain passent de 5,25 % à 8 %. Une tendance qui va aussi toucher les places européennes. Dans ce contexte, un grand nombre d'investisseurs, qui se retrouvent avec des obligations nettement moins bien rémunérées que celles offertes par le marché, vont brader leurs anciennes obligations d'État, déclenchant un krach du second marché des obligations « d'occasion ».

Mais de façon générale, l'ampleur d'un choc financier est moindre pour les détenteurs d'obligations que pour ceux qui possède un portefeuille d'actions. Car quel que soit l'environnement financier, le montant du capital investi dans une obligation sera payé à date d'échéance et le mode de calcul des intérêts est fixé dès le départ.

En cas de krach obligataire, mieux vaut faire le gros dos, conserver ses obligations, même mal rémunérées, et attendre l'échéance de l'emprunt pour récupérer l'intégralité de son capital.

Des taux d'intérêt fixés en fonction de la solidité financière de l'emprunteur

Les taux pratiqués ne seront pas les mêmes d'une entreprise à l'autre, d'un État à l'autre. Plus l'emprunteur est financièrement et économiquement solide, plus il sera en capacité de rembourser son prêt et plus il pourra émettre un emprunt obligataire avec un taux d'intérêt plus faible. Concrètement, il y a peu de chance qu'un État puisse faire faillite. Les créanciers ont donc toutes les chances d'être remboursés quand ils prêtent au gouvernement d'un pays. En conséquence, le niveau de taux de l'emprunt émis par des États bien gérés et bien notés sert de référence pour le marché obligataire. Pour les emprunts obligataires en dollars, c'est le taux accordé à l'État américain qui sert de référence. Dans la zone euro, ce sera le taux accordé à l'État allemand, voire à l'État français.

L'écart entre le taux payé par l'entreprise et le taux de l'emprunt d'État de référence est appelé le « *spread* ». Plus l'entreprise inspire confiance, plus elle peut espérer lancer un emprunt à un taux bas qui sera proche de celui accordé aux États de référence et donc plus le *spread* sera faible.

Cette confiance est bien évidemment liée au dynamisme économique et à la solidité financière de l'entreprise. Les entreprises et les organismes qui émettent des obligations n'ont pas tous la même capacité à rembourser leurs dettes. Elle dépend de leur situation économique actuelle (la qualité de leur patrimoine, le niveau de leurs résultats, leur positionnement sur un marché...), de leurs perspectives de développement et de leur solidité financière.

Une note pour mieux comparer. Comme pour les actions, il est tout à fait possible d'étudier soi-même la solidité d'une entreprise par l'étude de ses comptes et des documents qui sont mis à la disposition de l'investisseur si la société est cotée sur un marché règlementé.

Mais pour favoriser la comparaison des différentes obligations cotées sur un même marché, il était important de pouvoir évaluer la qualité, ou signature, des émetteurs le plus objectivement possible et selon une même méthode, pour ensuite publier une grille de résultats qui puisse être connue et reconnue de tous les investisseurs.

C'est le travail des agences de notation. Avec leurs experts et analystes, elles publient un avis économique et financier et donnent une note aux émetteurs, États ou entreprises. Cette note sert de référence aux entreprises émettrices et à la communauté financière. Elle permet de déterminer un niveau de taux pour l'émission de l'emprunt obligataire qui soit le plus juste possible. Pour l'investisseur, elle permet de connaître le niveau de risque auquel il s'expose.

Des grilles avec des chiffres ou des lettres selon les agences permettent de visualiser rapidement et simplement la solidité d'une entreprise ou d'un État et le niveau de confiance que l'investisseur peut lui accorder. Vous pouvez vous reporter au tableau de correspondance des notations que nous avons réalisé (voir encadré p. 90).

Des limites au système. Plus la notation est mauvaise, plus l'entreprise présente des risques financiers et commerciaux et plus les chances qu'elle n'honore pas le remboursement de son prêt obligataire sont élevées. La société devra alors proposer un taux d'intérêt plus élevé que la moyenne du marché pour compenser son profil risqué et attirer des acheteurs. Une hiérarchisation des emprunteurs ou émetteurs d'obligations est clairement établie en fonction de la qualité de leur signature, c'est-à-dire en fonction de leur capacité à remplir leurs engagements financiers. Les niveaux des taux d'intérêts proposés et l'évolution des prix des obligations sur le marché dépendent directement de cette notation qui est régulièrement remise à jour. Des facteurs externes peuvent aussi faire évoluer les taux. Par exemple, si les banques sont réticentes à prêter, les entreprises vont émettre plus d'emprunts sur le marché obligataire, ce qui peut faire évoluer les taux à la hausse.

À l'occasion de la crise financière des *subprimes* de 2007, ces agences de notation ont montré clairement leurs limites et leur manque de fiabilité, car elles avaient bien noté des produits financiers qui se sont révélés toxiques... Il est donc important de tenir compte de leur opinion, sans pour autant leur faire une confiance aveugle.

Néanmoins leur utilité n'a pas été pour autant remise en cause. Aujourd'hui encore, les notes des agences de notation jouent un rôle tellement important que la plupart des investisseurs internationaux hésitent à se porter acquéreurs d'obligations non notées.

Les « ratings » des agences de notation

Les agences de notation sont des entreprises privées spécialisées qui analysent les risques présentés par les émetteurs d'emprunts obligataires, que ce soit des États, des entreprises publiques ou des entreprises privées. La notation d'un émetteur peut se faire à sa demande (et dans ce cas c'est un service rémunéré) ou à la demande de l'agence.

C'est un marché assez concentré, chasse gardée des pays anglo-saxons. Sur les quatre agences qui contrôlent la quasi-totalité du marché, trois sont américaines ou anglo-américaines. Elle sont surnommées « The Big Three » ou « les trois grandes » : Moody's, Standard & Poor's et Fitch Ratings. La quatrième, Dagong, est chinoise.

SURVEILLANCE
Le fonctionnement de ces agences est surveillé par des autorités de marchés comme la SEC aux États-Unis ou l'ESMA en Europe.

Après une analyse approfondie de leur situation patrimoniale, économique et financière, les émetteurs se voient attribuer une note ou *« rating »* qui est le reflet de la qualité de leur signature. Une note n'est jamais définitive, elle est réévaluée au moins une fois par an. Les organismes de notation sont en théorie indépendants des autorités politiques et des entreprises qu'ils notent. Le fruit de leur travail est diffusé auprès du public et des investisseurs.

La grille de correspondance des notations des agences : comment lire le tableau

CORRESPONDANCE DES NOTATIONS ENTRE LES DIFFÉRENTES AGENCES

Signification de la note	Moody's		Standard&Poor's		Fitch Ratings		Dagong		Interprétation de la note
	Taux		Taux		Taux		Taux		
	Long terme	Court terme	Long terme	Court terme	Long terme	Court terme	Long terme	Court terme	
Prime Première qualité	Aaa		AAA		AAA		AAA		Capacité exceptionnellement élevée à respecter les engagements financiers.
	Aa1	Prime - 1 P-1	AA+	A-1+	AA+	F+1	AA+		
High grade Haute qualité	Aa2		AA		AA		AA	A-1	Capacité très élevée à respecter les engagements financiers
	Aa3		AA-		AA-		AA-		
	A1		A+		A+		A+		
Upper medium grade Qualité moyenne supérieure	A2		A	A-1	A	F1	A		Capacité à respecter les engagements financiers jugée forte.
	A3		A-		A-		A-		
	Baa1	P-2	BBB+	A-2	BBB+	F2	BBB+	A-2	
Lower medium grade Qualité moyenne inférieure	Baa2		BBB		BBB		BBB		Capacité à respecter les engagements financiers considérée comme satisfaisante.
	Baa3	P-3	BBB-	A-3	BBB-	F3	BBB-	A-3	
	Ba1		BB+		BB+		BB+		
Non-investment grade, speculative Spéculatif	Ba2		BB		BB		BB		Vulnérabilité élevée si évolution défavorable des conditions commerciales ou économiques avec risque de défaut de paiement.
	Ba3		BB-	B	BB-	B	BB-	B	
	B1		B+		B+		B+		
Highly speculative Très spéculatif	B2		B		B		B		Risque de défaut de paiement concret présent, mais une étroite marge de sécurité subsiste.
	B3		B-		B-		B-		
Risque élevé	Caa1	Not prime Non primé	CC+						
Ultra spéculatif	Caa2		CCC		CCC		CCC		Possibilité réelle de défaut de paiement.
	Caa3		CCC-	C		C		C	
En défaut, avec quelques espoirs de recouvrement	Ca		CC		CC		CC		Défaut de paiement très probable.
			C/CI/R		C		C		Défaut de paiement imminent ou inévitable.
En défaut sélectif	C		SD		RD				Défaut de paiement averé mais l'activité se poursuit.
				D		D	D	D	
En défaut					D				L'émetteur est en dépôt de bilan.

Source Wikipedia

Supposons que l'obligation long terme de l'entreprise Marine SA soit notée « Baa1 » par Moody's. Cela signifie qu'elle est « lower medium », c'est-à-dire de qualité moyenne inférieure. Ainsi, la capacité à respecter les engagements financiers, et donc, à régler les intérêts et à rembourser à échéance le capital investi est considérée comme satisfaisante. Après plusieurs mois, l'agence réétudie sa notation et la dégrade par une note « cca1 », l'obligation représente désormais un risque élevé. Ce qui indique que le risque de défaut de paiement des dividendes et du capital est désormais bien réel. L'entreprise émettrice de l'obligation est en difficulté. L'investisseur a intérêt à vendre l'obligation quitte à ne pas récupérer le montant du capital initial, pour éviter de trop s'exposer et de tout perdre.

C'est un document intéressant qui permet de se faire une idée de l'entreprise. Il peut donc aussi servir dans une prise de décision concernant l'achat d'actions de l'entreprise. Pour mener à bien leur mission, les agences de notation disposent de tout un arsenal d'informations et de statistiques. Elles valorisent cette « matière première » et se rémunèrent sur les notes sectorielles, conjoncturelles qu'elles publient ainsi que sur les expertises que certaines entreprises émettrices ou futures émettrices leur demandent.

Comment lire la cote des obligations ?

Il faut tout d'abord regarder **le nom de l'émetteur**, dans notre exemple la société Marine SA, pour avoir des informations sur sa notation et sur sa capacité à rembourser à échéance son emprunt (se reporter au tableau pages 92 et 93).
Chaque emprunt est affecté d'une carte d'identification, **son code ISIN** (FR0019758960 dans notre cas), indispensable pour passer un ordre d'achat ou de vente.
Il est également indiqué **l'emplacement**, à savoir le nom du marché sur lequel est cotée l'obligation ; dans notre exemple c'est Euronext Paris.
La maturité correspond à la date d'échéance de l'emprunt, c'est-à-dire à la date à laquelle le montant de son nominal sera remboursé. Dans notre cas, la date de remboursement sera le 6 janvier 2030 et le montant du nominal remboursé de 1 000€.
Ensuite figure, **le taux nominal** de l'emprunt (3,25 %) qui correspond au

LA COTE DES OBLIGATIONS

Nom	ISIN	Emplacement	Maturité	Nominal	Taux nominal	Fréquence coupon	coupon couru
MARINE3, 25 % 6JAN30	FR0019758960	Euronext Paris	1/6/2030	1000	3,25%	1	2, 226 %

taux d'intérêt appliqué pour calculer le montant du coupon à verser. Pour un nominal de 1 000 €, l'obligation Marine SA rapporte chaque année 32,50 €.
Si l'emprunt porte la mention « emprunt garanti », cela indique qu'il est garanti par l'État.
La **fréquence du coupon** indique le nombre de versements annuels pour régler le montant du coupon : 1 (règlement annuel), 2 (règlement semestriel), 4 (règlement trimestriel), 12 (règlement mensuel). Dans notre exemple, le règlement du coupon s'effectue en une seule fois.
Un autre élément intervient également pour déterminer le niveau d'achat ou de vente d'une obligation, c'est ce qu'on appelle le **coupon couru**.
En effet, quand vous achetez une obligation, vous allez bénéficier du versement annuel du montant du coupon (32,50 € dans notre cas). Pour éviter de trop fortes variations du cours de l'obligation avant et après le règlement du coupon, il a été décidé d'inclure dans la valeur d'achat de l'obligation, la part des intérêts courus, à savoir, la fraction du montant du coupon annuel auquel a droit le vendeur de l'obligation. Le montant du coupon couru est automatiquement calculé et donné dans la cote, dans notre exemple c'est 2,226 %.
Mais pour mieux vous aider à comprendre le mécanisme du coupon couru, nous allons procéder à un calcul.

EXEMPLE Partons d'une obligation qui offre un intérêt de 3,25 %, versé une fois par an. Au moment de la vente du titre, il s'est écoulé 250 jours depuis le versement du dernier coupon. Le montant du coupon couru s'élève à 3,25(%) x 250/365 soit 2,226 %.
Ce montant devra être rajouté à celui de la cote pour déterminer le prix d'achat. Ainsi, si une obligation a un nominal de 1000 €, que son cours affiché est 116,94 % et que le niveau du coupon couru est de 2,226 %, l'obligation à l'achat coûtera alors 119,166 % (116,94 + 2,226) de 1 000 € soit 1191,66 €.

Pour finir, il y a l'évolution du cours durant la séance (1,06 %) et la date d'émission de l'obligation (6 janvier 2015).

La version hybride : les obligations convertibles en actions

Une obligation convertible est une obligation classique. Seule différence, le détenteur peut, dès qu'il le souhaite, l'échanger contre une ou plusieurs actions de la société émettrice, selon une parité définie à l'avance. Ces dettes convertibles ont en moyenne des échéances comprises entre 2 et 7 ans.
À l'échéance de l'emprunt, deux solutions possibles s'offrent à l'investisseur. Il peut soit demander à être remboursé

Dernier cours	Evolution	Date émission
116,94%	1,06%	1/6/2015

de son capital investi, soit échanger ses obligations contre des actions de la société.
Le choix sera lié aux besoins en liquidités du moment de l'investisseur et de l'évolution du cours de bourse de l'action.

EXEMPLE Un épargnant achète 50 obligations convertibles d'une valeur nominale de 100 €, avec la possibilité de les transformer en actions à raison d'une action pour une obligation. Au moment de la clôture de cet emprunt, si l'épargnant demande le remboursement du capital, il percevra 5 000 € (50 obligations à 100 € chacune).
Si l'action vaut 85 € et que l'investisseur souhaite acheter les actions, il obtiendra 50 actions pour une valeur globale de 4 250 € (50 actions au cours de 85 €). Il aura tout intérêt à demander le remboursement du capital. En revanche, si l'action vaut 118 €, le choix de convertir les obligations en actions est intéressant puisque le montant des 50 actions achetées au cours de 118 €, valorisera le portefeuille à 5 900€.

Pour les entreprises, l'intérêt est double. Tout d'abord elles peuvent proposer un taux d'intérêt plus faible que celui qu'elles auraient dû pratiquer pour une obligation classique, puisqu'elles offrent un choix supplémentaire.

Profiter de la hausse et se protéger de la baisse. De plus, si à échéance, le cours de l'action a évolué à la hausse, le taux de transformation des obligations sera important et l'entreprise ne sera pas obligée de mobiliser beaucoup de liquidités pour rembourser sa dette obligataire. La dette sera transformée en actions existantes détenues par l'entreprise (OCAE et OCEANE) ou en actions nouvelles par une augmentation de capital (OCEANE) (voir ci-après).
Pour l'investisseur, l'obligation convertible peut devenir un excellent placement si le cours de l'action a fortement progressé. Il aura à la fois bénéficié d'un rendement annuel lié au capital investi et à une hausse du cours de bourse durant la période de vie de l'emprunt. En revanche, il n'aura pas bénéficié du versement de dividende puisqu'il n'était pas actionnaire. On ne peut pas gagner sur tous les fronts.
Si l'évolution du cours de bourse de l'action associée à l'obligation convertible est favorable, à l'approche de l'échéance, le cours de l'obligation aura tendance à tendre vers le prix de conversion de l'obligation en action. En revanche, si le cours est défavorable, le cours de l'obligation à l'approche de l'échéance se rapprochera de sa valeur nominale comme pour une obligation classique. Ce qui est tout à fait logique puisque le détenteur de l'obligation pourra se faire rembourser le capital investi.
Ainsi, les actions convertibles présentent l'avantage de faire profiter leurs

détenteurs d'une hausse du marché boursier tout en le protégeant d'une baisse. Sauf si l'émetteur n'est plus en mesure de rembourser sa dette....

Des obligations convertibles particulières

L'OCEANE (obligation convertible en actions nouvelles ou existantes). Au moment de la conversion, la société peut décider de remettre au porteur de l'OCEANE soit des actions nouvelles (via une augmentation de capital), soit des actions qu'elle aura achetées sur le marché ou soit des actions qu'elle détenait déjà en autocontrôle. Elle a même la possibilité de mixer les différentes options. C'est une formule qui offre de la souplesse et de la flexibilité pour les entreprises émettrices. Ce qui explique sans doute leur succès.

COTE DES OBLIGATIONS CONVERTIBLES
Pour faciliter la comparaison de leurs cours avec celui des actions sous-jacentes, les obligations convertibles ne sont pas cotées en pourcentage, comme les obligations classiques mais en euros.

L'ORNANE (obligation remboursable en numéraire et/ou en actions nouvelles ou existantes). C'est une variante encore plus flexible que l'OCEANE. En effet, au moment du remboursement de l'obligation convertible, l'émetteur de l'emprunt aura la possibilité de privilégier un règlement par le versement de liquidités, ou par l'attribution d'actions nouvelles ou existantes. Il peut même mixer les deux systèmes selon des modalités définies au moment de l'émission de l'ORNANE. Avec les obligations échangeables, l'émetteur d'un prêt obligataire pourra même rembourser sa dette en attribuant des actions qu'il détient dans une autre société. C'est une option envisagée quand une entreprise planifie de réduire sa participation dans une autre société.

Les obligations remboursables en actions (ORA). C'est la version la plus restrictive de l'obligation convertible. L'investisseur n'a qu'une seule option. Au moment de l'échéance du prêt, il recevra uniquement des actions selon des modalités définies au moment de l'émission de l'obligation. Aussi, il n'est pas sûr de récupérer le montant de son capital initial. C'est la raison pour laquelle, l'ORA offre un taux d'intérêt supérieur à celui qui serait proposé par une obligation convertible classique. Ce type d'obligation est surtout intéressant pour l'émetteur qui n'est pas obligé de mobiliser des fonds propres pour rembourser ses obligations.

Les obligations à bons de souscription d'actions (OBSA). Le détenteur d'une OBSA détient une obligation classique et reçoit en même temps un bon qui lui donne un droit d'acheter une nouvelle action de la société à un prix fixé à l'avance et durant une période bien définie. Si l'investisseur n'envisage pas d'exercer son droit, il peut « détacher » ce droit de souscription de l'obligation et le mettre en vente. Il peut aussi revendre l'obligation tout en conservant le bon. Car l'obligation et le bon sont cotés séparément. Finalement, le bon de souscription peut être considéré comme une prime offerte au souscripteur de l'obligation. Le montant de la prime étant bien évidemment lié au parcours de l'action.

Les obligations subordonnées remboursables en actions (OSRA). Comme il s'agit d'obligations subordonnées, elles sont plus risquées que des obligations ordinaires : leur remboursement total ou partiel peut s'opérer à tout moment et il peut se matérialiser en actions.
Chaque actionnaire de l'entreprise concernée reçoit un droit préférentiel de souscription (DPS) par action, enregistrée comptablement sur son compte. Selon une parité définie à l'avance, un certain nombre de ces droits permettront de souscrire à une ou plusieurs obligations à un prix fixé. Ces obligations peuvent offrir un taux d'intérêt fixe ou variable. Pour les obligations toujours en circulation au moment de l'échéance, la société peut décider de payer le capital dû en mobilisant ses liquidités, par la remise d'actions ou en mixant les deux.

L'ODIRNANE (obligation à durée indéterminée à option de remboursement en numéraire et/ou en actions nouvelles et/ou existantes). C'est une obligation sans date d'échéance avec une option de remboursement soit en numéraire et/ou en actions nouvelles et/ou existantes.
C'est un Instrument « perpétuel ». L'émetteur de l'ODIRNANE n'est pas contraint par une date d'échéance, le forçant à rembourser le montant du nominal de l'obligation. Il peut même décider à tout moment de différer le versement des intérêts.
Cependant une clause liée à ce type de produit l'oblige à payer les intérêts dus, si l'entreprise décide de verser un dividende à ses actionnaires.
Cette obligation a aussi pour spécificité de comporter une clause d'augmentation des intérêts, dite de *« step-up »*, si elle n'a pas été remboursée par l'entreprise après une certaine « durée de vie ». Si le détenteur de l'obligation décide de convertir son obligation, l'émetteur a le choix entre distribuer des actions selon un ratio décidé au moment de l'émission de l'obligation, soit de mixer le versement de liquidités et la distribution d'actions. ■

OR, MATIÈRES PREMIÈRES, DEVISES

À côté des actions et des obligations, d'autres marchés tout aussi actifs attirent des investisseurs aux profils et aux objectifs parfois très différents.

LE MARCHÉ DE L'OR

Ce métal précieux a toujours fasciné les hommes. Il a été utilisé pour déterminer la valeur des monnaies en fonction de leur teneur en or. Il permet de confectionner des bijoux qui font rêver. Il a profondément modelé l'histoire de certains pays comme la ruée vers l'or aux États-Unis. Jusqu'à un passé assez récent, les États devaient détenir des réserves en or pour servir de garantie quand ils décidaient de faire fonctionner la planche à billets.

L'or physique

Les Français apprécient ce métal jaune. Leurs bas de laine accumuleraient près de 3 000 tonnes d'or sous forme de pièces, de petits lingots (lingotins) ou de lingots. Une partie de cet or serait d'ailleurs transmis de génération en génération, un peu comme un bien immobilier familial. Même l'État français n'y est pas non plus insensible… Car en matière d'or stocké dans leurs coffres, les États-Unis, l'Allemagne, l'Italie, la France et la Russie formaient en 2018 le Top 5 des pays les plus riches. Les 2436 tonnes d'or que détient précieusement l'État français sont protégés dans un lieu ultra-sécurisé appelé *« la Souterraine »*.

Une dizaine de pays dominent le secteur de la production de ce métal précieux. Il s'agit notamment de la Chine, de l'Australie, de la Russie, des États-Unis, du Canada, du Pérou, de l'Indonésie et de l'Afrique du Sud.

Même si les avis divergent, un certain nombre d'experts estiment qu'au rythme actuel d'extraction qui tourne autour des 3 500 tonnes par an, les réserves pourraient être épuisées en moins de 20 ans ! Il resterait alors comme solution de tenter d'exploiter les fonds des océans ou de se tourner vers l'espace. Mais les coûts de production risquent d'exploser. Une situation qui pourrait favoriser une hausse naturelle de l'or au cours des deux prochaines décennies, si la pénurie se confirmait.

Le cours de l'once d'or (soit 31,10g) est fixé à Londres. La capitale britannique accueille le plus gros marché d'échange de gré à gré du métal jaune. Ce marché est géré par La London Bullion Market

Association (LMBA). Une cotation a lieu 2 fois par jour avec un *fixing* le matin à 10h30 (heure anglaise) et un l'après-midi à 15h (heure anglaise). Ces *fixings* reposent notamment sur les ordres d'achats et de ventes de grandes banques internationales et de maisons de négoce d'or. Les investisseurs individuels n'ont pas leur mot à dire. Cependant, les cours enregistrés servent de référence au niveau mondial.

Une valeur refuge. En France, il n'y a plus de cotation officielle de l'or. Les prix des pièces d'or, des lingotins et des lingots sont déterminés selon les acteurs du marché (agence bancaire offrant un service d'achat-vente, bureau de numismatique et de change, courtiers spécialisés) qui se réfèrent soit au *fixing* de Londres, soit à la valeur fixée par la société privée CPoR Devises, qui domine le négoce de l'or en France. L'absence de cotation officielle ne permet pas à l'investisseur d'acheter ou de vendre de l'or à un tarif identique sur tout le territoire. C'est avant tout une négociation de gré à gré. Aussi, il est plus sage de consulter plusieurs établissements et de choisir celui qui offrira les meilleures conditions d'achat ou de vente de vos pièces et/ou lingots d'or. Pour avoir cependant une idée des tarifs qui devront être appliqués, la Banque de France affiche chaque jour sur son site (banque-france.fr), le cours de l'once d'or en dollars et en euros fourni par la LMBA.
Les comportements des investisseurs face à l'or sont assez prévisibles. Ils considèrent le métal jaune comme une valeur refuge. Dès que des tensions internationales surgissent dans des zones sensibles du Proche et du Moyen-Orient, quand des désaccords commerciaux entre grandes puissances perturbent le bon fonctionnement de l'économie, ou qu'un krach financier surgit, le cours de l'or s'enflamme très rapidement. C'est ce qui est arrivé en 1974 et en 1980, après les premier et deuxième chocs pétroliers, ou en 2011, une année de tourmente pour les économies mondiales et les marchés financiers. Nous noterons une période de record historique pour l'once d'or qui va atteindre un pic à 1 921 dollars, le 6 septembre 2011.

Un cours très cyclique. Plus récemment, les 1er et 2 octobre 2019, un petit vent de panique a soufflé sur les Bourses mondiales, les investisseurs craignant un ralentissement de la croissance, notamment américaine. L'indice américain Dow Jones chute alors de 3,14 % et son homologue parisien, le CAC 40, dévisse de 4,53 %. L'or endosse immédiatement son statut de valeur refuge et l'once du métal jaune affiche une hausse de 2,05 %.
Dans ce contexte, le cours de l'or connaît des variations cycliques qui peuvent être très importantes. Le métal jaune devient d'autant plus recherché que les autres marchés (actions, obligations, immobilier) deviennent risqués. Il est finalement un bon baromètre du niveau de confiance des investisseurs vis-à-vis des places financières.

Lorsque la Bourse flambe, l'or baisse et réciproquement

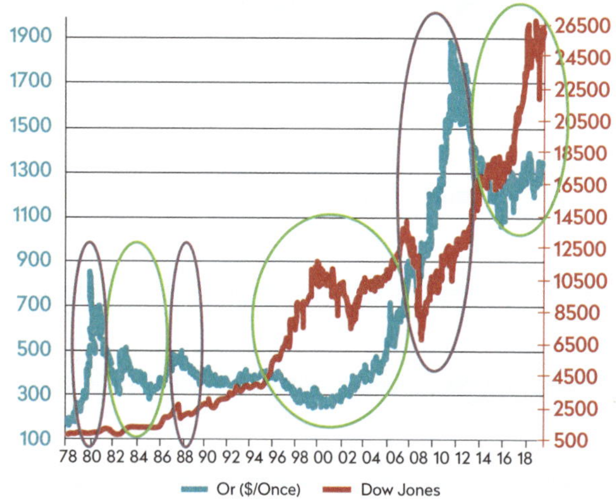

Source : NYSE, ACDEFI

Comme le montre le graphique, réalisé sur une période de 40 ans, la plupart du temps, quand la Bourse flambe, l'or se fait discret, mais quand la Bourse se replie, l'or occupe le devant de la scène. Entre fin 2015 et mai 2019, le cours de l'once l'or a varié dans un couloir compris entre 1062 et 1333 dollars, pour ensuite fortement progresser pour atteindre 1509 dollars en septembre 2019. Une hausse alimentée par le manque d'attractivité du marché obligataire, guidé par des taux d'intérêts durablement bas, des tensions sino-américaines, des incertitudes sur la croissance économique mondiale et par la hausse des achats d'or des banques centrales, notamment chinoise et indienne.

L'or papier

À côté de l'or physique, l'or papier peut être également un autre moyen d'investir dans le secteur aurifère. Mais c'est un marché nettement plus spéculatif que l'or physique. Cela demande une certaine connaissance du fonctionnement des marchés financiers, surtout si vous investissez dans des produits boursiers comme les *trackers*.

Les *trackers*, dont le fonctionnement est développé dans le chapitre suivant, sont des fonds négociés en Bourse (en anglais *Exchange Traded Fund* ou ETF) et cotés en continu. Ils répliquent notamment la performance du cours de l'once d'or ou du lingot. L'investisseur détient ainsi des parts dans ce fonds qui est coté. Le gestionnaire-émetteur de ce fonds doit détenir de l'or physique pour garantir sa solvabilité. Cette formule offre un avantage : l'investisseur n'a pas à détenir de l'or chez lui ou dans un coffre à la banque. En revanche, il ignore le niveau du stock d'or physique réellement détenu par ces ETF. Une situation qui fait l'objet d'interrogations récurrentes. Certains investisseurs craignent, en effet, que ces sociétés d'investissement ne disposent pas toujours d'une contrepartie suffisante, pour faire face à un départ massif des investisseurs. Aussi, faut-il choisir ceux qui sont proposés par des établissements financiers connus et reconnus.

Diverses options possibles. Une alternative moins spéculative et risquée consiste à se tourner vers le marché obligataire. Il existe ainsi tout un panel d'obligations comme celles émises par des sociétés d'exploitation aurifère, des banques ou des États qui offrent des taux d'intérêt indexés sur l'évolution du cours de l'or. Ces titres cotés sont garantis par de l'or physique (dont les stocks sont renfermés dans un coffre bancaire).

L'autre option consiste à acheter des actions de compagnies qui exploitent des mines d'or. Contrairement à d'autres métaux, les mines d'or ne produisent généralement que de l'or. Aussi, le cours des actions est naturellement en lien avec l'évolution du cours du métal jaune. Cependant, une société aurifère est également une entreprise, qui peut être plus ou moins bien gérée. Aussi convient-il d'étudier ses comptes pour éviter toute mauvaise surprise.

Enfin, une formule moins contraignante que l'achat d'actions, pour ceux qui désirent investir dans le secteur de l'or sans en posséder physiquement, consiste à investir dans des fonds aurifères, des SICAV ou des fonds communs de placements spécialisés, dont les capitaux sont essentiellement investis en actions de sociétés du secteur aurifère : mines d'or, sociétés de prospection, entreprises spécialisées dans le matériel aurifère...

LE MARCHÉ DES MATIÈRES PREMIÈRES

Le marché des matières premières est né d'une volonté des producteurs de se prémunir des fortes fluctuations des prix qui touchaient ce secteur, notamment celui des produits agricoles, très dépendant des conditions climatiques. Ainsi, dès le XIXe siècle, les gros producteurs de céréales ont imaginé un système pour minimiser leurs risques de perdre de l'argent. Ils ont proposé de vendre à l'avance leur récolte de blé, de maïs ou d'orge à un prix négocié avec l'acheteur, bien souvent un industriel qui transformait la céréale en farine, semoule ou malt...

Ainsi, un contrat était signé sur une quantité donnée, à un prix fixé et réglé au moment de la livraison. La livraison étant effectuée quelques mois plus tard, après la récolte. Si le prix de la céréale au moment de la récolte était supérieur au prix qu'il avait négocié quelques mois auparavant, le producteur réduisait son bénéfice mais si le prix chutait, il évitait des pertes d'exploitation. Tout comme le céréalier, son partenaire commercial, le meunier pouvait avoir tout intérêt à fixer à l'avance le prix de la marchandise qu'il comptait acheter pour éviter toute mauvaise surprise au moment de la livraison. C'est le début des contrats à terme et du marché négocié de gré à gré, qui a commencé à s'organiser avec des fixations de prix pour une livraison immédiate, pour une livraison à un mois, à trois mois, à six mois...

Puis cette organisation s'est rapidement diffusée à d'autres produits agricoles comme le riz, le lait, le café, le soja, le sucre, le coton, le caoutchouc... mais aussi à d'autres matières transformées par les industries comme les métaux (l'or, l'argent, le cuivre, le zinc, l'étain, le nickel, le platine...) et les hydrocarbures

(le pétrole et ses dérivés et le gaz).
Désormais, les achats et ventes de matières premières se déroulent sur des marchés réglementés. Les transactions sont standardisées (par la quantité, la qualité, les dates d'échéance) et sécurisées par une chambre de compensation, qui joue le rôle d'intermédiaire et vérifie la solvabilité des acheteurs et la fiabilité du vendeur.

Des places spécialisées par produit

Des places financières internationales spécialisées se sont imposées au fil du temps comme des plateformes incontournables pour négocier les contrats à terme sur certains types de produits. Ainsi, par exemple, le Chicago Board Of Trade (CBOT) est la place de référence pour le négoce du blé, du maïs, du soja ou du riz. Le New-York Mercantile Exchange (NYMEX) se distingue comme une place boursière essentielle dans les contrats concernant le pétrole brut, le gaz et certains métaux comme l'acier et le platine. Le London Metal Exchange est devenu un carrefour d'échanges primordial pour le négoce de l'aluminium, du plomb, de l'étain, du nickel et du zinc.
Aux côtés des acteurs de l'économie réelle, les agriculteurs et les industriels, les acteurs financiers ont vite compris l'intérêt de s'immiscer dans de tels marchés qui, par essence, sont spéculatifs. De plus, il n'est pas nécessaire d'acheter des matières premières et de les stocker. Il suffit simplement de négocier un contrat à terme et de le revendre à un autre investisseur ou à un industriel avant que celui-ci arrive à échéance, en espérant à la clef faire un bénéfice. La financiarisation des marchés des matières premières était en marche.
Par le biais de produits financiers complexes comme les options ou les warrants (dont nous expliquons le fonctionnement dans le chapitre suivant), les organismes bancaires et sociétés d'investissement ont développé un marché des matières premières sur lequel les transactions sont effectuées de gré à gré. Autrefois réservé aux traders spécialisés, l'investissement sur ce type d'actifs s'est quelque peu démocratisé. Mais il reste néanmoins réservé à des investisseurs avertis, du fait que ces produits disposent d'un effet de « levier » qui démultiplie les gains, mais aussi les pertes potentielles.

Structurellement haussier mais fluctuant

Les choix alternatifs peuvent consister soit à acquérir des actions de grands groupes de l'agro-alimentaire ou des compagnies pétrolières, ou de déléguer la gestion et la sélection des titres à un gérant compétent dans ce domaine via l'achat de parts dans un fonds commun de placement (FCP) ou dans une société d'investissement à capital variable (SICAV) spécialisés dans les matières premières. Il est également possible de sélectionner un *tracker*, un instrument financier qui duplique la performance d'un indice boursier comme par exemple l'indice CRB des matières premières, l'indice Bloomberg des matières premières (BCOM) ou l'indice S&P GSCI (Standar&Poor's). Mais avant de faire son choix, il est important d'analyser la composition de ces indices pour mieux appréhender leur degré de sensibilité. Il faut pour cela identifier les parts respectives des entreprises intervenant dans les secteurs agricole, minier ou de l'énergie, et déterminer si ce sont avant tout des grands groupes ou des entreprises moyennes qui sont présentes dans l'indice. Ces informations sont disponibles sur les sites des sociétés qui ont créé l'indice.

Certes, le marché des matières premières est un marché que l'on pourrait qualifier de structurellement haussier sur longue période. En effet, l'inexorable croissance démographique, le développement de pays émergents comme la Chine avec l'avènement d'une classe moyenne, sont autant d'éléments qui soutiennent la demande en matières premières. Mais les ressources ne sont pas inépuisables et la consommation de ces matières premières restent sensibles à tout évènement capable de troubler la croissance économique mondiale qu'il soit climatique, politique, économique, financier. C'est la raison pour laquelle les marchés des matières premières sont très fluctuants et volatiles. Ils sont donc réservés à des investisseurs expérimentés, qui n'ont pas peur de prendre des risques importants.

LE MARCHÉ DES DEVISES OU FOREIGN EXCHANGE MARKET (FOREX)

Avec le marché de la dette monétaire obligataire, ils sont au coude à coude pour acquérir le statut du plus important marché financier mondial en termes de volumes d'argent échangés. Ainsi, d'après l'enquête trisannuelle, menée entre 2016 et 2019, par la Banque des règlement internationaux (BRI), le marché des devises reste dynamique et a atteint, en moyenne, un volume d'échange quotidien équivalent de 6 600 milliards de dollars.

Également appelé marché des changes, le Forex a la particularité d'être un marché entièrement dématérialisé et décentralisé. Il n'est rattaché à aucune place boursière en particulier. Ce qui n'empêche pas le Royaume-Uni de concentrer près de la moitié des opérations réalisées de gré à gré, conclues directement entre acheteurs et vendeurs. Ses caractéristiques lui permettent de fonctionner 24h/24, 7 jours sur 7.

Le territoire de chasse des traders haute fréquence

Longtemps considéré comme la chasse gardée des établissements bancaires, qui représentaient près de 70 % de l'activité sur le Forex au début des années 2000, le marché des changes a ouvert ses portes à de nouveaux acteurs. C'est le cas notamment des *traders* haute fréquence (TFH). Selon certaines études, ils assureraient désormais près de 80 % des transactions mondiales sur le Forex. Ces *traders* sont en réalité des machines ultra puissantes conçues par des hommes ou des équipes maîtrisant les mathématiques, la programmation, l'encodage informatique, les rouages de la finance et capables d'intégrer des algorithmes sophistiqués sur des ordinateurs ultra puissants. L'ordinateur est ainsi capable d'analyser en temps réel l'ensemble des carnets d'ordres électroniques du Forex. Dès qu'il détecte une tendance de cours sur un couple de devises, il s'intercale dans un carnet d'ordres en réalisant les opérations dans un laps de temps encore plus rapide que peut le faire la plateforme boursière, de l'ordre du millième de seconde. Ainsi, même si la part des ordres effectivement exécutés est faible (moins de 5 %) et qu'ils se portent sur de petites variations de cours, les gains potentiels sont bien là car la machine est capable de passer des dizaines de milliers d'ordres en une journée... Aussi, pas étonnant que les revenus annuels générés par le TFH donnent le vertige. Ils avoisineraient les 30 milliards de dollars. Le salaire moyen d'un chef d'équipe de traders haute fréquence serait de 150 000 € par mois sans les primes ! Une situation qui inquiète cependant les régulateurs quelques peu dépassés par l'ampleur du phénomène. L'AMF pointe du doigt cette pratique qui créerait une situation de concurrence déloyale en faveur des TFH du fait de leur suprématie technologique et pourrait augmenter les risques de manipulation de cours. Car les TFH initient un très grand nombre d'ordres et n'en exécutent qu'une très faible partie.

Le « couple » euro/dollar privilégié

Sur le Forex, il y a quatre monnaies qui sortent du lot et sont les plus négociées : avant tout le dollar, loin devant l'euro, le yen japonais et la livre anglaise.

D'après les statistiques publiées par la BRI, en septembre 2019, le dollar garde son statut de monnaie dominante. La devise américaine est présente dans 88,6 % des transactions. Il faut savoir que sur le Forex les échanges de devises vont par paire et l'ordre passé se fait en faveur d'une monnaie contre une autre monnaie. L'investisseur mise par exemple sur une hausse de l'euro face au dollar. L'euro et le yen sont utilisés respectivement dans 32,3 % et 16,8 % des échanges. La livre anglaise est restée active, sans doute alimentée par la décision politique de quitter l'Union européenne. Elle intervient dans 12,4 % des transactions.

Enfin, concernant les paires de devises les plus recherchées par les investisseurs, il n'y a pas de réelles surprises, le « couple » euro/dollar assure à lui seul 25 % des transactions réalisées.

Il faut savoir que la référence sur le Forex, c'est le *pip* pour *« percentage in point »* en anglais. Il s'agit de la quatrième décimale de la cotation d'une paire de devises. Prenons par exemple la paire dollar contre euro (dollar/euro) qui correspond au taux de change du dollar face à l'euro. Si le dollar s'apprécie face à l'euro et que la cotation évolue de 0,9175 à 0,9178, le cours a gagné 3 *pips*.

Des profils très différents

Le marché des changes a également la particularité de réunir des intervenants très divers, animés par des objectifs parfois très distincts et s'intéressant à des produits différents.

Il y a tout d'abord les entreprises exportatrices, de la multinationale à la PME,

ou celles qui sont fortement dépendantes du prix du pétrole comme les compagnies aériennes, qui ont besoin d'acheter et de vendre, dans le cadre de leur activité, des devises au comptant au prix du marché et d'être livrées ou réglées 48 heures plus tard. Ce sont des opérations, appelées « spot », qui regroupent 30 % des transactions quotidiennes.
Ces mêmes entreprises peuvent également vouloir se couvrir d'un risque de change. Elles ont alors recours à des contrats à terme. C'est le cas par exemple d'une compagnie aérienne implantée dans un pays de la zone euro. Elle commande du kérozène dont la livraison sera effectuée et payée trois mois plus tard en dollars. Elle pense que le dollar risque d'augmenter au cours de cette période, elle peut alors négocier un contrat à terme sur trois mois pour un certain montant de dollars et à un taux garanti à l'avance. Ce type d'opération est qualifiée de *« forward »*.
Si les entreprises et les particuliers doivent passer par un intermédiaire financier pour effectuer leurs opérations, les sociétés d'investissement, les courtiers, les banques commerciales et les banques centrales négocient directement les uns avec les autres.
Ainsi, La Banque centrale européenne et les banques centrales nationales sont des acteurs majeurs sur le marché des changes. Elles achètent et vendent des devises pour gérer au mieux leurs stocks de devises étrangères. Elles peuvent aussi acheter ou vendre leur monnaie nationale pour influencer son cours.
Les institutions internationales comme le FMI ou la Banque mondiale interviennent également sur le marché des changes pour acquérir des devises.

Animé par de nombreux courtiers

Pour répondre à des objectifs d'investissement, des banques commerciales, des banques d'investissement, des courtiers exécutent des ordres sur le Forex pour le compte de leurs clients ou pour leur propre compte. Sans parler des fonds d'investissement dont certains se sont spécialisés sur le marché des devises. Ils investissent et mettent à la disposition de leurs clients des produits financiers spéculatifs plus ou moins complexes avec de forts effets de levier (options, CFD) que les professionnels qualifient de *swaps*. D'après les statistiques de la BRI, ces *swaps* concentrent désormais 50% des volumes d'échanges.
Particulièrement risqué pour les particuliers, le compartiment régulé du Forex est animé par de nombreux courtiers en ligne. Il est important de prendre des informations sur leur fiabilité avant d'y ouvrir un compte... En effet, des intermédiaires installés dans des paradis fiscaux tentent régulièrement d'attirer les clients en leur faisant miroiter des gains potentiels alléchants par le biais de ces produits dérivés à effet de levier. L'AMF a décidé de publier régulièrement sur son site (amf-france.org) des mises en garde et de mettre en ligne une liste noire des courtiers non agréés qui interviennent en France.
Alerté par des épargnants qui avaient perdu beaucoup d'argent en très peu de

temps, l'AMF a également publié une étude sur trois ans, de 2009 à 2012, qui portait sur un échantillon représentatif de 15 000 investisseurs. Les résultats sont édifiants et parlent d'eux-mêmes : 9 épargnants sur 10 avaient perdu de l'argent et les pertes étaient considérables, puisqu'elles atteignaient en moyenne 10 900€ par investisseur. Pour ceux qui veulent quand même comprendre le fonctionnement des produits dérivés sur le marché des changes, des actions ou des matières premières, nous allons maintenant vous expliquer comment ça marche, de la façon la plus simple possible. ■

LES PRODUITS PLUS COMPLEXES

L'imagination des financiers n'a pas de limites. Ils créent sans cesse de nouveaux produits plus ou moins complexes. Mais pour investir dans ces produits mieux vaut avoir une parfaite connaissance des mécanismes qui les animent et posséder des nerfs d'acier.

LES *TRACKERS*, LES ETC, LES ETN, LES OPTIONS, LES *WARRANTS*

Il existe toute une gamme de produits financiers, les ETP (pour *Exchange Traded Product*), cotés sur les différents marchés financiers et dont l'objectif est de répliquer la performance d'un indice ou d'une matière première, que l'on appelle le sous-jacent.
Il s'agit là plus d'un système de gestion passive qui se contente de suivre un sous-jacent sans qu'il soit nécessaire d'effectuer des choix sur des valeurs particulières.
Les ETP sont répertoriés en trois catégories : les ETF *(Exchange Traded funds)* appelés plus communément *« trackers »*, les ETC *(Exchange Traded Commodities)* et les ETN (*Exchange Traded Notes*).

Les *trackers*

Ils sont sans conteste les ETP les plus populaires pour les investisseurs. Les premiers *trackers* ont été créés au début des années 90. Depuis une dizaine d'années, ces produits se multiplient comme des petits pains. Il y en aurait désormais plusieurs milliers accessibles sur les marchés financiers. Le succès des *trackers* auprès des investisseurs avertis s'explique pour plusieurs raisons. Tout d'abord, ce produit s'achète et se vend facilement en ligne comme une action. Avec à la clef, des frais pour les acheter et les revendre inférieurs à ceux qu'il faut supporter pour acquérir ou revendre une action ou une OPCVM indicielle.
Il est donc tout à fait possible de multiplier les allers-retours pour profiter des sautes d'humeur du marché sans trop se ruiner en frais de courtage. Comme certaines actions, ils sont éligibles au système de règlement différé (SRD). Enfin, comme les ETF ont pour sous-jacent un indice qui est un « concentré » d'actions, et si certaines de ces actions rapportent un dividende, le détenteur d'ETF percevra soit directement les dividendes, soit ceux-ci

seront réinvestis dans l'ETF qui verra son cours augmenter en proportion.

Des ETF « passifs » classiques. Dans ce système, les intermédiaires financiers ou « *market makers* » gèrent non seulement les ordres d'achats et de ventes, mais ils assurent également l'animation du marché et favorisent sa liquidité. Ils se rémunèrent comme un agent de change qui va vendre une devise à un prix un peu supérieur à celui qu'il accorde lors du rachat. C'est la raison pour laquelle le *tracker* a un prix d'achat et de vente différent, (la différence est dans la rémunération de l'intermédiaire) mais ces deux prix doivent évoluer dans des proportions équivalentes à celles de l'indice de référence. Le courtier peut également demander des frais de gestion. Mais les frais cumulés sont en moyenne compris entre 0,5 et 0,8 % des montants échangés.

Les *trackers* sont des produits « hybrides ». Juridiquement, ils peuvent être assimilés à des OPCVM comme les Sicav ou les fonds communs de placement (FCP). Mais ils ont cependant des caractéristiques propres. Alors que le prix des OPCVM est calculé et affiché en fin de séance, les ETF sont cotés en continu et sont traités comme des actions. L'investisseur peut les acheter et les vendre tout au long de la journée de cotation, en passant des ordres d'achat ou de vente à un cours limite par exemple.

Il y a tout d'abord, la version classique des *trackers*. Ce sont des ETF sur indices qui répliquent la performance d'un indice boursier de référence. Leur valeur correspond en général à un centième de l'indice de référence qui peut être le CAC40, le Stoxx 600, le FTSE, le SBF 120 ou l'Euronext 100…

EXEMPLE Si dans la journée l'indice CAC 40 commence sa cotation à 5 559 points, passe par un plus haut à 5 587 points et clôture la séance à 5 573 points, le tracker va coter 55,59 € à l'ouverture, atteindre un cours maximal à 55,87 € et clôturer à la fin de la séance à 55,73 €.

Et des ETF « actifs ». Mais il existe aussi des *trackers* « actifs » qui peuvent garantir un certain niveau de capital investi ou offrir un effet de levier. Ces derniers démultiplient les hausses comme les baisses de leur indice sous-jacent. Ainsi, un *tracker* offrant un effet de levier de 2 va voir son cours monter de 2 % lorsque son indice de référence progresse de 1 % et inversement en cas de baisse. D'autres ETF qualifiés de « Bear » vont évoluer à contresens de leur indice sous-jacent. Si l'indice boursier recule de 3 %, le *tracker* va progresser de 3 %. Ce type de *tracker* peut être mis dans un portefeuille pour le protéger contre une chute des marchés boursiers, puisqu'il va monter pendant que les actions du portefeuille reculeront.

Enfin, certains ETP, appelés « *trackers* sur indices de stratégie », viennent calquer leur performance sur celle d'indices plus spécifiques qui peuvent être sectoriels ou liés à la capitalisation boursière. C'est le cas de *trackers* qui vont répliquer la performance de l'indice CAC PME ou de

l'indice Stoxx Europe 600 Automobiles and Parts (qui regroupe 600 entreprises européennes du secteur de l'automobile et des pièces détachées).
Leur statut juridique permet à l'investisseur de sélectionner des *trackers* dans le cadre de son PEA. Il est aussi possible de miser sur un indice américain ou japonais, alors que dans ce même PEA, vous n'allez pouvoir acheter que des actions d'entreprises cotées au sein de l'Union européenne. Les *trackers* permettent ainsi de diversifier ses placements dans le cadre plus restrictif d'un PEA.

Les ETC et les ETN

Les autres catégories d'ETP sont un peu moins répandues. Ces derniers interviennent sur le marché des matières premières et des devises avec les ETC (Exchange Traded Commodities) et sur le marché obligataire avec les ETN (Exchange Traded Notes).
Les ETC sur les matières premières ont pour spécificité de ne pas être liés à la performance d'un indice, mais à la performance du cours d'une matière première comme l'once d'or ou le baril de pétrole.
Quant aux ETN, ce sont, comme les obligations, des titres de créance et comme les obligations, ils sont cotés et peuvent être revendus à tout moment. Ils sont émis par une société d'investissement et l'intérêt qui sera versé au bout d'une période fixée est lié à la performance d'un indice la plupart du temps boursier.
Pour mieux comprendre, prenons un exemple. Une société émet un ETN d'une valeur de 1000€ calqué sur la performance du CAC40. Elle s'engage à verser, au bout de cinq ans, un niveau d'intérêt correspondant à l'évolution du CAC40 sur la même période. Si le CAC40 a progressé de 25% sur les 5 dernières années, l'investisseur sera remboursé de sa mise de départ, soit 1000€, et touchera 250€ d'intérêts.
Même si l'attrait pour ce type de produits, notamment pour les *trackers*, est assez forte, aussi bien parmi les investisseurs institutionnels que parmi les investisseurs individuels avertis, il ne faut pas oublier le fait qu'ils demeurent des produits à risque, notamment quand ils proposent un effet de levier.
Du fait de leur succès, le nombre de *trackers* cotés est en constante augmentation Au départ ces produits étaient assez simples. Ils se bornaient à calquer les performances d'un indice boursier. Mais au fil du temps, de nouveaux trackers plus complexes ont fait leur apparition Aussi, avant d'investir, il faut s'informer, vérifier la nature de l'indice sur lequel le *tracker* est associé, s'assurer s'il propose des garanties et si oui, à quelles conditions et enfin contrôler la présence ou non d'un effet de levier.

Les options

L'option est un contrat financier qui peut être souscrit sur un compte titres, passé entre un acheteur et un vendeur. L'acheteur de l'option acquiert un droit (qu'il n'est pas obligé d'exercer) d'acheter, c'est alors un « *call* », ou de vendre, c'est un « *put* », à un prix fixé (le prix d'exercice), une certaine quantité déterminée d'un actif financier. Cela peut être des

actions, des obligations, des matières premières, des matières agricoles, des devises, des indices boursiers, etc.
Ce droit, il peut l'exercer soit à une date donnée, qui est standardisée et fixée au 3e vendredi du mois d'échéance si c'est une option européenne, soit à n'importe quel moment jusqu'à une date butoir précise, si c'est une option américaine. Pour acquérir ce droit, l'acheteur de l'option doit verser une prime au vendeur. Cette prime, c'est le prix de l'option. Le vendeur l'encaissera quoiqu'il arrive. Même si finalement, du fait de l'évolution défavorable du cours de l'actif concerné, l'acheteur de l'option choisit de ne pas exercer son droit d'achat ou de vente.
Par contre, si les conditions du marché sont favorables et conformes aux anticipations de l'acheteur, ce dernier pourra exercer son droit à l'achat (*call*) ou à la vente (*put*) et le vendeur de l'option sera dans l'obligation d'accepter la vente (*call*) ou l'achat (*put*) aux conditions du contrat, même si elle lui est défavorable. Ainsi, l'option joue finalement le rôle d'une assurance.

Achat d'un *call* pour anticiper une hausse. Nous allons étudier les différentes stratégies possibles qui s'offrent à l'investisseur à partir d'exemples.
L'investisseur anticipe une hausse du cours de l'action qu'il souhaite acquérir, il a intérêt à souscrire un *call* (droit à l'achat). À la date d'échéance, il activera son *call*, si le montant cumulé de l'achat de l'action déterminé au moment de l'achat du *call* et du versement de la prime qu'il doit au vendeur du *call*, est inférieur au montant de l'achat de l'actif au prix du marché.

EXEMPLE M. Martin achète le 9 novembre un *call* européen sur l'action Marine SA qui cote 50 €, la date d'échéance ou de maturité est fixée le 28 novembre. Il acquiert le droit d'acheter l'action au prix de 50 €, le 28 novembre. Le prix du *call* par action est de 2,5 €. La quotité minimale d'actions à acquérir est de 10. L'acheteur devra donc payer une prime de 25 € au vendeur. Comme il l'avait prévu, le cours de l'action Marine SA a progressé et cote 70 € le 28 novembre. L'investisseur exerce son option d'achat. Il va donc débourser 500 € pour acheter les 10 actions Marine SA. Avec les 25 € correspondant au montant de la prime, sa dépense totale est de 525 €, au lieu de 700 € s'il avait dû acheter les 10 actions en bourse au cours de 70 € en date du 28 novembre. Il fait ainsi un gain de 175 €.
Si l'action Marine SA affiche un parcours boursier finalement décevant avec une cotation le 28 novembre en baisse à 35 €, M. Martin n'active pas son *call*. Il n'achète pas les actions à 50 €, il doit juste payer la prime de 25 € au vendeur du *call*. Il a ainsi limité les pertes à 25 € alors qu'elles qui auraient atteint 150 € (10 x 15 €) s'il avait acheté les actions à 50 € (prix fixé le jour où il a d'acheté le *call*), alors qu'elles cotent 35 €.

En conclusion, l'achat d'un *call* permet de réaliser des gains si le cours de l'action a progressé et de limiter ses pertes au montant de la prime si le cours de l'action a reculé.

Vendre un *call* pour compenser ses pertes. Autre situation : M. Martin possède des actions Marine SA qui cotent 50 €. Il anticipe une stagnation du marché. Il peut alors vendre une option *call* (achat) pour dynamiser un peu ses gains ou compenser ses petites pertes.

EXEMPLE Supposons que M. Martin ait vu juste, et que le 28 novembre l'action ait enregistré une très faible hausse et cote 52 €. L'investisseur qui lui avait acheté ses options *call* (car il anticipait une belle hausse de l'action), ne va pas exercer le *call*, mais il devra verser à M. Martin une prime d'option de 25 €. M. Martin, malgré un marché relativement stable, réussit à optimiser son gain à 45 € (20 € sur la hausse de ses 10 actions et 25 € avec la prime de l'option). De même, si le marché recule, et que l'action Marine SA a fortement chuté, l'investisseur ne va pas exercer son *call* et M. Martin va recevoir la prime de l'option de 25 € qui viendra un peu compenser la baisse de ses actions. En revanche, si le marché est fortement haussier, M. Martin est en très mauvaise posture. L'investisseur va exercer son *call* et M. Martin va enregistrer des pertes. Imaginons que l'action Marine SA ait progressé à 70 €. M. Martin est alors dans la situation du vendeur de *call*, qui doit accepter de vendre ses 10 actions à 50 € et à ne percevoir en retour que la prime de l'option de 25 €. Ses pertes atteignent 175 € (pertes de 200 € sur ses actions compensées uniquement par 25 € de prime) alors que s'il n'avait pas vendu de *call*, il aurait enregistré un gain de 200 €, soit un différentiel de 375 € !

Achat d'un *put* comme protection. Enfin, si M. Martin prévoit que ses actions, qui cotent 50 €, vont baisser sensiblement, il peut alors choisir d'acheter un *put* (droit de vente).

EXEMPLE M. Martin a été bien inspiré, l'action Marine SA a chuté et cote le 28 novembre 35 €. M. Martin exerce son *put*, le vendeur du *put* (qui avait plutôt misé sur une stagnation du marché) est obligé de lui acheter ses 10 actions au prix de 50 €. M. Martin verse au vendeur la prime de l'option de 25 € et gagne 150 € sur la vente de ses titres. Il enregistre un gain net de 125 € au lieu d'enregistrer une perte nette de 150 € s'il n'avait pas acheté de *put*, soit un différentiel de 275 €.

En achetant une option *put*, M. Martin protège également son portefeuille d'actions contre un repli. Il peut aussi le faire en achetant une option *put* sur l'indice CAC40.
Par contre, dans un marché boursier orienté à la baisse, le vendeur d'un *put* peut subir des pertes non négligeables.

EXEMPLE Dans notre cas, il est obligé d'acheter les 10 actions de M. Martin à 50€, alors que le cours réel est à 35 €, ce qui représente un préjudice de 150 €. Il ne reçoit comme contrepartie que la prime de l'option de 25 €, soit une perte nette de 125 €.
Si le marché, au contraire, a progressé contrairement aux attentes de M. Martin et que les actions valent 66 € le 28 novembre, c'est plutôt une bonne nouvelle pour lui. M. Martin ne va pas exercer son *put* et

profite de la hausse de ses actions qui enregistrent un profit de 160€. Il ne versera au vendeur du *put* que la prime de l'option de 25 €. M. Martin affiche un gain net de 135 €.

Pour chaque situation son option. En définitive, acheter une option d'achat (*call*) consiste à miser sur une hausse du marché ou du titre concerné par l'option. Acheter une option de vente *(put)* sur un titre ou sur l'indice CAC 40 correspond à parier sur une baisse du marché ou de son titre et ainsi protéger son portefeuille contre cette baisse. Vendre une option d'achat *(call)* équivaut à anticiper une stagnation ou un recul modéré du marché. Enfin, vendre une option de vente *(put)* consiste à jouer la carte d'une stagnation ou d'une hausse modérée du marché.

MARCHÉ
Les options se négocient à Paris sur un marché appelé le "Monep" (Marché d'options négociables de Paris).

Nous vous avons ainsi détaillé les mécanismes d'options sur une action. Il est tout à fait possible de faire de telles opérations sur les indices, qui sont en réalité des paniers d'actions. Avec à la clef quelques particularités. L'activation de l'opération ne débouche pas sur la vente ou l'achat physique d'actions, mais sur le versement de liquidités, car on ne peut pas s'échanger un indice ! L'unité de transaction n'est pas une certaine quantité d'actions mais c'est le cours de l'indice fois un multiplicateur qui selon les indices est la plupart du temps soit 1€, soit 10€. Par exemple, avec un taux de conversion de 1€ par point d'indice , si le CAC 40 fait 5 630 points, le contrat de l'option va porter sur 5 630 €.

Les *warrants*

Les *warrants* et les options se ressemblent dans la mesure où ces deux types de produits financiers sont des produits dérivés d'actions, d'obligations, d'indices, de devises etc. Ils donnent le droit d'acheter ou de vendre un actif financier avec des conditions de prix et de durée de vie définies à l'avance.
Ils ont tous deux le statut de valeur mobilière. Ils ne peuvent pas être intégrés à un PEA et donc doivent être gérés dans un compte titres.
Cependant, il existe quand même quelques grandes différences entre les *warrants* et les options sur indices ou sur actions. Alors que les options sont gérées par une société de Bourse comme Euronext, cotées sur un marché spécialisé comme le Monep à Paris et correspondent à des contrats normés passés entre des investisseurs, les *warrants* sont quant à eux émis en quantité limitée et de façon organisée par un établissement bancaire ou une société d'investissement.
Ils sont cotés sur le marché des valeurs actions comme Euronext Paris. Ils sont donc négociables comme des actions. Ils ont en général des durées de vie plus longues que les options, de quelques mois à plusieurs années. Enfin, si l'option peut permettre la vente à découvert, c'est-à-dire de vendre un *call* ou un *put* sans posséder les actions en portefeuille, cette situation est impossible dans la galaxie des *warrants*.
Aussi, le risque de faire face à de lourdes pertes est normalement moins important pour les *warrants* que pour les

options. En tout cas, la perte maximale encourue pour un *warrant* correspondra à la totalité du montant de la prime investie au départ. Alors que pour une option, la perte peut dépasser allègrement le montant de la prime investie au départ puisque qu'il est possible de vendre ce qui ne nous appartient pas.

Une palette extrêmement diversifiée. Cependant il faut rester réalistes. Les *warrants* sont émis par des banques ou des sociétés d'investissement en quantité limitée. Ces établissements et leurs équipes de spécialistes vont donc bâtir un *warrant* de toutes pièces avec ses qualités propres. Du coup, il va exister toute une palette de *warrants* aux caractéristiques très différentes tant au niveau des sensibilités face aux variations du sous-jacent auquel ils sont associés, des durées de vie, des prix d'exercice, des parités (nombre de *warrants* nécessaires pour pouvoir acheter l'action associée). Mais si diversité il y a, l'objectif final pour l'établissement émetteur du *warrant* est unique. Il recherche à gagner le plus possible d'argent sur ce produit dérivé, en maximisant les chances de gains et en minimisant les risques de pertes. Aussi, l'investisseur doit être extrêmement vigilant avant d'investir dans un *warrant*. Il convient d'étudier dans les détails les caractéristiques du produit pour éviter toute mauvaise surprise.
Comme pour les options, il existe un *call warrant* et un *put warrant*. Le *call warrant* évolue dans le même sens que l'actif auquel il est associé. Il est choisi si l'investisseur anticipe une hausse de l'actif sous-jacent. Le *put warrant* progresse quant à lui dans le sens contraire à celui de son sous-jacent. Il peut être sélectionné si l'investisseur mise sur un recul du sous-jacent ou s'il veut assurer son portefeuille contre une baisse du marché.

Une volatilité très forte. Mais attention, comme les actions, les *warrants* sont cotés en continu, ils peuvent être vendus avant la date d'échéance. Leur cours est très volatil car leur valeur dépend à la fois de la valeur intrinsèque du *warrant* (différence entre le cours de l'actif

Réservés à des investisseurs aguerris

Seuls des investisseurs rompus au fonctionnement des marchés financiers peuvent envisager de placer de l'argent dans des produits complexes comme les *trackers*, les *warrants* et les options. D'ailleurs les établissements financiers qui proposent ce type de produits interrogent leurs clients pour s'assurer qu'ils ont le profil adéquat. « *Sur 100 personnes qui tentent d'ouvrir un compte pour effectuer des transactions sur des produits complexes, seules 50 sont effectivement autorisées* », précise Ambroise Lion, directeur général d'IG France, établissement financier spécialisé dans le *trading* des Turbos, CFD, options et actions..

sous-jacent et son prix d'exercice fixé au moment de l'émission du *warrant*), de la date d'échéance, elle-même influencée par les anticipations sur l'évolution du sous-jacent et par la parité (nombre de *warrants* nécessaire pour acquérir le sous-jacent au prix d'exercice). Tant que l'échéance est lointaine, les perspectives de gains sont potentiellement là, le temps apporte de la valeur au *warrant*, mais au fur et à mesure que la date d'échéance se rapproche, la valeur temps évolue vers 0.

EXEMPLE Prenons un *warrant* de l'action Marine SA (sous-jacent) qui cote le 15 février 0,7 €, à une échéance fixée au 30 novembre, avec un prix d'exercice ou *strike* (prix d'achat fixé à échéance) à 20 €, la parité est de 5. Le 30 mars, le cours de Marine SA est à 17 €, le cours de son *warrant* est de 0,6 €. En effet la valeur intrinsèque du *call* est nulle car le prix d'exercice est supérieur au cours réel de Marine SA ; dans les conditions actuelles, le *call* ne serait pas utilisé. La valeur du *call* correspond uniquement à la valeur temps estimée à 0,6 €.
Le 30 juin, le cours de Marine SA est à 23 €, la valeur de son *warrant* cote désormais 1 €, soit 3 € divisé par 5 (du fait de la parité) auquel il faut rajouter la valeur temps de 0,4 €. Ainsi, entre mars et juin, le cours de l'action Marine SA a progressé de 26,5 % (passant de 17 € à 21,5 €) et le cours du *warrant* a crû de 66,7 % (passant de 0,6 € à 1 €). L'effet levier du *warrant* a fonctionné.

Deux leçons à tirer, le *warrant* peut offrir un très fort effet de levier à condition de le vendre au bon moment. Il faut aussi être vigilant et ne pas dépasser la date d'exercice du *warrant*, car ensuite il n'est plus échangeable et sa valeur est nulle. ■

LES TEMPS FORTS POUR LES ACTIONNAIRES

3

CES « RENDEZ-VOUS » PLANIFIÉS AVEC LES ACTIONNAIRES

Toute une série d'étapes ponctuent la bonne marche des entreprises et animent la vie des actionnaires. Elles sont destinées à favoriser la communication entre les dirigeants et leurs actionnaires, à informer pour mieux favoriser la transparence et l'égalité de traitement des investisseurs.

Si certaines de ses informations peuvent tomber à n'importe quel moment impactant le cours de l'action, en général, la majorité d'entre elles sont publiées régulièrement. Des «rendez-vous» sont programmés, en lien avec la vie boursière qui est très codifiée et encadrée. C'est le cas notamment des résultats semestriels, annuels, du versement du dividende, de la convocation aux assemblées générales, etc.

Les entreprises préviennent à l'avance, à quelle date et à quel moment de la journée, la publication de l'information aura lieu.

Cette codification est nécessaire pour apporter la visibilité et la transparence nécessaire pour que les actionnaires puissent investir de manière réfléchie. Ainsi, les journaux financiers et les sites boursiers publient des agendas qui regroupent l'ensemble des communications qui vont être publiées au cours de la semaine. Aussi, est-il important de les consulter régulièrement pour s'assurer que certains de ces rendez-vous ne concernent pas des actions détenues dans votre portefeuille. D'autant plus que certains investisseurs se positionnent parfois à l'achat ou à la vente de titres, la veille d'une publication de résultats, s'ils anticipent l'annonce d'une bonne ou d'une mauvaise nouvelle.

LA PUBLICATION DES RAPPORTS

Quelle que soit leur taille, de la PME à la multinationale, qu'elles soient cotées ou non, toutes les entreprises ont l'obligation de communiquer des éléments financiers relatifs à leurs résultats. Elles doivent ainsi déposer un rapport annuel de leurs résultats auprès du greffe du tribunal de commerce.

Bien naturellement, si la société choisit de faire appel à l'épargne publique en cotant ses actions en Bourse, elle va être soumise à une règlementation complète et stricte en matière de communication financière avec la diffusion d'informations réglementées, permanentes, périodiques, spécifiques...

Ainsi, dans le cadre de l'information permanente, toute société cotée se trouve dans l'obligation d'avertir rapidement les investisseurs d'une situation qui, rendue publique, aura une forte incidence sur le cours de son action. C'est le cas notamment quand un investisseur augmente sa participation dans le capital d'une société et atteint un certain seuil : il a l'obligation de se déclarer auprès de l'AMF et une fois informée, la société devra publier cette information dans le cadre de son rapport annuel. Cependant la firme peut estimer qu'une déclaration immédiate au marché par un communiqué, est nécessaire en raison du caractère significatif de l'opération. C'est aussi le cas lorsqu'elles subissent une situation inattendue sur le plan opérationnel : une usine détruite, un refus d'une autorisation de mise sur le marché d'un médicament alors que la société pensait l'obtenir, une amende infligée par une autorité de la concurrence, la nomination d'un nouveau directeur général, etc.

L'information périodique regroupe, quant à elle, l'ensemble des documents transmis à la communauté financière de façon régulière et obligatoire calquée sur des fréquences semestrielles et annuelles. Le choix d'une communication trimestrielle est, quant à elle, laissée à l'appréciation des dirigeants de la société cotée. Ces documents concernent les rapports financiers, le rapport du président sur les procédures de contrôle interne ou de gestion de risques, les communiqués annonçant la date de publication des résultats périodiques fournissant des estimations de résultats, etc.

Enfin, au-delà des informations périodiques et permanentes, les sociétés cotées sont tenues de diffuser de l'information liée à une opération particulière. Elles devront ainsi publier un prospectus, une notice d'information, pour expliquer les raisons et les modalités dans le cadre d'une offre publique d'échange, d'une offre publique d'achat, d'une procédure d'augmentation du capital...

Toutes ces contraintes réglementaires ont pour principaux objectifs de défendre le principe d'égalité d'information entre les investisseurs : l'information diffusée doit être accessible à tous au même moment, de façon homogène. Qu'elle ait un impact positif ou négatif, elle doit être traitée de manière identique quels que soient les supports utilisés : presse écrite ou Internet. Enfin, l'information délivrée doit être fidèle, précise et sincère. Bref, tout doit être mis en place pour protéger la transparence de l'information, une condition jugée essentielle par le gendarme de la Bourse, pour pérenniser la confiance des investisseurs, la crédibilité et la fiabilité d'une place financière.

Néanmoins l'AMF et l'ESMA ont admis qu'il existe des situations particulières au cours desquelles l'entreprise pourra ne pas rendre publique une information qui risquerait de perturber et de faire capoter des pourparlers. C'est le cas notamment quand elle mène des

RÔLE DE L'AMF

En France, la législation concernant la publication des rapports a été mise en place par l'AMF (Autorité des marchés financiers), en collaboration avec l'ESMA (Autorité européenne des marchés financiers) et les instances communautaires qui élaborent les directives européennes sur les marchés financiers.

négociations pour fusionner avec une autre société, pour céder une filiale, une branche d'activité, une marque, pour mettre en place un plan de restructuration, de redressement financier.

Le rapport annuel

Toutes les sociétés cotées sur Euronext Paris sont tenues de publier et de déposer auprès de l'AMF, dans les quatre mois suivant la clôture de leur exercice, un rapport financier annuel. Ainsi, les entreprises qui clôturent leurs comptes le 31 décembre, devront publier ce rapport avant le 30 avril de l'année suivante. Pour les sociétés qui ont l'exercice annuel de leur compte à cheval entre deux années civiles comme par exemple une clôture le 31 mars, le rapport annuel devra être diffusé au plus tard le 31 juillet de la même année.

Dans le cas particulier des sociétés anonymes à directoire et conseil de surveillance, le directoire doit arrêter les comptes dans les trois mois de la clôture de l'exercice pour permettre au conseil de surveillance d'exercer son contrôle, tout en respectant la date des quatre mois.

Le rapport financier annuel doit comprendre les comptes annuels complets ou comptes sociaux, les comptes consolidés (si la société détient des filiales à consolider) complétés parfois par un rapport de gestion et un rapport sur le gouvernement d'entreprise qui précise, entre autre, la rémunération du dirigeant, une déclaration des dirigeants qui assument la responsabilité du rapport financier annuel, et les rapports des commissaires aux comptes qui valident l'exactitude des résultats.

Le rapport semestriel

La publication des résultats semestriels doit intervenir dans les trois mois qui suivent la fin du premier semestre. Ils sont publiés par voie électronique, présents sur le site des entreprises dans la rubrique dédiée aux investisseurs et la plupart du temps relayés et analysés par la presse et les experts financiers. C'est une sorte de rapport d'étape dont le sommaire est calqué sur le rapport annuel, même s'il est moins détaillé. Il comprend des comptes condensés ou complets pour le semestre écoulé, un rapport semestriel d'activité, une déclaration des dirigeants qui assument la responsabilité du rapport financier semestriel et un rapport des commissaires qui garantit la sincérité des comptes. Les chiffres publiés sont comparés à ceux du semestre de l'année précédente.

La publication trimestrielle

À la différence des entreprises cotées américaines, les entreprises françaises et européennes ne sont plus obligées, depuis la loi du 30 décembre 2014, de publier des résultats trimestriels. Il faut dire que cette périodicité ne fait pas l'unanimité au sein de la communauté financière française et des instances de régulation.

Elle aurait par exemple un impact sur la stratégie d'investissement des gérants en actions. Ainsi, selon le rapport d'un groupe d'experts sur la finance durable : *« De 1997 à 2017, la durée moyenne de détention en portefeuille d'actions d'une*

Des patrons hostiles au diktat du trimestriel

Paul Polman, le PDG d'Unilever, géant anglo-néerlandais des produits de grande consommation pendant 10 ans, avait décidé, dès sa nomination en 2009, d'abandonner le pilotage trimestriel de court terme. Dans une interview accordée, en 2013, au Harvard Business Review, il persistait et signait : *« Nous consacrons un temps énorme à expliquer à nos actionnaires ce que nous faisons et à discuter avec eux de notre stratégie à plus long terme. Cela a été facilité par l'abandon du reporting trimestriel »*. Avant de préciser : *« Nous disons à tous les spéculateurs à court terme et aux hedge funds, vous ne faites pas partie de cette entreprise. Nous ne les condamnons pas, mais ils peuvent aller voir ailleurs »*.
En juin 2018, deux très influents patrons américains, Jamie Dimon, PDG de la première banque américaine, JP Morgan Chase & Co, et le célèbre financier Warren Buffet, président de Berkshire Hathaway, s'exprimaient également par voie de presse, en co-signant un billet d'humeur dans le Wall Street Journal. Ils exhortaient leurs homologues à ne pas être esclaves des objectifs trimestriels de résultats, et notamment du bénéfice par action, pour piloter la stratégie de leurs entreprises. *« Par expérience, nous savons que les indications sur les performances trimestrielles conduisent à une fixation malsaine sur les profits à court terme, au détriment de la stratégie et de la croissance de long terme »* écrivent-ils avant d'ajouter : *« L'orientation court-termiste des marchés de capitaux dissuade les entreprises qui ont une vision de long terme d'entrer en Bourse, ce qui est dommageable pour l'économie et l'innovation »*.
Pour autant, Warren Buffet et Jamie Dimon avaient relativisé en précisant que les résultats trimestriels faisaient partie de l'exigence de transparence nécessaire pour la confiance des marchés vis-à-vis des entreprises cotées. Sociétés dans lesquelles plus de 100 millions d'Américains investissent, directement ou dans des fonds de placement ou de retraite.
Même le président américain, Donald Trump, s'est invité dans ce débat, en août 2018, en évoquant la possibilité de rayer de la carte les résultats trimestriels au profit des semestriels. Il invitait le gendarme américain de la Bourse, la SEC, à émettre un avis sur la question.
Pour justifier sa position, le président américain précisait dans un tweet : *« J'ai pu échanger avec certains des plus grands chefs d'entreprise du monde. Je leur ai demandé ; qu'est-ce qu'il faudrait faire pour encore améliorer la croissance et les emplois aux États-Unis ? Ils m'ont répondu : arrêtons la publication des résultats trimestriels pour privilégier les semestriels »*.
Même si la SEC n'a toujours pas pris position, le débat reste ouvert.

même entreprise est passée en Europe de 8 ans à 8 mois ».

Certes la publication de résultats trimestriels peut présenter des avantages. Si un évènement vient perturber la bonne marche de l'entreprise, l'actionnaire sera plus rapidement informé et pourra réagir d'autant plus vite. Aux États-Unis, entre la publication de statistiques, des rapports de la Fed, des résultats trimestriels, semestriels et annuels des entreprises américaines, les marchés financiers américains sont constamment alimentés. La vie boursière est ainsi très animée.

Mais cette périodicité présente aussi des inconvénients. Pour certains financiers, la publication de résultats trimestriels pourrait entraîner des travers comportementaux. Certains dirigeants auraient alors tendance à favoriser des stratégies de court-terme au détriment de celles de long terme. Cela peut poser des problèmes en matière de politique d'investissements. C'est le cas par exemple quand une entreprise hésite à financer un important investissement ou à lancer un vaste programme en recherche et développement, qui risquent de pénaliser ses résultats sur plusieurs mois et provoquer dans la foulée une chute de son cours de bourse.

DES AG TRÈS PARISIENNES

Pour les grands groupes, les AG se déroulent la plupart du temps à Paris (sauf Michelin, qui tient les siennes à Clermont-Ferrand). Aussi, il n'est pas simple pour un petit porteur basé à Perpignan ou à Colmar de se déplacer à Paris pour quelques heures de débats où la plupart du temps, il ne se sent pas vraiment concerné.

L'ASSEMBLÉE GÉNÉRALE ORDINAIRE

Être actionnaire et donc propriétaire d'une partie du capital de l'entreprise, donne le droit de participer à l'assemblée générale (AG), de faire entendre sa voix, d'exprimer ses désaccords quitte à ne pas voter la confiance des dirigeants. En réalité, ce droit n'intéresse qu'un petit nombre d'actionnaires. Et pourtant c'est un moment fort et privilégié d'échange entre l'actionnaire et les dirigeants.

Ce sont la plupart du temps des actionnaires qui disposent d'un nombre important d'actions qui occupent le terrain et animent les AG. Il s'agit des gérants de fonds, des sociétés et des associations « activistes » de conseils aux investisseurs comme Proxinvest, l'APPAC (l'Association des petits porteurs actifs), l'ADAM (Association de défense des actionnaires minoritaires) ou l'APAI (Association pour la promotion de l'actionnariat individuel). Les assemblées peuvent déboucher sur des débats animés et parfois même tourner à l'affrontement.

En participant aux AG, ou en les suivant sur le site de l'entreprise (elles sont souvent retransmises en vidéo), il est possible d'apprendre beaucoup de choses sur son entreprise. Tout d'abord, les représentants de fonds activistes, d'association de défense des petits porteurs ou des gros actionnaires prennent souvent la parole et apportent des éléments de réflexion, des éléments de fond au cours de leur intervention. Il est aussi possible de se faire des contacts, voire d'échanger avec d'autres actionnaires ou avec un membre de la direction.

Voter par Internet

À défaut de se rendre à l'AG, il est possible de voter les différentes résolutions par

correspondance ou par Internet. Par correspondance, il faut cocher les réponses aux questions posées en utilisant un formulaire présent dans le courrier de convocation, qui doit être retourné au moins 3 jours avant l'AG. Par Internet, il est possible de voter jusqu'à 15 heures, la veille de l'AG. Pour cela, il faut s'identifier avec des codes fournis par l'entreprise. Ces codes sont obtenus en en faisant la demande à l'entreprise et plus particulièrement au service qui s'occupe des relations avec les actionnaires, et dont les coordonnées sont disponibles sur le site Internet de l'entreprise. Ils doivent être demandés au plus tard six jours avant l'AG.
Ainsi, une fois par an, dans les six mois qui suivent la clôture de l'exercice, une assemblée générale ordinaire est organisée par les sociétés. Elle doit permettre aux actionnaires d'approuver les comptes annuels et la gestion de l'entreprise, de renouveler leur confiance au dirigeant, d'approuver le versement d'un dividende par action proposé par la direction.
Pour pouvoir délibérer, il faut que les actionnaires présents ou représentés et ceux qui ont déjà voté par courrier ou par Internet, détiennent au moins le cinquième des actions ayant le droit de vote. Si ce quorum n'est pas atteint, une deuxième AG est programmée.
Les actionnaires qui ont acheté en leur nom des actions (ce sont des titres nominatifs « purs » – compte ouvert auprès de la société cotée – ou administrés – compte ouvert auprès d'un intermédiaire financier) sont prévenus par courrier de la tenue d'une assemblée générale. Ils reçoivent un livret qui précise l'ordre du jour de l'AG. Pour y assister, il suffit de se présenter à l'heure et à l'adresse précisées dans le courrier, muni d'une pièce d'identité.

Poser des questions à la direction

Il est tout à fait possible de demander à la société de gérer elle-même vos titres, ce qui vous dispense de payer les droits de garde ou des frais de gestions que va vous réclamer votre banquier ou votre conseiller en investissement financier. La société se charge de vous envoyer la convocation aux AG et de vous verser le dividende sur votre compte bancaire.
Pour les investisseurs qui possèdent des titres au porteur, détenus par des sociétés de gestion, ou des fonds de placement, la procédure est un peu plus compliquée. Pour participer à l'assemblée générale, l'actionnaire doit se procurer auprès de la société concernée une carte d'admission. Si vous n'avez pas reçu ou demandé à temps cette carte, il vous reste tout de même une solution de secours qui consiste à solliciter auprès de votre intermédiaire financier une attestation de détention des actions.
Au cours de l'assemblée générale, tout actionnaire peut intervenir et poser des questions à la direction. Mais si vous n'êtes pas à l'aise pour intervenir publiquement, vous pouvez écrire vos questions et les transmettre soit par mail via une adresse précisée dans le courrier accompagnant votre convocation, soit par courrier (accompagné d'une attestation de détention d'actions) à l'adresse du siège social, à l'attention du service qui

assure les relations avec les actionnaires, au plus tard 4 jours ouvrés avant la date de l'AG. La direction est alors tenue de répondre à ces questions le jour de l'AG.

LES ASSEMBLÉES GÉNÉRALES EXTRAORDINAIRES

Certaines décisions qui ne concernent pas le fonctionnement habituel de l'entreprise doivent être débattues et votées au cours d'une assemblée générale extraordinaire (AGE).
À la différence de l'assemblée générale ordinaire (AGO), cette réunion n'est pas annuelle, mais elle se tient ponctuellement quand il y a une résolution particulière à adopter comme une augmentation ou une réduction du capital social, une fusion avec une autre société, une modification du statut, une liquidation, un changement de localisation du siège social…
Quand il n'y a pas d'impératifs particuliers, l'entreprise essaie de programmer l'assemblée générale extraordinaire le même jour et dans la foulée de l'assemblée générale ordinaire pour éviter de convoquer à nouveau les actionnaires. Ceux-ci participent alors à une assemblée générale mixte.
Sauf en cas d'extrême urgence, les actionnaires doivent être convoqués à une AGE au moins 2 semaines à l'avance, par courrier recommandé, précisant notamment l'ordre du jour. Tout comme pour une AGO, il est possible de voter par procuration.

Suivre et vivre les débats

Comme les sujets abordés sont souvent importants et structurants pour l'entreprise, les règles de vote sont plus contraignantes. Ainsi, les actionnaires présents ou représentés doivent détenir au minimum 25 % des droits de vote pour que l'AGE puisse prendre des décisions. Si une deuxième convocation s'avère nécessaire, le quorum minimal à atteindre est abaissé à 20 % des droits de vote. Enfin, pour être adoptée, toute résolution débattue doit être approuvée à la majorité des deux tiers des voix présentes et représentées.
Dans ce contexte, un actionnaire présent à l'AGE peut s'opposer à toute décision débattue en AGE s'il dispose d'au moins un tiers des droits de vote.
En tant qu'actionnaire, il est d'abord important de suivre de près l'avant AG en lisant les documents transmis dans le cadre de cet évènement comme le rapport annuel, l'ordre du jour de l'AG et les textes des projets de résolution mises au vote, puis de participer au vote par correspondance si vous n'avez pas la possibilité de vous déplacer.
Pour les actionnaires individuels qui ont la possibilité de participer à l'AGO et/ou à l'AGE, ils seront aux premières loges pour vivre les débats, identifier les sujets sensibles, observer les positions prises par la direction et pour valider ou non des décisions, des opérations financières qui pourront faire réagir les marchés et impacter le cours de l'action en Bourse. ■

Le travail des agences de conseil de vote

Apparues aux États-Unis dans les années 80, des agences de conseil de vote ont proposé leurs services notamment aux investisseurs particuliers et institutionnels (banques, sociétés d'investissement...) qui n'avaient généralement pas le temps de bien se préparer pour faire valoir leurs intérêts au cours des assemblées générales.
Ces agences se sont assez rapidement développées, car elles étaient en mesure, grâce à une analyse approfondie des résolutions présentées aux assemblées générales, de proposer des conseils de vote ou des recommandations dans l'intérêt de leurs clients investisseurs.
En France, c'est la société Proxinvest qui a ouvert la voie comme agence de conseil militante, au milieu des années 90. À la différence de certaines de ses consœurs américaines qui offrent aussi des services de conseils aux entreprises, Proxinvest a décidé, pour garantir son indépendance, de ne travailler qu'avec des investisseurs particuliers et institutionnels. L'équipe de Proxinvest, actionnaire de près de 500 sociétés cotées françaises, suit environ 330 assemblées générales chaque année, participant activement aux décisions de vote au cours de ces AG.
Le cabinet belge Deminor a également commencé ses activités de conseil de vote en France dans les années 90, avant de céder cette activité au groupe ISS (Institutional Shareholder Services) en 2005. Depuis, la concurrence s'est développée, la plupart des agences de conseils de vote étant des implantations, en France, d'agences américaines comme RiskMetrics, Glass Lewis ou PIRC et anglaise comme Minerva Analytics.
Des associations militantes de défenses des petits porteurs ou des actionnaires minoritaires comme l'ADAM (Association de défense des actionnaires minoritaires), APAI (Association pour la promotion de l'actionnariat individuel), APPAC (Association des petits porteurs actifs) et SOS petits Porteurs n'hésitent pas non plus à monter au créneau, en AG, pour défendre les intérêts de leurs adhérents.
Le pouvoir croissant de ces agences en conseil de vote, devenues incontournables dans les débats, et dont le poids de leurs recommandations appelées « proxys » influence de plus en plus les débats inquiète semble-t-il, les autorités de régulation. L'AMF et L'ESMA ont multiplié les interventions pour demander à ces agences de faire preuve d'une plus grande transparence tant au niveau de leur méthodologie de travail que face aux risques de possibles conflits d'intérêt.
Ce qui peut être le cas, par exemple, quand l'agence de conseil de vote exerce aussi une activité de notation des émetteurs d'obligations. Des notations qui, si elles sont sollicitées, sont payantes. L'agence peut donc être amenée à produire des conseils de vote vis-à-vis d'une société avec laquelle elle a eu des relations commerciales.
Pour ne pas perdre leur crédibilité, certaines agences ont mis en place un code de bonne conduite et créé un comité de supervision.

●●●

Aux États-Unis, le gendarme de la Bourse américaine, face à l'inquiétude des grands groupes cotés, a mis la pression sur ces agences de conseil. Selon la SEC, *« la démarche qui consiste à fournir des conseils de vote est un acte fort qui doit être régi par des règles anti-fraude strictes, avec à la clef le droit pour les entreprises d'engager des poursuites judiciaires en cas d'erreurs factuelles ou d'omissions dans les conseils prodigués »*.

LES GRANDES OPÉRATIONS FINANCIÈRES

Différentes opérations marquent la vie des entreprises et impactent sensiblement leurs performances boursières. Il est important que l'investisseur connaisse le fonctionnement de ces opérations pour faire les bons choix au bon moment.

L'INTRODUCTION EN BOURSE

Il ne faut pas croire qu'en investissant dans une introduction en Bourse, c'est le jackpot assuré. Une introduction en Bourse peut certes créer l'opportunité d'investir dans une « pépite » qui va connaître un parcours boursier exceptionnel. Mais cela ne veut pas dire pour autant que toutes les introductions en Bourse sonnent comme des succès, assurant rapidement à ceux qui ont souscrit à ces opérations de substantielles plus-values. Ainsi, ce 18 mai 2012, Facebook fait son entrée en fanfare à New York sur le Nasdaq. Tout semble réuni pour que le cours de l'action du géant mondial des réseaux sociaux s'envole, dès la première cotation. Et pourtant, rien ne se passe comme prévu. Introduit à 38 dollars, le titre affiche deux semaines plus tard, le 7 juin 2012, une chute de 31 % de son cours. Et la traversée du désert va durer jusqu'à fin août 2013, où le titre retrouve enfin son prix d'introduction. Après cela, l'action va trouver son rythme de croisière et offrir à ses actionnaires d'excellentes performances boursières. Elle dépassera la barre des 100 dollars le 20 octobre 2015 et celle des 200 dollars le 22 juin 2018.

La souscription à une introduction en Bourse peut s'avérer plus problématique que d'acheter un titre déjà coté et dont le parcours boursier est visible, connu, analysé depuis plusieurs années. Un titre déjà coté est en effet un peu plus « prévisible » dans son évolution boursière, par le fait que ses dirigeants communiquent régulièrement et depuis un certain temps sur leurs comptes, sur leur stratégie de développement. L'entreprise est suivie, étudiée par la communauté financière, les analystes fournissent des rapports d'études.

Choisir d'acheter des titres d'une entreprise qui entre en Bourse, c'est accepter de parier sur son avenir, sans avoir beaucoup de cartes en main, même si son activité est connue et son nom reconnu. Car il n'y a aucune antériorité dans l'étude détaillée des comptes via la publication de rapports annuels et financiers. C'est prendre un risque mais qui peut s'avérer très payant, si par prudence, la communauté financière a sous-estimé le capital de croissance de cette entreprise et donc son parcours boursier. Le titre peut alors faire un bond dans les semaines ou mois qui suivent son entrée en Bourse.

LA DISTRIBUTION D'ACTIONS « GRATUITES »

L'entreprise cotée en Bourse peut décider d'attribuer à ses actionnaires un certain nombre d'actions gratuites en proportion de celles qu'elle détient apparemment déjà. Par exemple, vous recevrez une nouvelle action pour cinq actions détenues. Dans ce cas, de nouvelles actions sont émises.

Certains groupes comme Air Liquide, un des leaders mondiaux de la production de gaz industriels et médicaux ou Interparfums, spécialiste de la création, de la fabrication et de la commercialisation de parfums, recourent régulièrement à la distribution gratuite d'actions nouvelles.

Mais il faut être réaliste. Si l'entreprise décide de mener une telle opération, elle le ferait apparemment pour récompenser ses actionnaires pour leur fidélité, mais en réalité, cette opération n'a rien d'un cadeau et n'offrira aucun « plus » financier à l'actionnaire, si cette distribution d'actions gratuites se fait par la création d'actions nouvelles.

Ces actions nouvelles vont être obtenues, la plupart du temps, par l'incorporation des réserves dans le capital apporté. Une opération neutre sur le plan comptable, car elle est sans aucune influence sur le montant des capitaux propres. L'entreprise n'est pas plus riche, elle sera seulement mieux capitalisée, avec un nombre d'actions plus important. Aussi l'actionnaire aura certes plus d'actions, mais celles-ci vont enregistrer une baisse de leur cours en proportion du nombre d'actions nouvellement créées.

EXEMPLE L'entreprise Marine SA décide de verser des actions gratuites à ses actionnaires selon une parité 1 action gratuite pour 4 actions détenues. Cette distribution est menée grâce à l'émission d'actions nouvelles financées à partir de l'intégration des réserves dans le capital apporté. L'actionnaire détient avant l'opération 200 actions cotées 20 € pour un montant global de 4 000 €. Grâce à la distribution d'actions nouvelles, il va posséder 250 actions mais le cours de l'action va mécaniquement baisser à 16 € (car l'entreprise affiche le même niveau de « richesse »), son portefeuille s'élève également à 4 000 € (250 x 16 €).

De plus, le choix d'intégrer les réserves au capital, c'est également le choix de ne pas utiliser ces réserves pour verser à ses actionnaires un super-dividende. Pour que l'opération soit un vrai « plus » pour l'actionnaire et que les actions soient réellement gratuites, il faudrait que l'entreprise cède aux actionnaires des actions qu'elle a elle-même acquises

sur le marché ou qu'elle détient dans le cadre de son auto-contrôle. Ce qui est très rarement le cas.
Pour autant, l'attribution d'actions « gratuites » issues de la création d'actions nouvelles n'est pas totalement inutile pour l'actionnaire. Tout d'abord, quand une entreprise choisit de renforcer sa capitalisation (ses « fondations » en quelque sorte), c'est plutôt un message de confiance, quant à sa solidité financière, qu'elle diffuse aux investisseurs. Ensuite, ce type d'opération ne peut que favoriser la liquidité de ses titres. Enfin, qui dit actions en plus, dit actions supplémentaires qui donneront droit à un futur versement de dividende.

LES AUGMENTATIONS DE CAPITAL

Une opération d'augmentation de capital ne suscite pas toujours l'enthousiasme des investisseurs. Et pour cause, l'actionnaire recherche avant tout une action qui, à la fois, enregistrera de bonnes performances boursières et offrira le versement d'un dividende confortable. Or le montant du dividende versé à l'actionnaire dépend du nombre d'actions en circulation. En effet, si l'entreprise décide en AG de verser un dividende, elle va tout d'abord déterminer son montant global, qu'elle va ensuite diviser par le nombre d'actions existantes et ainsi accorder aux investisseurs un bénéfice par action. En augmentant son capital, l'entreprise augmente le nombre de ses actions en circulation, ce qui réduit mécaniquement le montant du dividende par action. Finalement, une augmentation de capital a toutes les chances de réduire la rentabilité d'une action. On dit alors qu'elle a un effet « dilutif ».
De plus, quand une direction envisage une augmentation de capital, il est important d'analyser les raisons qui conduisent les dirigeants à vouloir procéder à une telle opération.
Si l'entreprise espère ainsi réduire un niveau d'endettement trop élevé ou combler un manque de trésorerie pour assurer son bon fonctionnement, l'actionnaire a toutes les raisons de s'inquiéter. Et dans ce cas, il n'a pas intérêt à souscrire à l'opération et peut même songer à vendre ses titres.
Si l'entreprise désire récolter de l'argent frais pour assurer son développement en finançant une nouvelle technologie, en lançant une autre activité, en réalisant une acquisition, cette opération peut tout à fait se justifier. Elle peut même se révéler intéressante pour les actionnaires, si la croissance des bénéfices est au rendez-vous. Toute la question sera de savoir si les futurs investissements porteront assez rapidement leurs fruits.
Enfin, il est important de consulter la note d'information sur l'opération rédigée par l'entreprise qui indique les raisons et les facteurs techniques de l'augmentation du capital comme le nombre de droits préférentiels de souscription (DPS) pour obtenir une action nouvelle, le prix d'achat de l'action nouvelle, le prix théorique du DPS...

Les étapes d'une augmentation de capital

Une fois l'opération validée par l'assemblée générale extraordinaire des actionnaires, l'entreprise décide la plupart du temps d'attribuer aux actionnaires un droit préférentiel de souscription (DPS) aux actions nouvelles. Ce droit est associé à chaque action « ancienne » et il permet aux actionnaires qui vont exercer la totalité de leurs droits de maintenir leur « poids » dans le capital de la société.
Ainsi, si l'augmentation de capital se traduit par une augmentation de 25 % du nombre d'actions en circulation, l'entreprise proposera à ses actionnaires d'acheter une action nouvelle pour quatre actions détenues dans son portefeuille (soit quatre DPS pour une action nouvelle). Pour mettre toutes les chances de son côté et favoriser l'attractivité de l'opération, l'entreprise propose souvent un prix d'acquisition de l'action nouvelle inférieur au cours actuel de l'action détenue en portefeuille.
Si le nombre d'actions que détient l'actionnaire n'est pas un multiple parfait dans les conditions de l'opération, comme un multiple de quatre dans notre exemple, les DPS qui viennent en surplus du multiple forment ce qu'on appelle les «rompus».
Dans ce cas, plusieurs choix s'offrent à l'investisseur. Tout d'abord il décide de ne pas participer à l'opération. Il vend alors ses DPS qui sont cotés durant toute l'opération. Le montant qu'il perçoit doit venir compenser, dans un premier temps, la baisse anticipée du bénéfice par action du fait de l'augmentation du nombre d'actions en circulation.
Ensuite, il peut décider de souscrire à l'opération et de revendre les DPS qui constituent les rompus, soit enfin d'acheter le nombre de DPS nécessaires pour lui permettre avec les rompus d'acquérir une action supplémentaire.

Négocier les frais de transaction des DPS. Un petit conseil, avant de vendre ses rompus ou d'acheter des DPS, il est important de vérifier que son intermédiaire financier ne prend pas des frais sur ce type de transactions et si c'est le cas, que ceux-ci sont réduits (quitte à négocier), compte tenu des petits montants mis en jeu.

EXEMPLE L'action Marine SA, dans le cadre de son opération d'augmentation de capital, propose d'acheter une action nouvelle pour quatre DPS détenus. Le prix d'acquisition de l'action nouvelle est de 62 €, alors que le cours de l'action en bourse est à 80 €. Comme l'utilisation du DPS permet de souscrire à une action à un prix préférentiel, le DPS a une valeur dont le montant est calculé de la façon suivante dans notre exemple : cours de l'action ancienne (80 €) - prix d'achat de l'action nouvelle (62 €) / nombre de DPS pour acquérir l'action nouvelle (4). Soit (80 - 62) /4 = 4,5 €. Notre investisseur Monsieur Martin détient 90 actions, il obtient alors 90 DPS. Il souhaite souscrire à l'opération. Comme le rapport est de 4 DPS pour 1 nouvelle action, ces 90 DPS lui permettent d'acquérir 22 actions nouvelles à 62 € chacune et il lui reste 2 rom-

pus. Soit il décide de vendre ses deux rompus au prix de la cotation, soit il décide d'acheter 2 DPS pour ainsi avoir 4 DPS avec lesquels il va acheter une action supplémentaire.
S'il décide de souscrire à 22 actions, il devra régler 1364 € (22x62 €) et il percevra 9 € pour les rompus revendus, montant auquel il faudra soustraire de possibles frais sur la revente des 2 DPS.
S'il décide d'acquérir 23 actions nouvelles, il devra régler l'achat de 2 DPS, soit 9 € (montant auquel il faudra rajouter de possibles frais pour l'achat des DPS) et des actions nouvelles à 62 €, soit un total de 1435 € (1426 €+9 €) hors frais.

Parfois, l'entreprise ne crée pas de DPS, elle donne une priorité d'achat à ses actionnaires pendant une durée assez courte, avant que l'opération ne soit ouverte à tous les investisseurs. Le prix d'achat des actions nouvelles est alors soumis à une règle de prix minimum. Il correspond à la moyenne (pondérée par les volumes de transactions) des cours des trois séances boursières précédant l'opération. À cette valeur moyenne des cours, l'entreprise peut accorder une décote maximale de 5 %.

LE VERSEMENT D'UN DIVIDENDE

Un actionnaire heureux, c'est un actionnaire détenteur d'actions dont le cours de bourse monte et qui délivrent un régulier et généreux dividende.
C'est la raison pour laquelle la plupart des grands groupes cotés poursuit des stratégies financières qui visent à verser un montant de dividende par action relativement stable, même si les résultats publiés peuvent être variables dans le temps.
Comment y parvenir ? c'est très simple, les entreprises vont jouer les fourmis. Durant les périodes fastes, elles vont placer en réserve une partie de leurs bénéfices. Des bénéfices qui auraient pu être versés immédiatement sous forme de dividendes. Pendant les périodes plus sombres de baisse des bénéfices, voire de déficit, elles vont pouvoir puiser dans la réserve pour assurer la continuité du versement du dividende. Bien évidemment, une telle situation n'est gérable que si la baisse des résultats demeure temporaire sur un exercice ou deux.
Pour être considéré comme actionnaire et bénéficier du dividende, l'investisseur doit posséder l'action la veille de la date de versement du dividende. Cette date est précisée dans le communiqué des résultats annuels de la société, sur l'avis de convocation à l'assemblée générale ordinaire qui précise l'ordre du jour avec les différentes résolutions discutées ou dans les publications papier ou Internet de la presse spécialisée.

Un dividende majoré d'une prime de fidélité

Certaines firmes cotées ont décidé de récompenser la constance de leurs actionnaires en leur versant une prime majorant le montant de leur dividende. Elles cherchent ainsi à préserver une certaine stabilité de leur capital parmi les petits actionnaires. Car cette prime est bien souvent réservée à tout actionnaire ne possédant pas plus de 0,5 % du capital de l'entreprise. Ainsi, dès que l'investisseur souffle ses deux bougies d'ancienneté comme actionnaire, des groupes comme L'Oréal, Air Liquide, EDF, Engie et Seb vont lui offrir une prime de fidélité, en majorant de 10 % le montant du dividende versé au cours de la troisième année de détention. Pour Sodexo, l'actionnaire doit se montrer encore plus fidèle et attendre quatre ans avant de profiter de cette majoration.

Le dividende prioritaire

Ces actions à dividende prioritaire (ADP) permettent aux actionnaires qui les détiennent d'obtenir un super dividende (la majoration minimale est de 7,5 %, mais dans la pratique, elle monte parfois à plus de 30 % !) en contrepartie, elle n'offre pas de droit de vote. Légalement, une société peut détenir jusqu'à 25 % de son capital en ADP. Ceux-ci permettent ainsi à un actionnaire minoritaire en nombre d'actions, d'être majoritaire en termes de droits de vote. C'est la raison pour laquelle, certaines entreprises, avant tout des groupes familiaux comme Legrand ou Casino, ont proposé à une époque des actions à dividendes prioritaires (ADP). Elles limitaient aussi les risques que la société soit la cible d'une OPA.

PROCÉDURE À RESPECTER
La mise en place d'un dividende majoré est un processus encadré par la loi. Elle nécessite de modifier les statuts de l'entreprise et doit donc être votée en assemblée générale extraordinaire.

Sauf que les investisseurs apprécient les sociétés opéables, car au cours d'une OPA le cours de l'action a tendance à flamber. De plus, même s'ils ne sont pas toujours actifs, les investisseurs sont attachés au droit de vote. Enfin, ils se détournent des sociétés qui n'assurent pas l'égalité de traitement à tous leurs actionnaires.

Au final, ces actions n'ont pas eu le succès escompté et désormais très peu d'entreprises ont recours aux ADP.

LES OPA ET OPE

Tout au long de sa vie boursière, la société doit, et c'est le cours normal de son développement, poursuivre la croissance de son activité. Certes, avec des périodes fastes et des périodes d'austérité.

Mais ce qui permet d'assurer la pérennité d'une entreprise, c'est qu'elle puisse afficher des résultats en progression sur une longue période. Comment ? En misant sur sa capacité à poursuivre une stratégie de croissance interne. Elle aura ainsi conquis de nouveaux marchés dans son pays ou à l'étranger. Elle aura élargi sa palette d'activités et aura embauché plus de salariés pour accompagner la hausse de son activité. Elle pourra aussi choisir, à un moment ou à un autre, de privilégier la croissance externe en rachetant une autre entreprise, concurrente ou non, afin de mettre la main plus rapidement sur de nouveaux marchés ou de nouvelles compétences. Si les deux entreprises sont cotées, l'opération de rachat se fera par le biais d'une OPA (offre publique d'achat) ou d'une OPE (offre publique d'échange).

De belles plus-values en perspective

C'est l'intermédiaire financier de l'investisseur qui l'informera que des titres qu'il détient en portefeuille font l'objet d'une OPA ou d'une OPE. L'actionnaire a dans ce cas tout intérêt à se procurer la note d'information visée par l'AMF et que lui a fournie la société initiatrice de l'opération. Il peut la trouver notamment sur le site Internet de l'AMF qui la met à disposition du grand public. Il pourra ainsi connaître les raisons qui poussent l'initiateur à lancer une OPA ou une OPE, la façon dont il compte financer l'opération, les conséquences sociales et sur les résultats. Il pourra apprécier les caractéristiques techniques de l'offre, le prix proposé (OPA) ou les conditions d'échange (OPE), le pourcentage de capital ou de droits de vote que la société émettrice souhaite atteindre pour que l'opération soit validée. À noter que cette contrainte n'est pas exigée dans le cas d'une OPA volontaire ou déclarée dont nous verrons un peu plus loin les caractéristiques.

Dans tous les cas, la loi est sans ambiguïté. Si à l'issue de l'opération, l'initiateur de l'offre récolte moins de la moitié du capital ou des droits de vote, l'opération est annulée. Il doit redonner la totalité des titres aux actionnaires de la société cible qui lui avaient cédé leurs actions.

Le législateur part du principe que si l'opération n'a pas été un succès, c'est que le prix n'était pas assez attrayant. Il veut donc éviter que des entreprises acquièrent à bon prix une partie du capital d'une entreprise à la suite d'une OPA avortée.

Une question de générosité. Prendre le contrôle d'une société cible cotée est une opération difficile à mettre en œuvre et le succès n'est pas acquis d'avance. Tout d'abord, la société acheteuse doit se montrer suffisamment généreuse pour inciter la très grande majorité des actionnaires de la société visée à apporter leurs titres durant l'OPA. Des titres qu'elle s'engage à acquérir à un prix fixé, durant une période déterminée.

Dans le cadre d'une OPE, la société initiatrice de l'opération doit en plus convaincre les actionnaires de l'entreprise achetée, que cette opération sera stratégiquement intéressante et que la nouvelle entreprise, fruit de la fusion, sera encore plus performante, offrira un excellent parcours boursier et versera des dividendes. Car ce n'est pas de l'argent qui sera versée aux actionnaires. Ils recevront des titres de la société qui lance l'OPE.

Parfois, l'offre est mixte, combinant une dose d'OPA et une dose d'OPE. Les actionnaires de la société cible percevront à la fois des espèces et des titres de la société acheteuse selon des modalités définies avant le déclenchement de l'opération. Enfin, dans le cas d'une offre alternative, l'initiateur offre le choix à l'actionnaire de la société visée de recevoir, en échange de ses titres, un règlement en espèces, en titres ou les deux.

PRIX DE RACHAT DES TITRES

Pour mettre toutes les chances de son côté, la société acheteuse doit proposer un prix de rachat des titres qui soit nettement supérieur au cours affiché par la société visée durant les dernières séances précédant l'offre.

Bataille boursière et contre-OPA

C'est d'autant plus vrai quand une OPA est à son tour « victime » d'une contre-OPA lancée par un concurrent du secteur qui voit d'un mauvais œil ce rapprochement. Parfois c'est l'entreprise visée, estimant l'offre insuffisante ou l'avantage stratégique inexistant, qui incite une autre société, « un chevalier blanc » à se jeter dans la bataille pour contrecarrer les plans de son premier assaillant.

Le lancement d'une contre-OPA annule les conditions de l'OPA. Ainsi, même si vous avez apporté vos titres à la première offre, vous ne serez pas désavantagé, puisque l'opération sera annulée, et vous pourrez ainsi profiter d'une contre-offre plus généreuse.

Dans une contre-OPA, ce sont les dirigeants de la troisième société qui incitent les actionnaires de la société cible à leur apporter leurs titres plutôt que de les vendre à la société ayant lancé l'OPA. Pour obtenir leur consentement, ils doivent offrir un prix de rachat des titres qui soit plus élevé que celui proposé initialement par la première société initiatrice. Ainsi, les prix montent et ils peuvent encore monter, si la première société lance à son tour une contre-contre – OPA... Nous sommes alors en pleine bataille boursière et les actionnaires de la société cible attendront les résultats de cette bataille afin de vendre leurs titres au plus offrant.

Hostile ou amicale. Si dans ce type d'opération, les actionnaires de la société cible observent le champ de bataille en se frottant les mains, la réaction n'est pas la même dans le camp des actionnaires de la société initiatrice de l'OPA ou de la contre-OPA. Ils redoutent que leur société paie, au final, très cher cette acquisition et qu'il faille attendre de longues années avant que l'opération ne soit relutive, c'est-à-dire qu'elle affiche un bénéfice par action en hausse. Avec à la clef un cours de bourse en berne durant toute cette période. C'est la raison pour laquelle, la plupart du temps à l'annonce d'une OPA le cours de l'action de la société cible grimpe alors que celui de la société initiatrice se replie.

De leur côté, les dirigeants de la société cible ne sont pas systématiquement favorables pour qu'il y ait rapprochement, puis fusion avec un autre groupe. Ils savent qu'ils perdront en autonomie. Ils peuvent craindre de perdre leur poste une fois l'ensemble fusionné. Ils peuvent enfin estimer que le prix de rachat des titres est insuffisant (un élément qui est d'autant plus important, si les dirigeants sont eux-mêmes actionnaires de l'entreprise). Aussi, pour accepter une telle opération, les dirigeants de la société cible doivent soit avoir l'assurance que la création du nouvel ensemble leur offrira de nouvelles perspectives, soit qu'ils quitteront l'entreprise avec de substantielles indemnités et l'activation de stock-options très rémunératrices.

Aussi, si l'OPA ou l'OPE est menée en accord avec la direction de l'entreprise cible, l'offre est qualifiée d'amicale ou de sollicitée, sinon elle est considérée comme hostile, « unsollicited » en anglais.

Le seuil de 30 %. La loi française oblige tout actionnaire qui a franchi le seuil de 30 % de détention du capital ou des droits de vote d'une entreprise cotée

sur Euronext Paris (ou s'il détient déjà entre 30 et 50 % du capital et qu'il augmente sa participation de 1 % en moins d'un an) à déclencher une OPA ou OPE qualifiée d'obligatoire. Dans ce cas, le prix de l'action proposé par l'actionnaire initiateur doit être au moins égal au cours le plus élevé payé lors de sa montée dans le capital, durant les douze derniers mois.
Sur Euronext Growth, qui accueille des PME, le seuil déclencheur de l'offre obligatoire a été repoussé à 50 % du capital ou des droits de vote.
Les actionnaires doivent, en outre, déclarer à l'AMF et à la société concernée leurs intentions pour les six mois à venir, dès qu'ils franchissent les seuils de 10 %, 15 %, 20 %, 25 %, 30 %, en matière de détention du capital ou des droits de vote.
Ces obligations permettent ainsi aux directions et aux actionnaires de pouvoir identifier et de surveiller ces mouvements de capitaux qui peuvent déboucher sur une OPA. Elles cherchent aussi à protéger les intérêts des actionnaires minoritaires afin qu'ils ne se retrouvent pas « otages » d'un fait accompli.

Les différentes étapes d'une OPA/OPE

Une offre publique d'achat ou d'échange est une procédure importante, structurante pour les entreprises concernées et leurs actionnaires. C'est pour cela qu'elle

Quel est le profil d'une société opéable ?

Il faut tout d'abord regarder la constitution du capital de la société, ce qui est assez simple à obtenir en surfant sur le site de l'entreprise ou sur celui d'un courtier en ligne. Plus l'actionnariat de l'entreprise sera dispersé et plus la société sera opéable. Cela signifie qu'il est plus facile de convaincre une myriade de petits d'actionnaires et d'investisseurs individuels, qu'un actionnaire détenant le contrôle de l'entreprise.
Ensuite, les entreprises sous-valorisées qui offrent un prix de l'action jugée modeste par la communauté financière peuvent être la cible d'un concurrent qui peut ainsi mener une stratégie de croissance externe à moindre coût.
Enfin et surtout, Il faut aussi que la firme ait un profil économique et commercial qui la rende attractive pour des concurrents ou des partenaires commerciaux (si la société visée est un fournisseur ou un client).
C'est le cas notamment, quand la société est positionnée à la troisième ou à la quatrième place dans son secteur d'activités. Elle peut intéresser un groupe plus puissant qui espère ainsi s'imposer comme le premier acteur du secteur.
Si elle développe une technologie innovante qui lui permet de dominer une niche dans un secteur, elle peut devenir la cible d'une société désireuse d'acquérir cette technologie pour la développer et anticiper une croissance de ses résultats.

Les différentes étapes d'une OPA/OPE

La société visée peut déposer auprès de l'AMF son propre projet de note d'information en réponse à l'offre.

L'AMF saisie et le public informé
La note d'information de l'initiateur est publiée sur le site de l'AMF

La société visée peut publier un communiqué pour donner son avis sur l'offre.

L'AMF examine l'offre
Délai de 10 jours de Bourse pour examiner le projet et apprécier sa conformité. L'AMF peut suspendre ce délai pour obtenir des informations complémentaires.

La société cible doit mettre à disposition et actualiser les informations financières la concernant.

L'AMF autorise l'ouverture de l'offre
Lorsque l'initiateur détient :
- Moins de 50 % du capital de la société cible ou des droits de vote : l'offre est ouverte pendant 25 jours de bourse (35 jours si OPA hostile). Une contre-OPA peut être déposée à l'AMF jusqu'à 5 jours avant la date de clôture de l'offre .
- Plus de 50 % : l'offre d'OPA ouverte pendant 10 jours (15 jours pour une OPE).

Les actionnaires de la société cible apportent ou non leurs titres à l'OPA/OPE

Si les titres apportés à l'offre représentent au moins 90 % du capital ou des droits de vote, l'actionnaire majoritaire peut décider un retrait obligatoire sur ces titres.

Validation de l'opération

Source : Marc Michaux

est suivie de près par l'AMF qui s'assure que les règles de procédures sont respectées, que l'information délivrée aux actionnaires soit transparente et juste et que les droits des actionnaires minoritaires et individuels n'ont pas été contournés.
Si l'AMF considère que l'opération risque de s'éterniser avec des contre-OPA qui succèdent à d'autres contre-OPA, le gendarme de la Bourse peut fixer une date butoir au cours de laquelle chaque société initiatrice lui indiquera sa position définitive. Celle qui proposera la meilleure offre restera seule en lice pour mener l'opération jusqu'à son terme.
Aussi, mener une OPA n'est pas une chose simple à réaliser. Elle doit respecter une règlementation stricte et suivre une procédure surveillée de très près par l'AMF et par les instances européennes

L'initiateur de l'OPA/OPE dépose auprès de l'AMF un projet de note d'information,

↓

L'initiateur publie un communiqué de presse sur son projet

A la veille de l'ouverture de l'offre, la société initiatrice doit mettre à disposition du grand public des données comptables et financières précises.

Annulation de l'opération
L'initiateur n'atteint pas ses objectifs en terme de part du capital détenu ou droits de vote (OPA/OPE) ou a moins de 50 % du capital (offre volontaire).

de la concurrence, si cette fusion vient à modifier le paysage de la concurrence en Europe. Elle est souvent coûteuse, voire très coûteuse en cas de contre-OPA. Le succès de l'opération financière n'est pas garanti, sans parler ensuite de la réorganisation sociale et salariale qu'il faudra mettre en place pour assurer le bon déroulement de la fusion entre les deux sociétés.

C'est la raison pour laquelle, ce type d'opération est assez rarement entrepris. Aussi, mieux vaut ne pas escompter sur ce type d'opération pour espérer réussir en Bourse. Il faut plus considérer cela comme un coup de chance, si un jour, un de vos titres en portefeuille flambe parce que votre entreprise est la cible d'une OPA.

Le retrait obligatoire (RO)

Si à l'issue d'une OPA ou d'une OPE, les titres apportés à l'offre représentent au moins 90 % du capital ou des droits de vote, l'actionnaire majoritaire peut mettre en œuvre un retrait obligatoire sur les titres non présentés. Il oblige ainsi les actionnaires minoritaires à lui apporter leurs actions selon un prix fixé et considéré comme juste. Un expert indépendant est d'ailleurs missionné afin d'attester de l'équité de l'opération.

LE RACHAT D'ACTIONS

Pratiquée de longue date dans les pays anglo-saxons, cette opération, qui permet à une entreprise cotée de racheter sur le marché ses propres actions, n'a été autorisée en France que depuis 1998. Pour être menée, elle doit être approuvée par l'assemblée générale des actionnaires et recevoir l'aval de l'AMF.
Si le programme de rachat d'actions porte sur plus de 10 % du capital, la société doit alors lancer une offre publique de rachat d'actions (OPRA). Elle doit fournir un projet de note d'information à l'AMF qui va étudier les conditions de l'opération avant de

valider le programme. L'entreprise propose alors à ses actionnaires de racheter leurs actions à un prix fixé, supérieur à son cours de Bourse, sur une période donnée. C'est parfois l'occasion pour un actionnaire minoritaire de sortir à bon compte du capital de la société.

Le « rachat-annulation », un vrai cadeau pour l'actionnaire

Il y a deux catégories de rachat d'actions. Tout d'abord, celle qui consiste pour la société à acquérir ses propres actions afin de les annuler définitivement, réduisant ainsi le montant de son capital social. Cette opération est particulièrement appréciée et appréciable pour les actionnaires. En effet, le nombre d'actions en circulation va diminuer, ce qui va mécaniquement impacter à la hausse le bénéfice net par action. Et si les résultats de l'entreprise correspondent aux attentes, l'actionnaire profitera du versement d'un dividende par action plus important que si l'opération de rachat n'avait pas eu lieu. Et cet effet positif va se perpétuer dans le temps, à la différence par exemple du versement d'un super dividende uniquement sur une année. Résultat, cette opération entraîne souvent une hausse du cours de l'action. Enfin, cerise sur le gâteau pour les actionnaires de référence, cette opération renforce leurs positions dans le capital de l'entreprise. Ce qui peut être aussi un moyen de réduire les risques d'être la cible d'une OPA. Le « rachat pour annulation » est une option privilégiée par des entreprises qui détiennent beaucoup de liquidités, n'ont pas besoin dans l'immédiat d'investir massivement et désirent faire plaisir à leurs actionnaires de référence.

Le rachat avec réutilisation des actions

Ensuite, la société peut racheter ses actions non pas pour les annuler mais pour les « réutiliser ». Le montant du capital social n'est pas modifié, le nombre d'actions en circulation diminue mais pour un temps limité, le temps que la société réaffecte ses titres stockés temporairement. Ces actions sont enregistrées à l'actif du bilan comme des titres d'auto-contrôle.
Ainsi, elle peut décider d'améliorer la participation de ses salariés et de ses dirigeants aux résultats de l'entreprise en leur proposant des actions ou des stock-options. Dans ce cas, l'entreprise modifie la répartition de son capital en augmentant le poids de l'actionnariat salarié, qui est souvent un actionnariat assez stable.
Ces titres peuvent également lui servir de monnaie d'échange, dans le cas où elle envisage de lancer une OPE sur une autre entreprise cotée, ou tout simplement monter dans le capital d'une société stratégiquement intéressante.

COMMENT LES ENTREPRISES DISPARAISSENT DE LA COTE

Des raisons règlementaires ou stratégiques peuvent inciter une entreprise à ne plus pouvoir ou vouloir être cotée en Bourse.

C'est le cas le plus extrême. L'entreprise qui ne peut plus faire face à ses engagements financiers et fait faillite. Cette situation est prévisible car le retrait de la cote a lieu après une chute inexorable du cours de Bourse de l'action, selon les cas, sur plusieurs jours, semaines ou mois.

C'est un cas devenu assez rare. L'entreprise est nationalisée.

Pourtant, des vagues de nationalisations ont touché le Royaume-Uni et la France, respectivement dans les années 70 et 80. Ainsi, en Grande-Bretagne, des groupes comme British Aerospace et Rolls-Royce ont été nationalisés. Le gouvernement français va, en 1982, nationaliser de grands groupes industriels (Saint-Gobain, Pechiney…) et des banques (Crédit lyonnais, Société générale…). De nos jours, une nationalisation pourrait subvenir, si une entreprise cotée, positionnée dans un secteur stratégique, était en grande difficulté ou risquait de tomber entre les mains d'un actionnaire étranger. L'État prendrait alors sa casquette d'actionnaire en décidant de sauver cette entreprise. Il injecterait des liquidités pour la redresser tout en devenant l'unique actionnaire. Une fois redressée, l'entreprise pourrait de nouveau être privatisée.

C'est un cas justifié par des motivations stratégiques. Les actionnaires souhaitent sortir de la cote pour suivre la doctrine « pour vivre heureux vivons caché ». À l'issue d'une OPA réussie, les actionnaires majoritaires de l'entreprise décident d'acquérir la totalité du capital de la société cible, en faisant jouer leur

Comment vos titres sont-ils garantis ?

Votre intermédiaire financier est aussi celui qui conserve vos titres. En cas de situation critique de ce dernier, d'attaque informatique ou pour toute autre raison, il peut arriver que votre teneur de compte ne soit plus en mesure de vous restituer vos titres. Le Fonds de garantie des dépôts et de résolution peut alors intervenir pour vous rembourser la valeur de vos titres à hauteur de 70 000 euros. Cette garantie s'applique par client et par établissement. Lorsque vous êtes titulaire d'un PEA ou d'un compte-titres, vous détenez aussi un compte espèces associé. Si votre intermédiaire est juste une entreprise d'investissement, vous êtes couvert pour ce compte espèces à hauteur de 70 000 euros. Si c'est une banque, la couverture peut aller jusqu'à 100 000 euros, mais ce montant comprend aussi les autres dépôts confiés à cet établissement.
Une mesure de précaution essentielle est donc, dans la mesure du possible, de diversifier à partir d'un certain montant de patrimoine, le nombre d'établissements auxquels vous confiez votre épargne, dans le même esprit que la diversification de vos titres.

droit au retrait obligatoire. Ils peuvent alors estimer que la cotation en Bourse aura plus d'effets négatifs que positifs. En effet, elle impose d'informer régulièrement la communauté financière sur la stratégie menée et les résultats. Elle engendre des coûts. Aussi, la radiation de la cote est un choix assez régulièrement privilégié par les fonds de pensions quand ils prennent le contrôle d'une société cotée. Ils sont ainsi plus libres de leurs mouvements pour imposer leurs méthodes de gestion et de management afin de restructurer, redresser, développer leur nouvelle acquisition, loin des projecteurs. ■

C'EST DÉCIDÉ, JE ME LANCE

4

COMMENT COMPOSER UN PORTEFEUILLE IDÉAL ?

À présent que vous avez compris le fonctionnement général des marchés, vous pouvez commencer à alimenter un portefeuille boursier.

Plusieurs règles de prudence existent pour investir intelligemment. Elles ne vous protègeront pas contre les fluctuations de cours mais elles sont utiles à connaître afin de limiter les mauvaises surprises.

POURQUOI INVESTIR DANS LES ACTIONS ?

Comme nous l'avons constaté, l'épargnant français n'aime guère le risque. Aussi a-t-il préféré, pendant plusieurs décennies, délaisser les actions.

Il lui préférait d'autres façons d'épargner : des livrets d'épargne réglementés, mieux rémunérés que l'inflation jusqu'à très récemment et, pour les plus aisés, des contrats d'assurance vie en euros qui pendant de très nombreuses années ont offert de confortables rendements, tout en garantissant le capital investi.

Pourquoi vouloir prendre des risques, alors que la sécurité payait aussi ?
Mais aujourd'hui, le tableau est nettement différent. Depuis 2017, les 0,75 % du livret A ne compensent plus les 1 % et les 1,8 % d'inflation en 2017 et 2018. Cela fait perdre de l'argent aux épargnants. De son côté, même si elle possède encore d'importants avantages, l'assurance vie voit ses principaux atouts menacés. Le rendement confortable a vécu, la disponibilité des fonds peut être revue en cas de crise systémique, et nombreux sont les assureurs à prévenir qu'ils ne pourront pas garantir le capital très longtemps.
L'assurance vie en euros voit son rendement s'effriter lentement, année après année, et avec des emprunts d'État à 10 ans qui affichent des taux négatifs, cela ne risque pas de s'arranger à court terme. Au revoir, donc, le confortable rendement.
Plus préoccupant encore pour beaucoup d'épargnants : en cas de choc financier violent, un gel des avoirs financiers est prévu par la loi Sapin II. L'idée principale est d'empêcher les détenteurs d'obligations (donc les titulaires de contrats d'assurance vie en euros) de forcer les gérants des fonds à vendre tous leurs titres à la casse, et ainsi alimenter encore

un peu plus la panique sur les marchés. Pour certains, c'est une mesure de bon sens, pour d'autres, c'est une loi coercitive, vécue comme un potentiel hold-up sur le placement préféré des Français. La fameuse disponibilité des encours a elle aussi vécu.
Enfin, la garantie du capital apportée par les assureurs a beau être mise en avant, que se passera-t-il le jour où un des États emprunteurs ne pourra plus honorer ses échéances ? Depuis la crise de la dette grecque, même les obligations d'État, que l'on jugeait sûres, ont perdu leur caractère de solidité. Par ailleurs, s'ils veulent garantir le capital, les assureurs doivent maintenir leurs investissements dans les dettes d'États très bien notées. Or ces États empruntent aujourd'hui à des taux très faibles, voire négatifs, ce qui fait baisser le rendement des fonds en euros. Pour les assureurs, c'est la quadrature du cercle : soit ils maintiennent la garantie en capital mais l'épargnant doit accepter un rendement très faible, soit ils offrent du rendement, mais doivent prendre une dose de risque. Et dans ce cas-là, la garantie des capitaux ne peut plus être maintenue.
Pour ceux qui ont investi directement dans les fonds obligataires, sans passer par le fonds en euros des assurances vie et sa si précieuse garantie, le climat est encore plus précaire. À la moindre remontée des taux d'intérêts, les obligations qu'ils détiennent en portefeuille, moins rémunérées, perdront mécaniquement de la valeur.
Bref, le mantra « tout obligataire » a vécu. Investir dans les actions, c'est, certes, accepter de connaître des hauts et des bas souvent plus marqués que pour les autres placements. Mais c'est, aussi, diversifier ses investissements. C'est, enfin, s'autoriser une perspective de rendement bien plus réjouissante : 3,23 % avant impôt pour l'année 2018, selon l'agence Bloomberg.
Les investisseurs particuliers le comprennent aujourd'hui bien mieux, puisqu'après avoir atteint un plus bas à 3 millions en 2016, (6,2 % de la population), le nombre de détenteurs d'actions en direct est remonté, en 2018, à 3,9 millions (7,5 % de la population) *! On est loin, pourtant, du sommet de 7 millions de petits investisseurs connus au début des années 2000. En effet, parmi ceux qui avaient sauté le pas et accepté de prendre un peu de risque et d'acheter des actions, nombreux sont ceux qui ont été passablement échaudés depuis le début du millénaire. Il y a d'abord eu le dégonflement de la bulle Internet, puis la crise des *subprimes* en 2007, suivie de la débâcle de 2008, au lendemain de la chute de la banque d'investissements Lehman Brothers. Tout ce qui ne devait jamais arriver est advenu, et le sol s'est dérobé sous les pieds des investisseurs. Pour ceux qui se lancent et sont prêts à affronter les secousses, nous livrons les conseils de prudence élémentaires, et ceux qui feront d'eux des investisseurs (presque) avisés.

**source Kantar TNS*

OBLIGATIONS ET PRISE DE RISQUE

« Nous sommes passés d'une période où les placements obligataires de bonne qualité représentaient une sécurité, à une période où ils peuvent constituer un risque », constate David Tissandier, gérant responsable de la multi-gestion chez DNCA.

COMBIEN FAUT-IL INVESTIR EN BOURSE ?

La Bourse, oui mais comment ? Et surtout, COMBIEN ?
Il y a plusieurs façons d'aborder la question, et quelques règles de prudence à connaître. Car investir en Bourse, cela ne doit pas revenir à « tout miser sur le rouge » comme au casino !

La première règle d'or, en la matière, est très simple : on n'investit en Bourse que l'argent qui ne nous est pas nécessaire dans les dix ans. Dix ans, cela peut sembler une éternité, mais c'est surtout un délai raisonnable, qui laisse aux marchés le temps de grimper, de chuter fortement, et de se ressaisir de plus belle… Cela ne signifie pas qu'il est impossible, dans ce délai, de récupérer son épargne. Mais avoir cette règle et cette durée en tête permet à l'épargnant de ne pas être obligé de céder ses titres dans l'urgence, et parfois à la casse si les marchés ont fortement décroché.
Attention, au-delà du risque de pertes en capital, bien identifié par les épargnants, il existe un risque auquel ces derniers ne pensent pas toujours : le manque de liquidité. En théorie, les actions se négocient tous les jours, facilement, surtout celles des grands groupes. Il en est de même pour les obligations. Mais dans les périodes de grand stress des marchés, il arrive qu'elles ne trouvent pas preneur. L'actionnaire se retrouve alors dans l'impossibilité de vendre ses titres, même à bas prix. *« L'investisseur ne doit jamais perdre de vue les problèmes de liquidité »*, met en garde David Tissandier, gérant responsable de la multigestion chez DNCA. D'où la nécessité absolue de ne pas détenir, comme épargne financière, que des actions et des obligations. Il est indispensable de détenir sur des livrets plusieurs mois de salaire pour faire face à un besoin de liquidités immédiat. Et ne pas compter, à court terme, sur un portefeuille d'actions.

La seconde règle d'or semble une évidence : il faut DIVERSIFIER ! Avoir un patrimoine composé exclusivement d'immobilier est irrationnel. Avoir un patrimoine composé exclusivement d'actifs boursiers est une hérésie !
Dans le patrimoine des Français, l'immobilier pèse près des deux tiers. Cela signifie qu'il reste environ 35 % pour les actifs financiers.
Sur cette poche, il faut absolument dédier une partie non négligeable à ce qu'on appelle « l'épargne de précaution ». Cette somme doit rester quoi qu'il arrive disponible sur un livret pour racheter une voiture d'occasion ou une machine à laver si la vôtre vous abandonne, ou pour payer des billets d'avion en urgence s'il arrive un problème à votre enfant étudiant, en pleine année d'études à l'étranger. Cette réserve financière ne peut absolument pas être investie en Bourse. Elle doit être mobilisable immédiatement.
Le reste de vos liquidités doit être réparti entre des biens qui vous apportent une certaine sécurité, et d'autres qui ont vocation à doper le rendement de votre épargne tout en restant des actifs

solides : les actions. Quant à la répartition, c'est à vous de voir : elle ne sera pas la même selon que votre patrimoine est important ou faible, et selon que vous êtes avancé, ou non, dans le remboursement de votre résidence principale.

On n'investit pas en Bourse l'argent que l'on compte dépenser pour s'offrir sa résidence principale, ou celui que l'on pense donner à son enfant qui envisage de coûteuses études supérieures, dès l'année prochaine. On n'investit pas non plus sur les marchés les sommes destinées à sa retraite si l'on a plus de soixante ans !

En revanche, si vous attendez d'avoir financé entièrement votre résidence principale, fini de payer les études de vos enfants et préparé votre retraite pour vous lancer en Bourse, vous faites fausse route. La meilleure façon d'investir en Bourse, vous le verrez plus loin, c'est d'y aller d'abord à doses homéopathiques, mais régulières, et sur une très longue durée !

Idéalement, un jeune salarié qui démarre et peut épargner 200 € par mois devrait investir 120 € pour l'apport de sa résidence principale, 50 € pour les coups durs et les 30 € restants sur un compte bourse. C'est possible, certains établissements permettent de tout petits versements sur leurs PEA, leurs contrats d'assurance vie ou leurs plans d'épargne retraite investis en actions.

Si l'effort d'épargne que vous pouvez faire est plus important, si votre progéniture en est à l'âge de ses premiers pas, vous pouvez miser sur les marchés pour doper les sommes que vous consacrerez à ses études. De même, pour l'argent que vous destinez à votre retraite, alors que vous êtes tout juste quadragénaire, les marchés financiers constituent probablement le choix le plus rationnel.

Beaucoup de fonds de pension pratiquent d'ailleurs une règle assez simple : les sommes confiées par les salariés très jeunes sont massivement investies dans des actions et des actifs dits risqués. Au fur et à mesure qu'ils se rapprochent de la retraite, la poche dite « dynamique », un peu plus exposée aux risques de marchés, est réduite.

En résumé, c'est à vous de doser, mais toujours avec de l'argent dont vous n'avez pas besoin !

BOURSE ET NIVEAU DE PATRIMOINE

« La Bourse, en réalité, est un placement de long terme que choisissent les investisseurs pour compléter leur stratégie d'épargne », remarque Renaud Bellivier de Prin, responsable des départements Bourse et patrimonial chez Fortuneo. *« Les personnes qui peuvent investir en Bourse ont souvent un certain patrimoine »*, poursuit-il.

QUEL EST MON PROFIL D'INVESTISSEUR ?

Schématiquement, il y a deux types d'investisseurs.

Le « spieler », celui qui joue, prend des paris sur la croissance ou le changement de stratégie d'une entreprise en misant sur la hausse de son cours de Bourse, aime investir en bas de cycle et revendre une fois le cours plus satisfaisant. Il vise avant tout la plus-value obtenue sur la revente de ses titres.

Le « bon père de famille » achète ses actions régulièrement, idéalement lorsque leur cours est bas, mais pas systématiquement, et il vise des entreprises qui ont une croissance plutôt régulière, les valeurs dites défensives, souvent plus chères à l'achat mais qui encaissent moins de secousses des marchés. Même s'il tremble quand son portefeuille se dévalorise au gré des crises, il tâche de rester calme et de réinvestir, s'il le peut, lorsque les cours baissent. Il vise le rendement. Son objectif : encaisser régulièrement un petit dividende, et le réinvestir au moment opportun.

Attention toutefois : ne regarder que le dividende d'une société, c'est avoir une vision court terme ! Certaines sociétés dopent leur dividende les mauvaises années, pour contraindre leurs actionnaires à garder leurs titres malgré des perspectives en baisse : c'est un jeu dangereux. *« Un très haut dividende, ce n'est pas récurrent »,* met en garde Muriel Tailhades, directrice des investissements chez Edmond de Rothschild, banque privée. *« Il faut rechercher des dividendes élevés, mais soutenables dans le temps ».* Un bon dividende c'est bien, un dividende correct et relativement régulier, c'est mieux. Enfin, il ne faut pas oublier que certaines années de vaches très maigres, certaines sociétés choisissent d'ignorer leurs actionnaires. Ainsi, entre 2011 et 2015 inclus, Peugeot, en plein marasme, s'est autorisé cinq années d'affilée sans dividende.

Évidemment, la « Bourse à la Papa » fait moins rêver, elle est loin de l'image du *trader* fou, grisé par un gain spectaculaire un soir, et ruiné le lendemain. Elle serait presque ennuyeuse. Et pourtant, c'est, dans le temps, celle qui fonctionne le mieux. *« Les meilleures stratégies d'investissement sont celles qui se fondent sur un portefeuille assez stable avec des ajustements occasionnels »,* confirme Renaud Bellivier de Prin, responsable des départements Bourse et patrimonial chez Fortuneo.

La classification des banques et des compagnies d'assurances. Ces dernières ont établi une autre classification, par profil. Cela permet de savoir, pour l'argent investi en Bourse ou dans les unités de compte des contrats d'assurance vie, quelle poche ils doivent consacrer à tel ou tel type d'actifs. En fonction de plusieurs paramètres, elles vous classent dans une catégorie qui leur permet de définir un mode de gestion : prudent, équilibré, dynamique ou même offensif.

Comment procèdent-elles ? Avec plusieurs indicateurs.

- ***Votre âge*** tout d'abord : êtes-vous à trente ans, ou à deux ans de la retraite, ou déjà retraité ? Votre situation personnelle ensuite : un célibataire trentenaire sans famille n'a pas le même profil qu'une personne divorcée avec trois enfants à charge. Le premier peut se permettre davantage de risques que le second.
- ***Votre patrimoine*** ensuite : avez-vous déjà amassé plus d'un million d'euros en plus de votre résidence principale, ou avez-vous englouti presque toutes vos économies dans l'achat de celle-ci que vous commencez tout juste à rembourser ? Là encore, cela change très sensiblement la donne !

- Pour définir votre profil, on étudie aussi ce qu'on appelle ***votre horizon de placement*** : les sommes que vous investissez sont-elles destinées à financer votre dépendance alors que vous n'avez que 25 ans, ou les utiliserez-vous pour le permis de conduire du petit dernier qui aura dix-huit ans l'année prochaine ? Plus l'horizon est lointain, plus la part de risque peut être élevée.
- Enfin, les professionnels scrutent, à travers des questions précises, ***votre sensibilité au risque*** : en cas de forte chute des marchés, quel est le montant que vous êtes disposé à perdre sans y perdre la tête ? 10 %, 20 %, 40 % ou rien du tout ?

En fonction de tous ces résultats, les établissements financiers calculent un « score » qui les aide à définir votre profil de risque.

Schématiquement, il y a environ 25 % d'actions avec un profil prudent, 50 % avec le profil équilibré, 75 % pour le profil dynamique et 100 % pour le profil offensif.

Si vous estimez être plutôt prudent et que vous avez 100 000 € à placer, il est préférable de n'investir que 25 000 € en actions.

LE MAÎTRE MOT : DI-VER-SI-FIER

La sagesse du proverbe « Il ne faut pas mettre tous ses œufs dans le même panier » vous fait sourire ? Pourtant beaucoup d'investisseurs malheureux ont connu les pires déconvenues en ne la respectant pas. La règle à retenir est qu'un bon portefeuille est un portefeuille équilibré et diversifié.

Il faudrait, en théorie, débuter par les fameuses « valeurs de fonds de portefeuille », celles qui font sourire les *spielers* et qui rassurent les « bons pères de famille » : on ne présente plus Air liquide, L'Oréal et Total, trio de tête préféré des investisseurs individuels, rejoints depuis quelques années par le géant du luxe LVMH.

Bien sûr, ces valeurs souffrent aussi en cas de mauvaise conjoncture, mais souvent moins que les autres.

Pour le reste, il faut doser ses achats entre les valeurs défensives, de croissance et les cycliques.

Les valeurs défensives

Elles résistent mieux que les autres aux chocs conjoncturels, car elles répondent à des besoins extrêmement primaires auxquels il est difficile de renoncer aujourd'hui : ce sont les valeurs investies dans la grande consommation, comme les géants de l'agro-alimentaire, celles de la distribution d'eau potable, les actions de sociétés de téléphonie.

Les valeurs cycliques

Elles sont par nature plus sensibles aux cycles économiques. Ce sont les valeurs liées à l'industrie lourde, à la construction et aux matériaux de construction, les médias dont le chiffre d'affaires repose en grande partie sur les revenus publicitaires... Ainsi, les constructeurs et les équipementiers automobiles souffrent rapidement en cas de retournement de conjoncture.

Les valeurs de rendement

Ce sont des sociétés qui offrent un rendement attractif. Attention, elles ne le font pas de façon artificielle, elles le font parce qu'elles ont atteint une certaine maturité et qu'elles génèrent suffisamment de résultat pour financer à la fois leur développement et leur recherche, et pour rémunérer leurs actionnaires.
Ce sont certaines valeurs de l'immobilier, mais aussi du bâtiment et de travaux publics, comme Vinci. Il y a quinze ans, cette entreprise a fait le choix d'investir dans des concessions, comme les sociétés autoroutières. Ces métiers lui servent de coussin d'amortissement, car son revenu est moins aléatoire. Même si l'activité de construction baisse, les concessions évitent au chiffre d'affaires de chuter de façon trop brutale.

Les valeurs de croissance

Ce sont les actions de sociétés qui ont une forte visibilité de long terme sur leur carnet de commandes, sont installées dans des métiers où la demande va croître. L'exemple type, ce sont les résidences pour seniors ou les maisons de retraite : la génération née pendant le baby-boom va faire exploser la demande au cours des prochaines années. À l'autre bout du spectre, Amazon, qui affiche une croissance ininterrompue depuis 20 ans. Mais si le cours de bourse des valeurs de croissance peut vous faire prospérer, ne comptez pas trop sur les dividendes pour vous enrichir. La plupart des sociétés de croissance en distribuent peu, ou pas du tout comme Amazon qui n'a pas versé un centime de dividendes depuis son introduction en Bourse en 1997.
Attention, les arbres ne montent pas jusqu'au ciel : même les valeurs de croissance trouvent un jour leurs limites. Ainsi, Apple a vu la croissance de ses ventes s'effriter fin 2018. Alors que la société fondée par Steve Jobs avait, en août 2018, dépassé le chiffre vertigineux de 1000 milliards de dollars de capitalisation boursière, son cours a chuté de façon encore plus vertigineuse dans les mois qui ont suivi. Entre le 3 octobre 2018 et le 3 janvier 2019, il est passé de 232 à 144 dollars : la valeur boursière de la firme a fondu de 400 milliards de dollars. Depuis, l'action a de nouveau atteint des sommets, mais il faut rester vigilant. Une action cesse un jour de grimper, et dans ce cas, si elle ne distribue pas régulièrement des dividendes, il faudra vous décider à vendre pour rester gagnant.

Une diversification sectorielle

On l'a vu, il ne faut pas mettre tous ses œufs dans le même panier. Il est tout aussi absurde de tout investir dans dix sociétés de semi-conducteurs. De même qu'il serait insensé de tout miser sur l'industrie de la santé, ou sur l'agroalimentaire. Un bon portefeuille représente plusieurs secteurs économiques.
En achetant :
- des valeurs de fonds de portefeuille,
- des valeurs de rendement,
- des valeurs défensives,
- quelques valeurs cycliques,
- quelques valeurs de croissance,

vous avez de fortes chances d'avoir, déjà, un panel de secteurs économiques assez large. Pensez y, c'est important. Bien sûr, certains d'entre eux vous sont sans doute moins familiers. Mais petit à petit, si vous vous intéressez à la gestion des sociétés, vous découvrirez des univers passionnants.

Une diversification géographique

« Quand l'Amérique tousse, la planète s'enrhume » : cette petite sagesse a du vrai, mais elle a ses limites. Les continents ne connaissent pas tous, en même temps, le même dynamisme. Longtemps, pour exister en Bourse, il fallait investir à Paris, à Londres, à New-York et à Tokyo. Cette période est maintenant révolue pour deux raisons :

- aujourd'hui, les continents qui tirent le plus la croissance des entreprises sont l'Afrique (où l'on trouve en 2018 six des dix pays en plus forte croissance), et l'Asie (où se situent les quatre autres).
- Heureusement, les multinationales sont, pour la plupart, largement mondialisées.

Ainsi, Airbus, qui vend ses avions dans le monde entier, est couvert contre le risque de change grâce aux usines ouvertes sur toute la planète. Par ailleurs, les années où la croissance européenne fait la grimace, ce sont les pays émergents qui tirent les ventes dans le secteur du luxe.

Bien souvent, donc, même avec un portefeuille de valeurs achetées en euros, vous êtes couvert contre le risque de change, et vous avez déjà des investissements qui reflètent la croissance de plusieurs zones géographiques.

Vous pouvez avoir envie de miser un peu plus sur certaines zones, ou vous dire, par exemple, que vous ne souhaitez pas investir dans des valeurs en dollars, car vous avez peur de subir le risque de change.

Dans ce cas, il est fortement recommandé de s'orienter vers la gestion collective *(voir chapitre 3)*. Les gérants sont spécialisés dans leurs secteurs ou dans leurs zones géographiques, et ils savent couvrir les fonds qu'ils gèrent contre le risque de change. La Bourse, c'est encore plus efficace quand on connaît ses limites !

Enfin, si vous détenez aussi des obligations ou des fonds obligataires dans votre portefeuille, il faut savoir, comme pour les actions, de quoi sont composés vos investissements. *« La notion de poids des grandes catégories ne suffit pas. Un investisseur ne peut pas se contenter de dire que son portefeuille est composé à 50 % d'obligations et à 50 % d'actions. Il doit savoir de quel type d'obligations il s'agit, et dans quelles zones géographiques il a investi »*, recommande David Tissandier, gérant responsable de la multigestion chez DNCA.

Si vous détenez des obligations à haut rendement (nettement plus risquées), il faut le savoir. Si toutes vos actions sont des actions américaines, il faut également être au courant. Et si vous possédez 40 % d'actions internationales, il convient de connaître les zones géographiques, et les proportions d'investissement. Tout ceci est d'ailleurs précisé dans les comptes-rendus de gestion lorsque vous optez pour la gestion collective *(voir chapitre suivant page 179)*.

Profiter des privatisations et des introductions en Bourse

Les privatisations

Certaines opérations d'envergure peuvent être l'occasion de vous lancer. Elles attirent régulièrement de nouveaux investisseurs particuliers. Attention, une entreprise, même introduite sur le marché par l'État, reste une entreprise et peut connaître des hauts et des bas. Ne vous lancez pas les yeux fermés.

500 000 Français au rendez-vous, une demande trois fois supérieure à celle attendue : avec la Française des Jeux, les Français ont peut-être renoué avec la Bourse. La demande était telle que les souscriptions supérieures à 2 000 euros n'ont pas pu être honorées en totalité.

Du côté des investisseurs institutionnels, même pénurie de titres : la moitié des 400 gros candidats à l'achat d'actions n'ont pas pu être servis. Et bien des banques n'ont réussi à obtenir que la moitié du volume d'actions souhaité.

Logiquement, avec une telle demande, le titre s'est envolé de plus de 15 % au premier jour de cotation. Un joli démarrage qui ne doit pas, pour autant, aveugler l'investisseur.

Les Français n'en sont pas à leur première privatisation : dans les années 1980, ils s'enthousiasmaient pour Suez, pour Saint-Gobain, pour la Générale des eaux ou pour TF1. Dans les années 90, ils suivaient le cours de Rhône-Poulenc, de Renault ou de Pechiney.

C'est d'ailleurs à la faveur de toutes ces introductions en Bourse de sociétés détenues ou contrôlées par l'État que le nombre de petits porteurs a commencé à grossir régulièrement, passant de 1,7 million en 1982 à... 7,2 millions en 2007, vingt-cinq ans plus tard. Avant de s'effondrer, victime de la crise des *subprimes* et de la débâcle boursière qui a suivi.

Mais des privatisations, il faut retenir le meilleur... comme le pire. Car l'État n'est pas toujours garant d'une gestion optimale des entreprises. Et même lorsqu'elle est plutôt bien gérée, une entreprise n'est pas à l'abri d'une catastrophe industrielle, d'une mise en examen d'un dirigeant, ou d'un piratage massif de ses données qui lui ferait perdre beaucoup de valeur. Souvenez-vous, donc, que même cédée par l'État, une action n'est ni garantie, ni immunisée contre la baisse.

Prenons le cas, assez illustre et qui a marqué toute une génération de petits porteurs, de France Télécom. L'ancêtre d'Orange a été privatisé pendant un double-boom : le nombre d'abonnements en téléphonie mobile grossissait chaque jour (il a plus que doublé en un an entre 1996 et 1997, passant de 2,5 à 5,8 millions d'abonnés, soit une croissance de 132 %), et les marchés s'enflammaient sous l'effet de la hausse des fameuses valeurs technologiques. Dans ce contexte, introduite en Bourse en octobre 1997 à 27 euros, l'action monte rapidement et dépasse les 219 euros en mars 2000. Une aubaine... pour ceux qui ont eu la présence d'esprit de vendre à ce moment-là, et ils sont peu nombreux. Depuis, le titre a connu une descente aux enfers, 150, 120, 70, 25... il s'est enfoncé jusqu'à 6 € en septembre 2002. Depuis fin 2008, il n'a jamais refranchi

à la hausse la barre des 20 €. La valorisation du titre pendant les années d'or de la Bourse était tout bonnement irrationnelle. Situation d'autant plus critique pour les petits actionnaires qu'il y avait parmi eux un grand nombre de salariés de l'entreprise.
Même parcours calamiteux pour l'électricien national EDF. Lorsque l'État a mis sur le marché 15 % de son capital en mars 2005, il a vendu les titres pour 32 € aux particuliers et 33 € aux institutionnels. En 2007, le cours a valu jusqu'à 80 €. Depuis fin 2010, il n'a plus jamais dépassé les 30 €, sous l'effet conjugué des retards dans la construction des EPR et des énormes investissements nécessaires pour entretenir le parc nucléaire. L'action cote aujourd'hui un peu plus de 9 €.
Heureusement, les actionnaires individuels n'ont pas tout perdu lors des privatisations.
En 2002, l'État a ouvert le capital des Autoroutes du sud de la France : les petits porteurs ont pu acheter leurs titres à 24 €. Au printemps 2006, lorsque Vinci, actionnaire majoritaire, lance un projet de retrait de la cote, elle offre 51 € aux derniers actionnaires.
Bien sûr, les actionnaires principaux des sociétés d'autoroutes ont depuis encaissé de jolis dividendes, parfois contestés sur le plan politique. Mais les investisseurs individuels ont aussi pu réaliser en peu de temps une jolie plus-value.
Quelle attitude adopter alors, pour savoir si l'on sera gagnant ou perdant ? La même que pour n'importe quelle action, en somme. Avant son introduction en Bourse, une société se doit de produire un certain nombre de chiffres, qu'il faut regarder attentivement.
Surtout, il faut avoir de fortes convictions sur le modèle économique de la société. Ce qui n'empêchera pas, même lorsqu'elle présente de bons fondamentaux, de voir son cours chuter, entraîné dans la baisse générale des marchés une année où les prévisions économiques sont mauvaises.
Enfin, la règle de diversification reste la même. Si vous achetez des actions pour la première fois à l'occasion d'une privatisation, ne consacrez pas toute votre enveloppe financière disponible à une seule action. Achetez deux, trois ou quatre sociétés.

Les introductions en Bourse

Il n'y a pas que les sociétés publiques qui s'introduisent en Bourse. Beaucoup d'entreprises, le plus souvent de taille moyenne, vont aussi chercher de l'argent frais auprès des marchés lorsqu'elles souhaitent financer leur développement. En 2019, en plus de la Française des Jeux, sept sociétés ont fait leur entrée sur le marché.
Les règles de prudence sont les mêmes que pour n'importe quelle action : il faut faire les comptes de façon rationnelle, alors même que les sociétés s'appuient parfois sur des chiffres d'affaires futurs parfois difficiles à anticiper. Surtout quand l'entreprise n'a pas encore son outil d'exploitation... Exemple le plus emblématique,

●●●
Eurotunnel. Porté d'abord par des investisseurs privés, le tunnel sous la manche est introduit en Bourse à 35 francs en 1987, flambe jusqu'à 126 francs en mai 1989. Mais entre les retards du chantier et la révision à la baisse des prévisions de trafic, le titre s'enfonce très rapidement, et c'est la descente aux enfers. Il faudra attendre le milieu des années 2010 pour que la société soit considérée comme tirée d'affaire. Entretemps, les petits actionnaires ont, pour la plupart, jeté l'éponge. Outre-Atlantique, deux exemples récents doivent éveiller la vigilance des investisseurs. Uber, introduite en Bourse en mai à 41 dollars, vaut péniblement 30 dollars l'action au 22 novembre. L'entreprise a accru ses pertes depuis lors. Quant à WeWork, la société de bureaux partagés, elle a dû renoncer à la dernière minute à son projet d'introduction. Pour couper l'herbe sous le pied de ses concurrents potentiels, l'entreprise avait accumulé les baux d'immeubles de bureaux à grands frais, et son document d'introduction en Bourse a mis au jour des pertes colossales et surtout des perspectives de gain très éloignées. Les investisseurs n'y croyaient plus, WeWork , après avoir reporté son projet, y a finalement renoncé. Cette fois-ci, l'actionnaire majoritaire, SoftBank, reste seul avec ses difficultés. Heureusement il n'y a pas que des catastrophes dans les introductions en Bourse. En 2015, l'entreprise de blanchisserie industrielle Elis a séduit le public. Verallia, spécialiste du verre d'embouteillage et ancienne filiale de Saint-Gobain, avait renoncé à son introduction en Bourse en 2011, faute d'appétit des investisseurs. Le 3 octobre 2019, elle a fini par réussir son entrée sur les marchés. Sans solliciter le grand public.

Combien de titres faut-il avoir en portefeuille ?

Attention : diversifier c'est bien, mais diversifier au point de ne plus pouvoir suivre les valeurs que l'on détient en portefeuille, c'est plus ennuyeux.
« La première des règles pour un investisseur, c'est de connaître et de suivre les entreprises dont il est actionnaire », rappelle Charles-Henri d'Auvigny, président de la F2IC, Fédération des investisseurs individuels et des clubs. *« N'investissez que dans ce que vous comprenez, et dans ce en quoi vous croyez. Mais attention, une seule valeur, c'est aussi une erreur ! »* Commencez par quatre ou cinq lignes, au grand maximum, et suivez l'actualité des entreprises que vous avez mises en portefeuille en vous créant des alertes sur votre téléphone ou en lisant la presse économique. Quand vous aurez le sentiment de bien les comprendre, vous pourrez augmenter progressivement le nombre de lignes. *« Entre cinq et dix lignes, cela suffit largement ! »* clame Charles-Henri d'Auvigny. Une dizaine ou une quinzaine de lignes, réparties entre différents secteurs, c'est déjà très bien. Au-delà de vingt lignes, vous risquez de ne plus pouvoir suivre correctement les sociétés dans lesquelles vous investissez.

ACHETER AU SON DU CANON, VENDRE AU SON DU CLAIRON

Derrière cette formidable métaphore guerrière, on trouve ce qui ressemble presque à une lapalissade : en Bourse, il faut, en théorie, acheter au plus bas et vendre au plus haut. Le cours de Bourse reflète les anticipations des investisseurs en fonction des bonnes et des mauvaises nouvelles qui s'annoncent. Lorsque le climat économique est sombre, même si cela ne se traduit pas encore dans les livres de comptes des entreprises, les investisseurs savent que les résultats des années suivantes seront forcément plus ternes que ceux des années flamboyantes. Beaucoup sont donc vendeurs, et le cours, mécaniquement, baisse. Il en est de même en cas de gros choc, ou scandale, dans une entreprise. C'est, théoriquement, à ce moment-là qu'il faudrait se porter acquéreur : à contre-courant du marché. Pourtant, cela est en réalité assez rare chez les actionnaires individuels. Qui a vraiment envie d'investir dans Volkswagen après le 18 septembre 2015, jour où l'agence américaine de l'environnement accuse le constructeur allemand d'avoir triché lors des contrôles sur les émissions d'oxydes d'azote ?

Peu de personnes, en réalité, car entre le 18 septembre et le 5 octobre, le cours de l'action chute de 167,4 à 102,8 € : 38,6 % de baisse. Or les investisseurs qui ont cru en la capacité de rebond du constructeur après le scandale sont aujourd'hui récompensés : quatre ans plus tard, le constructeur s'est racheté une conduite et cote aujourd'hui autour de 160 € l'action. Mais pour miser sur le constructeur accusé de tricherie au lendemain du scandale, il fallait avoir du flair et, avouons-le, une petite dose de cynisme.

Il est encore plus difficile d'identifier le bon moment pour vendre : comment est-on sûr d'empocher toujours la plus-value la plus forte possible ? Comment peut-on savoir si les titres vont s'arrêter de monter ? Eh bien en réalité, cela n'est pas toujours possible. Même en vendant vos titres lorsqu'ils sont hauts, vous avez souvent la crainte de les voir monter encore, et ainsi de passer à côté d'une plus-value plus importante.

Dans ce cas, il faut savoir se montrer humble, et méditer cette confidence attribuée à James de Rothschild : *« j'ai fait fortune en vendant toujours un peu trop tôt »*. La Bourse, pour les petits actionnaires, ce n'est pas une compétition, plutôt une discipline régulière. Il ne s'agit pas d'être le meilleur, mais d'être satisfait de sa performance le plus souvent possible.

ET SI JE NE SAIS PAS CHOISIR LE MOMENT PROPICE ?

Dans un monde idéal, l'investisseur fait preuve d'un très grand flair. Il sait précisément quand acheter, quand vendre, et il dispose, bien sûr, des liquidités nécessaires à tout moment pour intervenir si les actions sont à un cours très bas.

Mais le monde parfait n'existe pas, et si vous avez l'impression de ne pas être au point sur ce sujet, rassurez-vous : personne, même l'investisseur très aguerri, ne l'est jamais vraiment. En effet, si la plupart des crises sont souvent annoncées par des signaux faibles, peu d'intervenants de marché savent vraiment les percevoir. Quand bien même ils parviennent à anticiper une chute, ils ont souvent beaucoup de mal à savoir à quel moment elle va intervenir. Le phénomène est identique lorsque les marchés sont porteurs : la hausse, oui, mais jusqu'où ? Alors que 2019 devait signer la fin de la montée des marchés, à l'heure où nous bouclons ces pages, le CAC 40 affiche une hausse de plus de 17 % sur un an, et de 25 % depuis le premier janvier. Bien malin, donc, qui a réellement ce « sens du timing ». En réalité, il fait souvent défaut même aux investisseurs les plus chevronnés. Pas de panique, donc, car il existe une méthode beaucoup moins douloureuse pour investir en Bourse, qui évite de s'interroger et qui permet de réduire les secousses : l'investissement programmé.

EXEMPLE Prenons le cas d'un investisseur qui a acheté des actions Airbus, avec une mise de 150 € par mois, pendant deux ans, d'octobre 2017 à septembre 2019 inclus.
Pendant cette période le titre est passé de 80,60 € à 126,36 €, avec une succession de hauts et de bas. En achetant un ou deux titres chaque mois (en fonction de ce que sa mise mensuelle et le reliquat du mois précédent lui permettent de s'offrir), il affiche un cours d'achat moyen de 102,16 €, et au bout de 24 mois, il a 35 actions. Certes, il n'a pas acheté au prix le plus bas. Cela tombe bien, au moment où le cours était de 80,60 €, il n'avait pas les moyens d'acheter 35 titres en une fois ! Mais s'il avait épargné 150 € par mois pendant deux ans avant d'investir, il aurait misé 3 600 € au moment où le titre affichait un prix parmi les plus élevés sur la période : 126,36 €. Dans ce cas, il n'aurait pu acheter que 28 actions.
Notre investisseur n'a pas acheté au plus haut, ni au plus bas : il a simplement obtenu un coût moyen acceptable, sans se poser de questions et sans états d'âme.

La tactique de l'investissement programmé est valable avec les actions, et ce malgré deux handicaps :
- il n'est pas possible d'investir toute la somme épargnée chaque mois : avec 150 €, si le titre vaut plus de 75 €, impossible d'en acquérir deux. Il y aura donc souvent un reliquat à investir le mois suivant.
- Les frais de transaction, surtout lorsqu'il s'agit d'acheter une ou deux actions, renchérissent systématiquement le coût de l'opération. Mais chez certains opérateurs de marché ils sont limités (moins de 3 € pour les petits ordres chez la plupart des courtiers en ligne).

L'investissement programmé est encore plus pertinent lorsque vous mettez en portefeuille des SICAV ou des FCP, car les banques ou teneurs de compte vendent, la plupart du temps, des dixièmes ou des centièmes de parts. Ainsi, dans ces cas-là, c'est toute votre épargne qui est investie chaque mois.

EXEMPLE D'INVESTISSEMENT PROGRAMMÉ AVEC UNE MISE DE 150 € PAR MOIS PENDANT DEUX ANS, SUR L'ACTION AIRBUS, D'OCTOBRE 2017 À FIN SEPTEMBRE 2019

Date	montant à investir, en €	prix d'achat	nombre acheté	montant investi	Report sur le mois suivant	nombre en portefeuille
01/10/17	150	80,6	1	80,6	69,4	1
01/11/17	219,4	86,94	2	173,88	45,52	3
01/12/17	195,52	88,48	2	176,96	18,56	5
01/01/18	168,56	83,48	2	166,96	1,6	7
01/02/18	151,6	93,2	1	93,2	58,4	8
01/03/18	208,4	98,79	2	197,58	10,82	10
01/04/18	160,82	94,05	1	94,05	66,77	11
01/05/18	216,77	98,53	2	197,06	19,71	13
01/06/18	169,71	99,67	1	99,67	70,04	14
01/07/18	220,04	99,11	2	198,22	21,82	16
01/08/18	171,82	107,36	1	107,36	64,2	17
01/09/18	214,2	107,7	1	107,7	106,5	18
01/10/18	256,5	108,74	2	217,48	39,02	20
01/11/18	189,02	98,23	1	98,23	90,79	21
01/12/18	240,79	97,3	2	194,6	46,19	23
01/01/19	196,19	84,45	2	168,9	27,29	25
01/02/19	177,29	102,12	1	102,12	75,17	26
01/03/19	225,17	114,3	1	114,3	110,87	27
01/04/19	260,87	119,12	2	238,24	22,63	29
01/05/19	172,63	121,58	1	121,58	51,05	30
01/06/19	201,05	117,16	1	117,16	83,89	31
01/07/19	233,89	126,08	1	126,08	107,81	32
01/08/19	257,81	129,98	1	129,98	127,83	33
01/09/19	277,83	126,36	2	253,96	25,11	35
Total			35	3 575,87		

Prix Moyen d'Achat : 102,16 €
Valeur au 01/10/2019 : 120,36 €
Valeur du portefeuille : 4 212,6 €
Plus-value potentielle : 636,73 €
(Ce tableau ne tient pas compte des dividendes et des frais de courtage)

QUELQUES RÈGLES À SE FIXER POUR GARDER LA TÊTE FROIDE

Bien entendu, ce discours froid sur l'efficacité des investissements réguliers est extrêmement séduisant… tant qu'il est théorique.

« Entre le discours rationnel et le moment où la crise arrive, avec une baisse des marchés de 30 à 50 %, on ne raisonne pas toujours de la même manière », constate Benoît Vesco, directeur général et directeur des investissements chez Meeschaert Asset Management. *« L'investisseur doit comprendre que le marché est ponctué de hausses, de crises et de répliques répétées. Pourtant, à chacune d'elles, il a la tentation de se dire que cette fois-ci, tout est différent. Et souvent, il vend tout »*, déplore-t-il. *« Le meilleur des conseils, donc, c'est de ne pas vendre quand tout va mal ! Si l'investisseur comprend ça, il a déjà réalisé un énorme travail ! »*

Même si vous investissez à petite dose et à tous les cours, à un moment, votre portefeuille va s'étoffer et atteindre un montant que vous garderez en tête. À partir de ce moment-là, vous risquez de trembler à la moindre secousse à la baisse. Or la Bourse, c'est formidable, mais cela ne doit pas vous empêcher de dormir.

Si, à une date donnée, vous avez accumulé un joli portefeuille de 20 000 €, vous risquez d'être un peu angoissé à l'idée que les marchés chutent de 15 %. La perspective de pouvoir réinvestir à prix plus bas ne suffira peut-être pas à vous rassurer. Bien sûr, la règle « on n'a pas perdu tant qu'on n'a pas vendu » reste valable. Mais en période de choc, elle ne suffit pas toujours à réconforter les investisseurs. Surtout, certains cycles baissiers ont tendance à se prolonger… le petit actionnaire patiente, puis, persuadé qu'il ne retrouvera jamais sa mise, vend, souvent au plus bas.

C'est pour éviter ces erreurs que vous pouvez, dès le début, tenter de vous fixer quelques règles de fonctionnement.

Fixez-vous un seuil de perte limite, que vous revoyez régulièrement

« La pire des situations, c'est le moment où l'épargnant est en perte et qu'il doit couper sa position », alerte Ambroise Lion, directeur général d'IG France, établissement financier spécialisé dans le trading des Turbos, CFD, options, et actions. *« Vendre à la baisse pour limiter la casse, c'est la décision que les investisseurs ont le plus de mal à prendre. Le cerveau fonctionne de telle façon qu'on enregistre rapidement son gain, mais qu'on attend beaucoup pour formaliser une perte ! »*

La première des règles, donc, c'est de vous demander quel est le seuil de perte que vous vous sentez prêt à tolérer sans paniquer. Est-ce 10 %, 15 %, 20 % ?

Avec cette idée en tête, vous pouvez programmer des ventes automatiques à partir d'un certain seuil de baisse que vous jugez trop important. Attention, cette technique vous fait prendre le risque de couper d'emblée une partie de vos gains. Si ce seuil est enfoncé à la baisse sans que vous ayez pu intervenir, respectez la règle la plus difficile à observer : interdisez-vous de vendre vos titres.

Fixez-vous un seuil de plus-value prédéfini pour certaines valeurs

Vous pouvez aussi décider, comme le font certains gérants, que sur certains titres, vous vous fixez un objectif de plus-value défini, et que vous vendrez sitôt ce seuil atteint (ceci est notamment valable pour des valeurs de croissance, cela n'est pas forcément à recommander pour les valeurs de rendement ou de fond de portefeuille). Ainsi, pour une valeur achetée, vous déterminez, dès l'achat, un seuil de cours qui déclenchera automatiquement la vente de vos titres.

Ne vérifiez pas le prix de vos actions plus d'une fois par mois

Mais la meilleure des règles de conduite à se fixer, c'est de ne pas aller, tous les jours, consulter la valeur de ses titres. Une hygiène d'investissement, en somme, aussi difficile à observer que les dix minutes quotidiennes de sport, mais qui fera de vous, avec les années, un actionnaire serein.

Faites le tri dans votre portefeuille deux fois par an

Cela n'interdit pas, deux fois par an, de faire le point sur vos valeurs. Si vous avez des doutes sur la qualité d'une société, sur la sincérité de ses comptes, sur la stratégie mise en œuvre par le nouveau dirigeant, bref, si vous ne croyez plus en cette action, vendez-la !

COMMENT CALCULER RENDEMENT ET RENTABILITÉ D'UNE ACTION ?

Rendement et rentabilité : voilà deux notions souvent confondues.

Le rendement

Le rendement d'une action, c'est le revenu qu'elle vous rapporte. Il est souvent calculé en pourcentage. Le calcul est simple : on divise le dividende annuel par le prix d'achat de l'action.

EXEMPLE Une société a versé, pour son dernier exercice, 1,92 € de dividende. Aujourd'hui, l'action vaut 95 €.
Pour l'actionnaire qui l'achète à 95 €, à supposer que le dividende soit le même l'année prochaine, le rendement sera de (1,92/95) x 100 = 2,02 %.
Pour l'actionnaire qui a acheté la même action il y a trois ans (elle valait alors 60 €), le rendement n'est pas le même : (1,92/60) x 100 = 3,2 %.

Un autre indicateur permet d'évaluer le rendement : le PER, ou *price earning ratio*.

Derrière ce terme, une notion simple : combien d'années de bénéfices par action faut-il pour payer l'action ? Ou combien d'années de bénéfices faut-il pour acheter l'entreprise ?
Mais attention, cet indicateur est différent du rendement. En effet, dans le rendement, on utilise le dividende. Dans le PER, on prend comme référence les bénéfices. Pour un actionnaire, la donne est totalement différente : les bénéfices

Warren Buffett : le financier milliardaire « bon père de famille »

Dans le classement Forbes 2019 des milliardaires, Warren Buffett est le troisième homme le plus riche du monde, derrière Jeff Bezos, le patron d'Amazon et Bill Gates, l'ancien PDG de Microsoft. Sa fortune personnelle qui est estimée à 82,5 milliards de dollars n'est pas le fruit de coups d'éclats téméraires, mais de sages réflexes d'investisseur. Il ne revendique aucune inspiration visionnaire, même si certains le surnomment « l'oracle d'Omaha ». Omaha, c'est cette ville du Nebraska située au bord du Missouri, qui l'a vu naître, grandir puis faire fortune.
La Bourse, Warren Buffet est tombé dedans quand il était petit : son père était broker. Il achète ses premières actions à 11 ans et doit payer ses premiers impôts sur les plus-values à 13 ans !
Diplômé de la prestigieuse Colombia University School of Business, il se forme auprès de son ancien professeur, Benjamin Graham, économiste et financier de talent, en rejoignant son fonds d'investissement, la Graham-Newman Corp. Pendant plus de deux ans, de 1954 à 1956, aux côtés de son maître, Warren Buffett va apprendre toutes les bases et les ficelles du métier de la Haute finance. Des préceptes qu'il va ensuite appliquer tout au long de sa vie et qui finalement sont très simples et peuvent être suivis par n'importe quel investisseur. Warren Buffett les a d'ailleurs rendus immortels à travers de savoureuses maximes.

Règle n° 1, Soyez patient ! : *« Si vous n'êtes pas prêt à conserver une action pendant 10 ans, ne songez même pas à la détenir pendant 10 minutes ».* D'autant plus que « le temps est l'ami des bonnes entreprises et l'ennemi des mauvaises ».

Règle n° 2, N'investissez que dans ce qui vous parle : *« N'investissez jamais dans une entreprise dont vous ne comprenez pas l'activité ! ».*

Règle n° 3, Sélectionnez des sociétés pas trop chères mais solides et avec des perspectives : *« Notre but est de découvrir des compagnies extraordinaires à des prix ordinaires et non des compagnies ordinaires à des prix extraordinaires ».*

Règle n° 4, Méfiez-vous des comportements moutonniers, par essence excessifs et parfois même irrationnels, et utilisez-les à votre profit : *« Soyez craintif quand les autres sont avides, et soyez avides quand les autres sont craintifs ».*

Enfin, règle n° 5, N'attendez pas l'approbation des autres, suivez votre propre conviction si elle s'appuie sur une analyse argumentée. *« Vous n'avez pas raison ou tort parce que d'autres sont d'accord avec vous. Vous avez raison parce que vos faits sont exacts et votre raisonnement est juste ».*

Fort de ces principes d'investissement de bon père de famille, Warren Buffet crée, en 1956, sa propre entreprise Buffett Partnership Ltd. Il va ensuite

prendre le contrôle, en 1965, d'une entreprise de textile, Berkshire Hathaway qu'il va progressivement restructurer pour en faire un groupe financier à partir duquel il va appliquer sa stratégie d'investissement et bâtir toute sa fortune.
Depuis 2006, Warren Buffet s'est aussi illustré pour avoir fait une large promotion de la philanthropie. Il a cédé la quasi-totalité des actions de sa société Berkshire Hathaway au profit d'organismes caritatifs, et plus particulièrement en faveur de la fondation Bill et Melinda Gates, qui œuvre pour améliorer les soins de santé et réduire l'extrême pauvreté dans le monde. À ce jour, il a déjà cédé 45 % de ses participations pour une valeur de 35 milliards de dollars. Pour expliquer son geste, Warren Buffet, qui est père de trois enfants, s'en sort par une maxime : *« On devrait donner à ses enfants le nécessaire pour qu'ils puissent faire ce qu'ils souhaitent, mais pas assez pour qu'ils restent oisifs. »*

d'une entreprise ne sont pas tous distribués aux actionnaires ! une partie est mise en réserve, une autre est réinvestie en recherche et développement ou pour faire des acquisitions, une autre enfin est réservée aux salariés (au titre de la participation aux bénéfices). Ensuite, on sert les actionnaires.
Dans ce cas, à quoi sert le PER ? Il sert surtout à comparer une entreprise à une autre du même secteur. Quand une société se paye 15 fois les bénéfices et que son concurrent direct se paye 17 fois les bénéfices, c'est que le marché est plus enthousiaste sur l'avenir du concurrent !

La rentabilité

La rentabilité d'une opération tient non seulement compte du rendement, mais aussi de la plus-value potentielle (ou moins-value).

EXEMPLE Reprenons le cas de nos deux actionnaires.
Le premier a acheté l'action à 95 €.
L'année suivante, l'action vaut 100 € et le dividende distribué a finalement atteint les 2 €.
La rentabilité, c'est le total de la plus-value potentielle et du dividende, rapportés à l'investissement.
Rendement = (2/95) x 100 = 2,10 %
Plus-value potentielle = 100-95 = 5
Rentabilité = {(5+2) / 95} x 100 = 7,37 %
Le deuxième a acheté l'action à 60 €.
Rendement = (2/60) x 100 = 3,33 %
Plus-value potentielle = 100 - 60 = 40
Rentabilité = {(40+3,33) / 60} = 72,21 % ■

QUEL COMPTE BOURSE CHOISIR ? ET QUELLE FISCALITÉ ?

Dans quelle enveloppe faut-il loger vos actions ? La fiscalité ne doit pas être votre seul guide pour vous décider.

Avant de choisir un compte Bourse, vous devez aussi connaître votre horizon d'investissement, savoir quels types de titres vous souhaitez acheter, et si vous souhaitez investir dans les actions en direct, en les sélectionnant vous-même, ou par le biais des fonds des sociétés de gestion.

LE PLAN D'ÉPARGNE EN ACTIONS (PEA)

Lancé en 1992 pour populariser l'investissement en actions, il n'a pas connu le succès escompté dans la durée. Pourtant, il s'agit de l'enveloppe qui offre, pour les actions, la fiscalité la plus attractive : à condition que les fonds restent bloqués pendant cinq ans, il n'y a plus aucun impôt sur le revenu, ni sur les plus-values, ni sur les dividendes. Seuls les prélèvements sociaux sont dus. De plus, la loi Pacte du 23 mai 2019 a considérablement assoupli son fonctionnement.
Le PEA peut être complété du PEA-PME (destiné à financer les petites et moyennes entreprises ainsi que les entreprises de taille intermédiaire) et, sous certaines conditions, du PEA jeunes. *« Avec des conditions fiscales aussi avantageuses, et l'assouplissement récent offert par la loi Pacte, il serait vraiment dommage de se priver de ces deux enveloppes »*, plaide Yvan Vaillant, directeur de l'ingénierie patrimoniale d'Edmond de Rothschild.

Composition

Un PEA est composé :
- d'une ligne de liquidités, sur laquelle vous effectuez vos versements et dans laquelle vous puisez pour investir. Cette ligne est aussi celle sur laquelle seront versés les dividendes que vous encaisserez.
- d'un portefeuille de titres, une fois que vous avez réalisé vos premiers investissements.

Pour des raisons techniques, l'ouverture d'un PEA entraîne aussi souvent l'ouverture d'un compte titres, sans que celui-ci doive forcément être actif.

Durée minimale : 5 ans

Le PEA est une enveloppe de long terme : pour profiter de ses avantages fiscaux, il faut investir pour une durée plutôt longue. Le premier retrait

d'argent ne doit pas intervenir avant le cinquième anniversaire du plan (dans le cas contraire, le plan est clôturé).
Mais cette durée minimale, qui bloque les fonds dans le plan, ne fige pas pour autant les investissements. Même si les sommes épargnées ne doivent pas sortir de l'enveloppe du PEA, le souscripteur peut être actif sur les marchés.
Ainsi, pendant les cinq premières années, il a le droit d'investir de nouvelles sommes dans son plan, d'acheter des titres, de les revendre, de les apporter à une société qui lance une offre publique d'achat (OPA), et d'utiliser les dividendes qui lui sont versés pour réinvestir. À l'inverse, s'il estime avoir réalisé une jolie plus-value sur une action, il peut la vendre, ajouter le montant récupéré à ses liquidités, ce qui lui permet d'attendre une nouvelle opportunité d'investissement.
Après les cinq ans du plan, il peut effectuer des retraits partiels sans clôturer son plan, et il pourra continuer à investir même après ces retraits. Le plan d'épargne en actions devient donc, à cet âge-là, une enveloppe dont on peut entrer et sortir librement.

Quels titres peut-on loger dans un PEA ?

Des actions françaises et européennes ; des parts de fonds à dominante actions européennes (SICAV, FCP, ETF, fonds indiciels) ; des parts de sociétés non cotées dont le siège est situé dans l'Union européenne ou l'espace économique européen, dans certaines limites ; des certificats.
Le PEA-PME peut aussi héberger : des obligations convertibles ou échangeables en actions cotées ; des obligations remboursables en actions non cotées ; certains titres émis par les plateformes de financement participatif (obligations à taux fixes ou minibons).
Le PEA n'est pas l'enveloppe en revanche pour :
- les obligations,
- les actions internationales hors Union européenne et espace économique européen (les investissements en Norvège, en Islande et au Liechtenstein sont aussi possibles),
- les opérations financées au moyen du SRD *(voir plus loin)*.

CONDITIONS D'OUVERTURE
Pour ouvrir un PEA, il faut être majeur et avoir sa résidence fiscale en France. Les couples mariés ou pacsés peuvent détenir deux PEA, et depuis la loi Pacte, les enfants majeurs résidents du foyer fiscal ont aussi droit au leur (voir plus bas).

Combien puis-je investir dans un PEA ?

Pour un PEA classique, l'investissement maximal est de 150 000 €. Pour un PEA-PME, la loi Pacte a porté le montant des sommes investies de 75 000 à 225 000 €.
Mais dans les deux cas, vous ne pouvez pas dépasser, avec vos deux enveloppes (PEA et PEA-PME), 225 000 € de versements au total.
Chaque contribuable majeur peut avoir un seul PEA et un PEA-PME, pas plus.
Petite nouveauté : avant la loi Pacte de mai 2019, les jeunes devaient avoir un foyer fiscal indépendant de celui de leurs parents pour ouvrir un PEA. Aujourd'hui, ils peuvent souscrire un PEA-jeunes même s'ils sont rattachés au foyer fiscal familial. Ils peuvent l'ouvrir entre 18 et 21 ans, ou même jusqu'à

25 ans s'ils sont étudiants. Leurs versements sont plafonnés à 20 000 €, et ce montant vient en déduction des sommes versées sur les PEA classiques de leurs parents. L'avantage ? Même avec de petites enveloppes investies, le PEA-jeunes permet de prendre date. Le jour où le jeune quitte enfin le nid, son PEA-jeunes est automatiquement transformé en PEA classique, sans pour autant perdre son ancienneté. À partir de ce moment-là, le plafond de versements ne sera plus de 20 000 €, mais de 150 000 € (et les parents récupèrent leur pleine capacité d'investissement).

Fiscalité du PEA, du PEA-PME et du PEA-jeunes

Une fois le cinquième anniversaire du plan passé, il est possible d'effectuer des retraits tout en profitant d'une fiscalité très attractive : seuls les prélèvements sociaux sont dus sur les gains. Et le système de prélèvement se fait de façon très favorable pour l'investisseur.

Les dividendes. Ils sont versés chaque année (ou chaque trimestre pour certaines sociétés). Les prélèvements sociaux ne s'effectuent pas lors de leur versement, mais au moment de la sortie du PEA. Ce qui permet aux dividendes d'être réinvestis dans leur intégralité.

Les plus-values. Comme les dividendes, elles ne sont soumises aux prélèvements sociaux qu'à la sortie du PEA.

Calcul du gain imposable. Au moment du premier retrait, on regarde : les montants investis et la valeur du portefeuille au jour du retrait. C'est la différence entre ces deux sommes qui permet de calculer le gain soumis aux prélèvements sociaux.

EXEMPLE Si la valeur du PEA est de 100 000 €, pour des investissements de 70 000 €, le gain (plus-value et dividendes) est de 30 000 €.
Si le souscripteur ne retire que 20 000 €, soit un cinquième de la valeur de son PEA, il n'est taxé que sur un cinquième des gains : 30 000 €/5 = 6 000 €. C'est cette somme qui subit les prélèvements sociaux.

Si la valeur du portefeuille à la sortie est inférieure à la totalité des montants investis, le PEA est en perte et n'est ni imposable, ni soumis aux prélèvements sociaux.

Calcul des taux de prélèvements sociaux applicables.
Pour les plans ouverts avant le 1er janvier 2018, c'est la règle du taux historique qui s'applique. En fonction des années où sont constatés les gains, on applique le taux de prélèvements sociaux en vigueur à cette époque.
Pour les plans ouverts à compter du 1er janvier 2018, on appliquera le taux de prélèvements sociaux en vigueur au moment du retrait sur l'ensemble des gains taxables, même s'ils sont imputables à des plus-values et à des dividendes anciens. Si en 2023, les prélèvements sociaux sont relevés à 20 % par exemple, on appliquera un taux de

20 % sur l'ensemble des gains, y compris sur ceux enregistrés aujourd'hui où les prélèvements sociaux sont de 17,2 %.

RAPPEL DES TAUX DE PRÉLÈVEMENTS SOCIAUX HISTORIQUES

Du 01/02/1996 au 31/12/96 :	0,5 %
Du 01/01/1997 au 31/12/1997 :	3,9 %
Du 01/01/1998 au 31/12/2003 :	10 %
Du 01/07/2004 au 31/12/2004 :	10,3 %
Du 01/01/2005 au 31/12/2008 :	11 %
Du 01/01/2009 au 31/12/2010 :	12,1 %
Du 01/01/2011 au 31/12/2011 :	12,3 %
Du 01/01/2012 au 30/06/2012 :	13,5 %
Du 01/07/2012 au 31/12/2017 :	15,5 %
Depuis le 01/01/2018 :	17,20 %

Source : lafinancepourtous.com

Que se passe-t-il si je dois liquider mon PEA avant cinq ans ?

Cela est déconseillé, mais certaines circonstances rendent les clôtures indispensables. En cas de fermeture anticipée effectuée depuis le 1er janvier 2019, les gains sont taxés comme dans un compte-titres, c'est-à-dire qu'ils subissent le prélèvement forfaitaire unique de 30 % (12,8 % d'impôt +17,2 % de prélèvements sociaux).

Si le titulaire meurt, ou s'il utilise les fonds pour racheter ou créer une entreprise (sous certaines conditions), il est exonéré d'impôt. Les prélèvements sociaux de 17,2 % restent dus.

Comment suis-je taxé en cas de pertes ?

La moins-value s'apprécie pour la totalité des investissements du PEA. Si vous devez solder votre PEA et constatez une moins-value, il n'y aura pas d'impôt.

- Si vous soldez votre PEA avant son 5ème anniversaire : le plan tombe sous la fiscalité du compte-titres. Cela signifie que s'il est en moins-values, ces dernières sont imputables sur les plus-values d'un compte-titres au cours des dix prochaines années. Elles viendront diminuer le montant taxable au cours de cette période *(BOI-RPPM-PVBMI-20-10-40 § 300)*.
- Si vous soldez votre PEA après son 5ème anniversaire : la règle est la même, à condition que vous en liquidiez la totalité.

Et si un État dans lequel j'ai investi quitte l'union européenne ? Point sur le Brexit.

Les modalités précises ne sont pas encore connues, mais les pouvoirs publics ont prévu que les investisseurs aient le temps de se retourner !

Une période transitoire de trois ans était initialement prévue (lorsque le Brexit avait une date limite fixée au 29 mars 2019), afin que les épargnants puissent céder les titres anglais acquis avant le Brexit. Il conviendra de vérifier en temps voulu si elle est maintenue en l'état.

Dans l'intervalle, ne logez pas de nouveaux titres anglais dans votre PEA, et tentez, si cela est possible sans perdre trop d'argent, de vendre vos titres déjà acquis.

Qu'est-ce qu'un PEA-assurances ?

C'est un PEA ouvert non pas dans une banque, mais dans une compagnie d'assurances. Il fonctionne exactement selon les mêmes modalités que le PEA classique. À une exception près : il permet, au terme des cinq ans du plan, ou même bien plus tard, de convertir le capital obtenu en rente viagère. Et de toutes les rentes viagères, celle obtenue via le PEA-assurances est la moins taxée ! Les versements mensuels sont seulement soumis aux 17,2 % de prélèvements sociaux, ce qui est très avantageux pour les foyers fortement imposables.

Si votre PEA est un PEA bancaire, et que vous envisagez de le convertir en rente, il faudra le transformer en PEA-assurances. Dans certains établissements, notamment ceux qui font à la fois office de banque et de compagnie d'assurance, c'est une simple formalité. Dans d'autres, il y aura des frais de transfert. Faites bien vos calculs avant de vous précipiter.

LE COMPTE-TITRES

Le compte-titres n'impose aucune contrainte de durée, aucun plafond de versement. Il est possible d'en détenir plusieurs, on y entre et on en sort à sa guise et surtout, on y loge tous les instruments financiers qu'on souhaite. C'est donc l'enveloppe la plus classique, celle que l'on trouve souvent dans les familles d'actionnaires historiques d'une société, ou celle vers laquelle on se tourne quand on a saturé les montants à investir dans le PEA, ou tout simplement lorsque l'on souhaite diversifier ses classes d'actifs (obligations par exemple, ou actions hors Europe qui sont interdites dans le PEA). C'est, enfin, avec le compte-titres que les amateurs du SRD effectuent leurs opérations.

De 2012 à 2018, tous les gains enregistrés étaient soumis au barème progressif de l'impôt, ce qui pénalisait lourdement les gros contribuables : le compte-titres avait nettement perdu de sa superbe... À présent qu'il est soumis à la *flat tax* de 30 %, au moins pour le souscripteur les choses sont claires, et il a retrouvé quelques couleurs. C'est aussi l'enveloppe à privilégier lorsque l'on n'a pas de temps devant soi, que l'on dispose d'une forte somme à investir en actions et que l'on prévoit d'encaisser régulièrement des dividendes pour alimenter son train de vie.

En outre, un compte-titres peut être démembré (le nu-propriétaire possède les titres mais c'est l'usufruitier qui encaisse les dividendes). Il n'y a aucun critère d'âge et il est donc possible d'en ouvrir un pour un enfant mineur. Il peut faire l'objet d'une donation ou être transmis dans le cadre d'une succession.

Composition

Le compte-titres se compose :
- d'un portefeuille de titres,
- d'un compte de liquidités.

Lorsqu'un titre est acheté, on prélève la somme nécessaire sur le compte de liquidités. Lorsqu'il est vendu, on verse le montant issu de la vente sur le compte de liquidités. Ce compte est également celui sur lequel on prélève les frais de gestion, les frais de garde, etc. C'est également sur le compte de liquidités que sont versés les dividendes des sociétés en portefeuille.

Quels titres peut-on loger dans un compte-titres ?

L'éventail de titres éligibles dans un compte-titres est nettement plus large que dans un PEA :
- actions : alors que le PEA est cantonné aux valeurs européennes, le compte-titres permet d'investir dans des actions du monde entier.
- obligations : cela non plus n'est pas autorisé dans le cadre du PEA, sauf pour les obligations convertibles qui sont admises au sein du PEA-PME.
- parts de FCP ou de SICAV, quelle que soit leur zone géographique d'investissement,
- bons de souscription,
- *warrants*,
- ETF ou *trackers*.

Fiscalité du compte-titres

Deux types de gains sont imposables selon des modalités différentes : les revenus (dividendes des actions et coupons des obligations) et les plus-values.

Dividendes et coupons. Le souscripteur a le choix entre :
- le prélèvement forfaitaire unique, ou *flat tax*, de 30 % (12,8 % d'impôt sur le revenu et 17,2 % de prélèvements sociaux). C'est cet impôt qui s'applique par défaut, et sans déductibilité de la CSG.
- l'impôt au barème progressif, ce qui est avantageux en cas de faible gain et pour des personnes faiblement taxées. (un gain important s'ajoute aux revenus de l'année et fait, mécaniquement, remonter le taux d'imposition du foyer). Dans ce cas, les prélèvements sociaux de 17,2 % sont dus également, mais sur leur montant, vous pouvez déduire 6,8 % de CSG déductible de vos revenus imposables. Attention, si vous optez pour le barème progressif, il s'applique à tous vos gains sur valeurs mobilières cette année-là.
Le prélèvement se fait en deux fois :
- au moment du versement du coupon ou du dividende, l'établissement financier ponctionne automatiquement 12,8 % de prélèvement forfaitaire non libératoire.
- une fois la déclaration d'impôts remplie (l'année suivante, donc), le centre des impôts calculera le montant des prélèvements sociaux, qui seront mentionnés dans l'avis d'impôt définitif.

Plus-values de cession. Là encore, l'actionnaire a le choix entre deux types de fiscalité :
- le prélèvement forfaitaire unique de 30 % (qui ne permet pas d'appliquer l'abattement pour durée de détention).
- l'imposition au barème progressif et les 17,2 % de prélèvements sociaux. Dans ce cas, pour les titres acquis avant le 1er janvier 2018, on peut pratiquer un abattement pour durée de détention *(voir plus bas)*.
Mais c'est surtout le calcul de la plus-value imposable qui peut se révéler complexe.
Lorsque les titres ont été acquis avant le 1er janvier 2018 et que le propriétaire opte pour une imposition au barème progressif, il peut pratiquer sur sa plus-value un abattement pour durée de détention :

- 50 % d'abattement s'il détenait le titre depuis au moins deux ans,

- 65 % d'abattement s'il détenait le titre depuis au moins huit ans. Attention, cet abattement s'applique pour le calcul de l'impôt, mais pas pour celui des prélèvements sociaux qui sont prélevés sur l'ensemble de la plus-value (avant abattement).

SOYEZ PRÉVOYANT
Si vous encaissez une plus-value importante, conservez bien le montant de l'impôt prévu sur un compte de trésorerie.

Les plus-values peuvent être minorées si l'actionnaire a enregistré des moins-values au cours de l'année.

EXEMPLE

Cession en 2019 de titres A : 10 000 € de plus-value.
Cession en 2019 de titres B : 5 000 € de moins-value.
Plus-value imposable : 5 000 €.

L'actionnaire peut aussi, sur l'année, afficher une moins-value.

EXEMPLE

Cession en 2019 de titres C : 8 000 € de plus-value.
Cession en 2019 de titres D : 18 000 € de moins-value.
Moins-value sur l'année : 10 000 €.

Cette somme n'est pas déductible du revenu imposable.
En revanche, elle pourra s'imputer sur les plus-values boursières enregistrées au cours des dix années suivantes.

EXEMPLE

Moins-values enregistrées en 2019 : 10 000 €.
Plus-values enregistrées en 2020 : 5 000 €. Plus-values imposables : 0 €.
(Il reste 5 000 € à imputer les années suivantes).
Plus-value enregistrée en 2021 : 8 000 €. Plus-value imposable : 3 000 € (8 000-5 000).

Attention, l'impôt sur la plus-value de cession est prélevé très tard.
Ainsi, une cession de titres en janvier 2019 ne sera déclarée qu'en 2020 dans la déclaration de revenus 2019. Le montant à payer ne sera réellement connu et appelé qu'au moment où le contribuable recevra son avis d'impôt, soit en juillet ou août 2020...

Et si vous avez reçu un compte-titres par succession ou donation...

Le compte-titres ne profite pas de la fiscalité imbattable sur les transmissions de l'assurance vie : il est soumis à l'impôt sur les mutations à titre gratuit (donation ou succession), comme n'importe quel autre bien. Ne négligez pas cette opération, elle peut vous servir plus tard. *« Ces droits de succession ou de donation s'ajoutent au prix de revient global du portefeuille »*, rappelle Yvan Vaillant, directeur de l'ingénierie patrimoniale du groupe Edmond de Rothschild. *« Vous pouvez les utiliser sur le plan fiscal. Un compte-titres d'une valeur de 100 000 € et taxé à 20 % de droits de succession a un prix de revient de 120 000 €. Si vous vendez les titres (pour 100 000 €), vous dégagez, sur le plan fiscal, une moins-value de 20 000 €. Cette moins-value peut s'imputer sur d'autres plus-values issues de cessions gagnantes.. Si vous n'avez pas d'autres positions à solder, vous pourrez l'imputer sur vos plus-values réalisées sur les marchés au cours des dix années suivantes ».*

L'ASSURANCE VIE

Autant le dire tout de suite : si elle est sans conteste le placement favori des Français, ce n'est pas grâce aux actions. L'assurance vie profite d'une fiscalité sur le revenu très favorable, et d'une fiscalité sur la transmission imbattable. Surtout, jusqu'ici, elle a totalement satisfait à la frilosité des Français avec ses fonds en euros, qui garantissent le capital placé par les épargnants et les intérêts versés chaque année. Sur les 1 765 milliards d'euros investis en assurance vie, fin août 2019, 1 412 milliards étaient logés dans les fonds en euros...
Pourtant, l'assurance vie est une enveloppe de long terme qui est parfaitement adaptée aux investissements sur les marchés. Il n'y a aucune limite sur les montants versés et le nombre de contrats par personnes est illimité. On peut investir à tout âge mais attention toutefois aux primes manifestement exagérées *(voir plus loin).*

Composition

Un contrat d'assurance vie est une enveloppe, et il propose ensuite d'investir dans plusieurs types de supports :
- le fonds en euros, garanti, qui rapportait encore en 2018 1,8 % *(Source : Fédération française des assurances).*
- des unités de comptes, c'est-à-dire d'autres types de supports d'investissements, non garantis : SICAV, FCP, certaines SCPI aussi, etc.

Durée minimale : 8 ans

Attention ! contrairement à ce que l'on entend souvent, les sommes investies ne sont pas « bloquées » pour huit ans. Un retrait (en assurance vie, on parle de « rachat ») n'entraîne pas la clôture du contrat. En revanche, pour les montants retirés avant le huitième anniversaire du contrat, la fiscalité sur les gains est moins avantageuse.
Au-delà de huit ans, le contrat peut continuer à vivre, à être alimenté régulièrement, ou au contraire, faire l'objet de rachats partiels, etc.

Quels titres peut-on loger dans un contrat d'assurance vie ?

À de très rares exceptions près, il n'est pas possible de détenir, dans un contrat d'assurance vie, des titres en direct.
L'assurance vie, c'est le royaume de la gestion collective ! Mais tous les univers d'investissements sont possibles : actions, obligations, fonds diversifiés (mêlant les actions et les obligations), fonds flexibles (le gérant se ménage la possibilité de détenir en portefeuille 100 % d'actions ou au contraire 100 % d'obligations). Les zones géographiques sont illimitées, et les styles de gestion sont vastes : *growth* (croissance), *value* (valeurs sous-évaluées), fonds technologiques, fonds spécialisés dans les biens de consommation, fonds investis dans les valeurs aurifères, fonds ISR... On trouve même des fonds investis dans les valeurs foncières et immobilières

et certaines SCPI. Ces valeurs font souvent doublon pour les Français tant leur patrimoine est surinvesti en immobilier. Nous faisons donc le choix de ne pas en parler dans ce guide.
La plupart des contrats proposés par les établissements de réseau ne proposent que des fonds gérés par leurs filiales de gestion. Préférez-leur les contrats dits « en architecture ouverte », qui vous laissent un large choix de fonds gérés par un grand nombre de sociétés de gestion. La plupart des contrats d'assurance vie en ligne offrent également un grand choix de supports d'investissements (plusieurs fonds par zone géographique etc.)

Possibilité d'arbitrage à l'intérieur du contrat

Même s'il faut rester investi huit ans pour profiter de la fiscalité avantageuse de l'assurance vie, il est toujours possible, pendant cette période, de continuer à alimenter son contrat (c'est même recommandé par le biais de versements réguliers).
Il est également possible de réaliser des arbitrages : si un fonds ne vous donne pas satisfaction, ou si vous croyez que la croissance va ralentir dans la zone géographique sur laquelle il mise, vous pouvez revendre vos parts et les réinvestir, soit dans le fonds en euros, soit dans d'autres unités de comptes.

Fiscalité sur les gains

L'assurance vie est une enveloppe de capitalisation. L'impôt n'est prélevé qu'à la sortie, en cas de rachat ou de décès du souscripteur.
« C'est l'un des grands avantages de l'assurance vie », plaide Yvan Vaillant, directeur de l'ingénierie patrimoniale chez Edmond de Rothschild. *« Tous les mouvements sur les unités de compte sont autorisés, mais tant qu'il n'y a pas de retrait ou de rachat des sommes investies dans l'assurance vie, il n'y a aucun prélèvement. Seul le fonds euro subit les prélèvements sociaux au fil de l'eau. »*, rappelle-t-il.
Il en va de même pour les prélèvements sociaux sur toutes les unités de compte : ils sont calculés sur le montant global des gains sur la durée. En revanche, pour les intérêts produits par le fonds en euros, ils sont prélevés chaque année, au fur et à mesure des versements.
L'arrivée de la *flat tax* a changé beaucoup de choses dans la fiscalité des rachats, et il faut aujourd'hui distinguer les sommes versées avant le 27 septembre 2017 et celles versées après.

Pour les sommes versées depuis le 27 septembre 2017 :

- au cours des huit premières années du contrat, la part des gains liée au rachat est soumise à la *flat tax* de 30 % (12,8 % d'impôt et 17,2 % de prélèvements sociaux).

EXEMPLE Sur un contrat où 10 000 € ont été versés, et où 1 000 € d'intérêts ont été produits (soit 10 % de gains), si le souscripteur effectue un rachat de 2 200 €, il sera taxé sur 200 € (10 % de gains sur 2 000 €). 30 % de *flat tax* seront prélevés sur ce montant, soit 60 €.

- après les huit ans du contrat : chaque année, le souscripteur peut racheter une part d'intérêts et de gains allant jusqu'à 4 600 € (9 200 € pour un couple). Les gains au-delà de ces montants sont taxés à 7,5 %, et ils supportent les 17,2 % de prélèvements sociaux.

EXEMPLE Sur un contrat sur lequel 80 000 € ont été versés et où 20 000 € d'intérêts ont été gagnés au fil des années, prenons l'exemple d'un souscripteur qui rachète la moitié de son épargne, soit 50 000 €. Les gains enregistrés sur ce rachat sont de 10 000 €.
Les prélèvements sociaux de 17,2 % sur ces 10 000 € : 1 720 €.
En revanche, pour calculer le montant de l'impôt, on pratique un abattement de 4 600 € : seuls 5 400 € sont taxés (10 000 € de gains – abattement de 4 600 €).
L'impôt est de 7,5 %, soit 405 €.
Pour 10 000 € d'intérêts, le souscripteur paye 2 125 € d'impôt et de prélèvements sociaux.

Et s'il étale ses rachats dans le temps, tant que la part de gains liée à ses rachats ne dépasse pas 4600 € par an, il peut effacer totalement l'impôt. En revanche, les prélèvements sociaux restent dus.
Si les souscripteurs ont versé plus de 150 000 € en assurance vie, les rachats correspondant aux versements supérieurs à ce montant sont soumis au prélèvement forfaitaire unique (PFU) de 30 % (12,8 % d'impôt et 17,2 % de prélèvement sociaux).

Pour les versements effectués avant le 27 septembre 2017, les gains sont taxés de la façon suivante :
Si le contrat a entre 0 et 4 ans : prélèvement forfaitaire libératoire au taux de 35 %, ou sur option, barème progressif de l'impôt plus 17,2 % de prélèvements sociaux.
Si le contrat a entre 4 et 8 ans : prélèvement forfaitaire libératoire au taux de 15 %, ou sur option, barème progressif de l'impôt plus 17,2 % de prélèvements sociaux.
Si le contrat a plus de 8 ans : prélèvement forfaitaire libératoire au taux de 7,5 % après application d'un abattement de 4600 € de gains par an pour une personne seule plus 17,2 % de prélèvement sociaux sur la totalité du gain.

BARÈME DE L'IMPÔT
Notez qu'il est possible, sur option, de soumettre ses gains au barème progressif de l'impôt, mais cela concernera tous les gains de l'année.

Fiscalité sur la transmission

C'est elle qui fait de l'assurance vie un véhicule rêvé pour transmettre des biens à ses proches. Pour déterminer la fiscalité, on regarde l'âge auquel ont été effectués les versements : avant ou après 70 ans.

Sommes versées avant 70 ans : le souscripteur peut transmettre jusqu'à 152 500 € par bénéficiaire sans aucun impôt !
Ainsi, un assuré qui décide de gratifier trois personnes de son choix peut laisser jusqu'à 457 500 € en franchise totale d'impôt.
Autre avantage : les bénéficiaires de cet avantage fiscal ne sont pas forcément des membres de la famille. Ainsi, l'assurance vie permet de gratifier une

personne proche sans qu'elle subisse de lourds impôts : hors ligne directe et liens du mariage et du Pacs, les successions sont taxées à 60 %...

RÉSERVE HÉRÉDITAIRE
L'assurance vie ne permet pas de contourner les règles de la succession. Si le souscripteur a des enfants, qui sont ses héritiers réservataires, il doit veiller à ne pas laisser de montants trop élevés à une tierce personne. Les primes manifestement exagérées *(article L 132-13 du code des assurances)* sont souvent contestées devant les tribunaux par les héritiers légaux.

Pour chaque bénéficiaire, la tranche comprise entre 152 500 € et 852 500 € est soumise à un prélèvement au taux de 20 %. Pour les sommes supérieures à 825 000 €, le taux est de 31,25 %.

Sommes versées après 70 ans. Même après cet âge, la fiscalité de la transmission est attractive. Tous les montants investis, jusqu'à 30 500 €, ainsi que les intérêts qu'ils produisent, sont exonérés d'impôt sur la transmission. Mais attention, cet abattement se partage entre tous les bénéficiaires.
Au-delà de 30 500 € investis, la fiscalité qui s'applique est la même que celle des successions.

LES CONTRATS DE CAPITALISATION

Ils ressemblent à s'y méprendre à des contrats d'assurance vie, mais avec une fiscalité ordinaire sur la succession.
S'ils ont rencontré un petit succès pendant longtemps, c'est parce qu'ils étaient valorisés aux yeux de l'ancien impôt sur la fortune (ISF) à leur valeur

L'assiette des abattements

Attention, les abattements ne s'entendent pas de la même façon selon que les sommes sont investies avant ou après 70 ans.
L'abattement fiscal de 152 500 € par bénéficiaire, qui concerne les versements avant les 70 ans du souscripteur, ne fait pas de distinction entre les versements et les gains : il s'applique à la valeur du contrat au jour de la transmission.
Prenons l'exemple d'un assuré qui aurait versé 140 000 € et aurait touché 30 000 € d'intérêts et de gains. Il ne désigne qu'un bénéficiaire. Le contrat vaut 170 000 €, mais l'abattement n'est que de 152 500 €.
Les 17 500 € au-delà de l'abattement sont, eux, taxés à 20 %. *(art. 990 i du CGI).*
L'abattement de 30 500 €, applicable aux versements effectués après les 70 ans de l'assuré, est calculé sur les primes versées. Cela signifie que cette somme, ainsi que les intérêts qu'elle a produits, sont exonérés d'impôt sur la transmission *(art. 757B du CGI).*
Prenons l'exemple d'un souscripteur qui effectue 61 000 € de versements. Les gains entre les versements et son décès s'élèvent à 10 000 €. Le contrat vaut 71 000 €.
L'abattement fiscal à partager entre les bénéficiaires est de :
30 500 € + 5 000 € de gains liés à ces versements = 35 500 €.
Le reste du contrat s'ajoute à la succession et est taxé comme tel.

nominale, c'est-à-dire pour les montants versés. La plus-value, elle, n'était pas prise en compte dans le calcul de l'ISF. Désormais comme cet impôt (impôt sur la fortune immobilière - IFI) ne prend plus en compte que l'immobilier, les épargnants qui détiennent des liquidités sont plus sereins, et ont moins besoin de ce genre de contrat...

La fiscalité des rachats est la même que celle de l'assurance vie.

La fiscalité de la transmission est celle d'une transmission classique (on prend en compte la valeur du contrat au moment de la transmission, en intégrant les plus-values au calcul).

LES PLANS D'ÉPARGNE RETRAITE

Pour ceux qui sont encore jeunes, ils constituent l'enveloppe d'épargne la plus indiquée pour investir en Bourse, car ce sont des produits de très très long terme : en théorie, les sommes ne sont restituées... qu'au moment où le souscripteur prend sa retraite.

Un manque de liquidité qui effraie plus d'un épargnant, et qui explique le peu de succès rencontré jusqu'ici par ces enveloppes. D'autant qu'une deuxième tare, rédhibitoire aux yeux des Français, venait freiner leurs ardeurs : jusqu'ici, les sorties sous forme de capital étaient extrêmement limitées, voire tout bonnement interdites. Seule la rente était possible. Et en cas de besoin de liquidités (divorce, achat d'une résidence principale...), il était impossible de débloquer son épargne. Pour pouvoir la récupérer, il fallait vivre une catastrophe, comme le décès de son conjoint, l'arrivée à échéance de ses droits au chômage ou le surendettement.

Pour inverser la tendance, les pouvoirs publics ont sérieusement revu leur copie.

Les contrats PERP, Madelin et Préfon d'hier sont progressivement en train d'être remplacés par les PER (plan d'épargne retraite). Ces plans retraite d'un genre nouveau présentent deux grosses avancées par rapport à leurs ancêtres. D'une part, ils autoriseront une sortie en capital au moment de la retraite, et un cas de déblocage anticipé heureux : l'acquisition de la résidence principale. D'autre part, ils ont vocation à être gérés de façon plus dynamique. Par défaut, la gestion sera dite « pilotée », c'est-à-dire qu'elle tiendra compte de l'âge du souscripteur et du temps qu'il aura devant lui avant la retraite pour déterminer la part d'épargne qui sera exposée au risque des marchés.

TRANSFERT
Il sera possible de faire transférer dans son PER dit « individuel » de l'épargne accumulée par le biais de plans d'épargne retraite en entreprise. Ces sommes seront versées dans de nouveaux compartiments, permettant de distinguer l'origine des versements, car la fiscalité ne sera pas tout à fait la même que celle des versements volontaires.

Nous vous présentons ici les caractéristiques du PER individuel.

Date limite de souscription : aucune.

Durée minimale : théoriquement, jusqu'à l'âge de la retraite.

Composition

Le PER individuel est composé de trois compartiments :

- le premier correspond aux versements volontaires du souscripteur ;

- le deuxième correspond à ses versements et à l'abondement de son employeur dans son plan d'épargne retraite d'entreprise collectif. C'est également dans ce compartiment qu'il peut verser les jours de congés non pris et monnayés auprès de son employeur, ou les jours issus de son compte épargne temps qui lui sont payés ;
- le troisième correspond aux sommes issues des cotisations obligatoires de son plan d'épargne retraite entreprise obligatoire, si son entreprise a mis en place ce dispositif, et qu'il quitte l'entreprise.

Quels titres peut-on loger dans un PER ?

À de très rares exceptions près, les plans d'épargne retraite existants ne permettent pas d'investir dans les actions en direct. Mais les FCP investis en actions, eux, sont autorisés et même recommandés. Il existe aussi des fonds obligataires, des fonds monétaires, etc. L'éventail de placements est souvent le même que sur un contrat d'assurance vie.

TRAVAILLEURS NON SALARIÉS

Si le souscripteur appartient à cette catégorie, son plafond de versements est plus élevé. Il peut verser jusqu'à : 10 % du bénéfice imposable dans la limite de 324 192 € (8 PASS) + 15 % du bénéfice imposable sur la part de bénéfice comprise entre 40 524 et 324 192 € (plafond PASS). Attention, pour les TNS, on ne prend pas en compte le PASS de l'année N-1 mais le PASS de l'année en cours.

Modalités de sortie

La sortie s'effectuera sous forme de rente ou de capital retiré en une ou plusieurs fois. Le souscripteur pourra aussi panacher les deux modalités de sortie.

Fiscalité

Le souscripteur a le choix entre un avantage fiscal à l'entrée ou un avantage fiscal à la sortie.

Bénéfice de l'avantage fiscal à l'entrée.
- Pour les versements : le souscripteur peut les déduire de son revenu imposable. Toutefois leur montant est plafonné au plus élevé de ces deux montants :
- 10 % de ses revenus d'activité minorés de 10 % (pour un salarié qui a déclaré 50 000 € de revenus, le plafond est à 4 500 €), dans la limite de 8 fois le plafond annuel de la sécurité sociale de l'année N-1.
-10 % du plafond annuel de Sécurité sociale de l'année N-1 (c'est-à-dire, pour 2019, pas plus de 3 973 €).
Plus le versement est élevé, plus le revenu imposable est diminué, et plus l'économie d'impôt est importante.
- À la sortie, si elle se fait sous forme de rente, le montant annuel de la rente est ajouté au revenu imposable (après abattement de 10 %) et les prélèvements sociaux de 17,2 % sont calculés en fonction de l'âge auquel le contrat a été liquidé : sur 40 % pour une conversion entre 60 et 69 ans inclus, sur 30 % pour une conversion à 70 ans révolus.
Si l'épargne est récupérée sous forme de capital : on décompose le capital restitué entre d'une part le montant cumulé des versements, qui est ajouté aux revenus imposables et soumis à l'impôt au barème progressif ; et d'autre part les gains qui sont soumis au prélèvement forfaitaire unique de 30 % (12,8 % d'impôt et 17,2 % de prélèvements sociaux).

Bénéfice de l'avantage fiscal à la sortie. Les personnes qui, sur option, ne profitent pas d'avantage fiscal au

moment de leurs versements, récupèrent leurs versements à la sortie sans qu'ils soient taxés si elles sortent en capital. Seuls les gains subissent le prélèvement forfaitaire unique de 30 % (12,8 % d'impôt et 17,2 % de prélèvements sociaux).
Si elles choisissent la sortie en rente, elles ne sont taxées que sur une faible part de ce revenu complémentaire : 40 % si elles convertissent leur épargne entre 60 et 69 ans inclus, 30 % si elles liquident leur plan à 70 ans révolus. Cette part est ajoutée aux revenus imposables du souscripteur et elle est soumise à 17,2 % de prélèvements sociaux.

Les cas de déblocage anticipé et leur fiscalité

Il est aujourd'hui possible de débloquer son épargne retraite pour acheter sa résidence principale, même s'il s'agit d'un deuxième ou d'un troisième achat. Le capital débloqué est alors scindé en deux : les sommes versées et les gains enregistrés.
Les sommes versées sont réintégrées au revenu imposable : l'avantage fiscal octroyé à l'entrée est donc perdu. Les gains enregistrés, eux, sont soumis aux 30 % de prélèvement forfaitaire unique (12,8 % d'impôt, et 17,2 % de prélèvements sociaux).
Les autres cas de déblocage anticipé correspondent à des accidents de la vie :
- décès de l'époux ou du partenaire de Pacs,
- expiration des droits d'assurance chômage,
- surendettement,
- cessation d'une activité non salariée suite à un jugement de liquidation judiciaire,
- invalidité du titulaire, de son conjoint ou de l'un de ses enfants.

Dans les situations d'accidents de la vie, la fiscalité est très allégée. Les sommes versées ne sont pas imposables. Les gains enregistrés ne sont pas soumis à l'impôt sur le revenu, mais les prélèvements sociaux de 17,2 % restent dus. ■

DÉCÈS DU TITULAIRE
Il ne constitue pas un motif de déblocage anticipé. En revanche, s'il survient pendant la phase d'épargne, il donne droit au versement d'une rente viagère pour un bénéficiaire désigné à la souscription ou d'une rente éducation jusqu'aux 25 ans des enfants.

ET AU MOMENT DE PASSER UN ORDRE…

Un passage d'ordre, c'est simple a priori. Pourtant, de nombreuses options existent et risquent de vous dérouter le moment venu. Sachez donc précisément à quoi correspondent les différents ordres, et ce à quoi ils vous engagent, avant de vous lancer.

Vous allez dorénavant passer votre premier ordre. Un conseil : pour vous faire la main, commencez avec une ligne de faible montant. Certes, les frais risquent d'être un peu élevés, mais vous vous sentirez plus à l'aise.

QUE CONTIENT UN ORDRE DE BOURSE ?

- l'objet de l'ordre : le nom du titre, avec son code ISIN,
- le sens de l'ordre : achat, ou vente,
- le nombre de titres à vendre/à acheter,
- la validité de l'ordre : la journée, une date programmée,
- le type d'ordre.

PAR QUEL MOYEN LE PASSER ?

Il est encore possible, aujourd'hui, de passer un ordre par téléphone ou dans son agence. Mais si vous avez une connexion Internet, vous ne serez jamais mieux servi que par vous-même ! Surtout, vous conserverez une trace de l'ordre et il sera passé de façon instantanée.

COMMENT CONNAÎTRE L'ÉTAT DU MARCHÉ QUAND JE PASSE MON ORDRE ?

Si vous avez un intermédiaire en ligne, vous allez avoir accès au carnet d'ordres. À l'heure où ces lignes sont rédigées, sur un titre favori du CAC 40, 21 246 actions sont à vendre, et il y a une demande d'achat pour 21 191 actions. Les prix d'achat vont de 129,40 € à 129,85 €, tandis que les prix de vente d'échelonnent de 129,65 € à 130,30 €.

L'ORDRE AU MARCHÉ

Les actions que vous achetez vont être payées au cours du marché. C'est-à-dire que si vous passez un ordre au moment où elles valent 100 €, elles seront achetées à 100 €. Seul hic, entre le moment où vous passez l'ordre et le moment où il est exécuté, il peut s'écouler un petit laps de temps, surtout si la valeur n'est pas

très liquide. Il se peut alors que le prix soit monté à 101 €, parfois 102 €, parfois plus. Même chose à la vente : vous pensez vendre un titre à 100 €, mais si le marché chute dans les minutes qui suivent votre ordre, la cession peut se faire à 98 €, parfois moins.
Les ordres au marché comportent donc une petite part de risque, mais ils présentent un avantage : ils sont prioritaires sur tous les autres ordres.
Ainsi, un investisseur A qui souhaite acheter une action au cours du marché est servi avant l'investisseur B qui lui, souhaite acheter à cours limité.

L'ORDRE À COURS LIMITÉ

Il fixe une limite de prix à l'achat ou à la vente. Si l'action de la société vaut 100 € au moment où vous passez votre ordre, mais qu'elle a régulièrement grimpé depuis le matin, vous pouvez décider de ne pas la payer plus de 100,20 €, ou de 100,50 €. Vous limitez alors le prix à payer. Même fonctionnement à la vente : vous refusez, par exemple, de vendre votre titre à moins de 99 €, vous inscrivez ce montant en cours limite dans votre ordre. C'est en réalité une sorte de prix de réserve : au-delà d'un certain prix à l'achat, ou en-deçà d'un certain prix à la vente, vous préférez ne pas réaliser l'opération.
Cette sécurité a un prix : votre ordre passe après les ordres au marché. Ainsi, si le volume à traiter est important, vous prenez le risque de voir votre ordre non exécuté.

CARNET D'ORDRES D'UNE VALEUR

Ordre	Volume	Achat	Vente	Volume	Ordre
11	563	258,8	258,9	118	3
20	925	258,7	259	1 071	14
22	1 054	258,6	259,1	1 360	19
20	1 992	258,5	259,2	2 127	16
15	732	258,4	259,3	1 114	15
17	1 122	258,3	259,4	1 100	15
9	345	258,2	259,5	817	13
10	481	258,1	259,6	762	14
18	482	258	259,7	661	15
2	72	257,9	259,8	2 619	9
144	7 768		11 749		133

Voici le carnet d'ordre d'une des valeurs favorites des actionnaires individuels le 20 novembre 2019 au matin. Il y a à ce moment-là 11749 actions à vendre et des ordres d'achat pour 7768 actions. Comme les ordres d'achat sont à des prix plus bas que les ordres de vente, le cours, qui est affiché à 258,7 euros au moment où nous enregistrons ce carnet, s'ajuste progressivement au fil du temps, dix minutes plus tard le cours est à 258,2 euros.

L'ORDRE À LA MEILLEURE LIMITE

Il permet d'acheter au plus bas prix de vente du marché, et de vendre au meilleur prix proposé à l'achat par le marché. Si l'ordre est passé pendant la séance, il est exécuté au meilleur prix du carnet d'ordres AU MOMENT où il est passé.
Si l'ordre est passé en dehors des horaires de la séance de Bourse, il se transforme automatiquement en ordre à cours limité. La limite de cours (à l'achat comme à la vente) sera le prix à l'ouverture de la séance.

L'ORDRE À SEUIL DE DÉCLENCHEMENT

Il permet de définir un cours à partir duquel se déclenche automatiquement

un achat ou une vente. Il est souvent utilisé comme protection pour limiter les pertes. Par exemple, si un actionnaire a acheté un titre à 100 €, mais ne souhaite pas enregistrer de perte supérieure à 8 %, il met en place un ordre de vente à seuil de déclenchement à 92 €. Dès que le titre franchit ce seuil à la baisse, il est automatiquement vendu.
Attention, l'ordre à seuil de déclenchement est un ordre au marché. S'il intervient un jour où une mauvaise nouvelle fait lourdement chuter le cours d'une valeur, il n'est pas certain que le titre soit effectivement vendu à 92 € : il pourra très bien descendre jusqu'à 90 €, voire 88 €, avant que l'ordre soit exécuté.

L'ORDRE À PLAGE DE DÉCLENCHEMENT

C'est la parade à la situation précédente. Vous détenez un titre acheté 100 €, ne pouvez pas vous permettre plus de 8 % de baisse. Vous donnerez un seuil de déclenchement dès que le titre atteindra 94 €, mais vous ne permettrez pas l'exécution de l'ordre en-deçà de 92 €. La plage de déclenchement se situe entre 94 € et 92 €. Si le titre chute plus bas avant que votre ordre soit exécuté, la vente n'aura pas lieu. Cela vous évitera d'enregistrer une perte trop lourde. « On n'a pas perdu tant qu'on n'a pas vendu » ...

ORDRES COMPLEXES

Il existe aussi chez certains intermédiaires des ordres plus sophistiqués.

L'ordre suiveur, ou stop suiveur

Il permet, un peu comme l'ordre à seuil de déclenchement, de limiter une perte. Ainsi, pour une ligne détenue en portefeuille, si le porteur définit un seuil de 8 %, l'action sera automatiquement cédée au prix du marché si sa perte dépasse les 8 %.

L'ordre double

Il définit, pour une même valeur déjà en portefeuille, deux seuils de vente : un seuil à la hausse (j'ai acheté ce titre 100 €, s'il atteint 130 €, je le revends pour encaisser la plus-value), et un seuil à la baisse (j'ai acheté ce titre 100 €, s'il chute en-dessous de 95 €, je le vends).

L'ordre triple

Il fixe, pour une valeur, un prix d'achat, mais aussi deux seuils de vente, un à la hausse et un à la baisse.
À l'achat, c'est un ordre limité (le titre ne sera pas payé plus de 100 €).
À la vente, l'ordre en cas de plus-value est un ordre à cours limité : si vous ne souhaitez pas vendre avant que le titre atteigne les 130 €, le titre ne se vend pas. Quand ce cours est franchi, l'ordre est exécuté, au moins à ce prix-là.
L'ordre à seuil de déclenchement, celui qui est destiné à limiter la baisse, n'est, lui, pas un ordre à cours limité. Si vous décidez que vous vendez quand le cours franchit à la baisse le seuil des 95 €, vous vendez votre titre au cours du marché.
Dans cet exemple, l'investisseur achète à 100, il vise une plus-value de 30, et à partir de 5 de baisse, il encaisse ses pertes. ■

Une situation particulière : le service à règlement différé

Plutôt réservé aux investisseurs avertis et sûrs d'eux, le SRD, service à règlement différé, permet d'acheter et de revendre des actions sans posséder toutes les liquidités nécessaires. L'investisseur profite ainsi de l'effet de levier du crédit octroyé par son intermédiaire. Mais attention, il comporte un risque important : en cas de perte, il faudra non seulement encaisser cette perte mais en plus rembourser à la banque l'argent emprunté.
L'intermédiaire financier est toutefois tenu de vous demander une couverture : en règle générale, pour les actions, vous devez détenir dans l'établissement au minimum 40 % de la position que vous prenez, soit sous forme de titres, soit en liquidités. Pour acheter une ligne boursière à 10 000 €, vous devez détenir 4 000 € de titres ou de liquidités.
Le service de règlement différé est soumis à un calendrier strict : le mois boursier commence le troisième jour ouvré avant la fin du mois, et il se termine le quatrième jour ouvré avant la fin du mois suivant.
À la fin du mois boursier, vous pouvez clôturer votre position ou la proroger.
Reprenons l'exemple de notre investisseur qui a misé 10 000 € en début de mois. Le titre a progressé de 10 % en un mois. Il décide de clôturer sa position. Il passe un ordre de vente du titre, et encaisse une plus-value de 1 000 €, qui lui sont réglés à la fin du mois. Il peut aussi, parce qu'il espère que le titre va monter, proroger sa position : il ne règle rien pendant ce mois boursier, mais il règlera le mois suivant.
Attention, le SRD, c'est de la Bourse à crédit. Et un crédit vous engage et doit être remboursé ! Cela implique aussi deux choses :
- tant que la position n'est pas soldée, c'est l'établissement financier qui est propriétaire des titres.
- vous payez des intérêts, sous forme de CRD (commissions de règlement différé), et de commissions de report lorsque vous prorogez votre position.
Par ailleurs, l'établissement financier s'assure toujours que votre couverture est suffisante. Si vous apportez une couverture en titres, et que la valeur de vos titres baisse, il vous demandera de reconstituer rapidement votre couverture.
Prenons maintenant l'exemple d'un achat en Bourse qui tourne mal. Les 10 000 € investis sont devenus 8 000 €, car le titre a lourdement chuté.
À la fin du mois boursier, l'investisseur peut :
- déboucler sa position en vendant ses titres : il perd alors 2 000 € qui sont prélevés sur son compte par l'établissement financier.
- payer ses titres, donc 10 000 €, et les recevoir en portefeuille, quitte à supporter la moins-value jusqu'à une prochaine remontée. Les titres seront livrés à la fin du mois boursier.
- proroger sa position en attendant le retour à un meilleur cours, moyennant une commission de report.

***Important :** le SRD n'est pas disponible sur le PEA. Il est réservé au compte-titres. Nous en parlons ici pour que nos lecteurs comprennent son fonctionnement mais nous ne le recommandons pas pour des investisseurs débutants.*

LES FRAIS QUE TOUT INVESTISSEUR DOIT CONNAÎTRE

Ne négligez pas certains frais : ils peuvent amputer très sérieusement votre performance. Assurez-vous qu'ils correspondent à une prestation qui apporte une réelle valeur ajoutée.

Pour calculer votre gain net, il faudra avoir en tête certains frais. Ils servent à rémunérer les intermédiaires pour leurs transactions, leurs conseils ou leur gestion.

FRAIS DE COURTAGE

À chaque achat et vente de titres, le courtier facture des frais de transaction pour vous avoir donné accès au marché.
Ainsi, dans le prix d'achat moyen d'une de vos lignes, vous trouverez non seulement le prix d'achat, mais également les frais de transaction. La revente, elle aussi, vous coûtera quelques euros.
Ils sont très différents entre les courtiers en ligne et les banques traditionnelles, mais varient également beaucoup d'un courtier à l'autre...
Certains appliquent un pourcentage du montant de l'ordre, avec un minimum à chaque fois, d'autres préfèrent facturer un forfait.
Pour les petits ordres, (moins de 500 €), les frais de courtage en ligne peuvent aller de 0,5 à plus de 15 € l'unité selon les établissements (attention, les plus compétitifs n'ont pas toujours toute la gamme de produits disponibles). Pour les ordres de 5 000 € en revanche, comptez entre 5 € et 20 €. Dans les banques traditionnelles, même si l'ordre est passé en ligne, comptez entre 5 € et 10 € de plus. Attention, si vous passez votre ordre depuis l'agence de votre banque, cela va vous revenir beaucoup plus cher : jusqu'à 60 € environ.
La plupart des courtiers proposent des offres pour les investisseurs actifs, ceux qui passent plus de 30 ou 50 ordres par mois. Il est déconseillé de souscrire à ces offres lorsque vous êtes débutant : vous risquez de vous forcer à passer des ordres pour respecter le minimum mensuel qui vous donne accès à ce tarif, ce qui serait totalement irrationnel. La Bourse reste un placement de long terme et, surtout si vous vous lancez avec peu de lignes d'investissement, il n'est pas question de multiplier les achats et les ventes.
Attention ! les frais dont nous parlons ici concernent les ordres passés sur Euronext. Ceux qui souhaitent investir sur les marchés américains ou sur

d'autres marchés étrangers se verront facturer des frais au moins deux ou trois fois supérieurs. Si les ordres passés ne sont pas significatifs, les commissions de courtage vont représenter un fort surcoût d'investissement ! Mieux vaut, dans ce cas, pour investir dans les valeurs qui ne sont pas cotées sur Euronext, utiliser des SICAV et des FCP.

TAXE SUR LES TRANSACTIONS FINANCIÈRES

Pour chaque achat de titre d'une société dont la capitalisation boursière est supérieure à 1 milliard d'euros, il est prélevé une taxe de 0,3 % du montant de la transaction. Il est possible de trouver la liste de ces sociétés via le site : https://bofip.impots.gouv.fr/bofip/9789-PGP.

FRAIS DE GARDE/ DROITS DE GARDE

Pour conserver vos valeurs dans leurs livres, les établissements bancaires prélèvent des frais.

Souvent, ils sont calculés en fonction de deux paramètres :

- le nombre de lignes en portefeuille (une commission fixe par ligne s'applique),
- la valeur du portefeuille à une date donnée (cette commission proportionnelle est dégressive).

Attention, dans certains établissements, pour les petits comptes, ou pour ceux qui ont beaucoup de lignes en portefeuille, les droits de garde peuvent aller jusqu'à 1% du portefeuille !

EXEMPLES Droits de garde, dans un grand établissement de réseau

Pour un portefeuille de 40 000 € et de dix lignes dont deux valeurs étrangères :

- 0,125 % de la valeur du portefeuille par semestre et par compte, soit : 50 €,
- 2 € par ligne pour les valeurs françaises, 3,60 € par ligne pour les valeurs étrangères, soit : 16 + 7,20 = 23,20 €.

Total : 73,20 € par semestre, soit 146,4 € par an.

Pour un portefeuille de 200 000 €, composé de vingt lignes, dont 5 étrangères.

- 18 € de frais fixes sur les cinq lignes de valeurs étrangères,
- 30 € de frais fixes sur les quinze lignes de valeurs françaises,
- commission proportionnelle : 200 €,
  0,125 % entre 0 et 50 000 € : 62,5 €,
  0,100 % entre 50 000 et 150000 € : 100 €,
  0,075 € au-delà de 150 000 € : 37,5 €.

Total des frais : 248 € par trimestre, soit 496 € par an.

Attention, les établissements de réseau facturent souvent un minimum semestriel compris entre 15 € et 30 €. Cela est très acceptable pour les portefeuilles conséquents, mais pour un PEA ou un compte-titres dont la valeur est de 5 000 €, cela peut représenter jusqu'à 1,2 % du compte !

Il vaut mieux envisager, lorsque l'on commence avec de petits montants (ce qui est recommandé), d'ouvrir un compte dans un établissement qui ne facture pas de droits de garde : c'est le cas de la plupart des courtiers en ligne.

TITRES PROPRES À LA BANQUE

Les banques, souvent, ne facturent pas de droits de garde sur les lignes correspondant à leurs propres titres, ni sur les FCP et SICAV gérés par la société de gestion filiale de la banque.

FRAIS DE TRANSFERT

Il arrive que vous changiez de courtier ou d'établissement bancaire : vous n'allez pas pour autant vendre des titres achetés à très bon prix il y a dix ans, qui vous procurent un bon rendement et dont vous n'avez nullement l'intention de vous séparer.
Si vous possédez un PEA, vous avez, en outre, intérêt à conserver son antériorité fiscale.
Il faut alors transférer vos titres ou votre PEA. Vous voyant partir, votre teneur de compte ne vous fera pas de cadeau ! Comptez alors 6 à 12 € par ligne de titres, avec un minimum souvent compris autour de 60 €. Certains établissements prélèvent des frais fixes pour le transfert d'un PEA (comptez entre 60 € et 90 €). Les frais de transfert sont encore plus chers chez les courtiers en ligne : certains facturent jusqu'à 18 € par ligne !
Si vous envisagez de transférer vos comptes bourse, soyez vigilant : les courtiers en ligne font encore régulièrement des promotions dans lesquelles ils proposent de prendre en charge, jusqu'à un certain seuil, ces frais de transfert. Sachez saisir le bon moment.

FRAIS D'ENTRÉE DANS LES FONDS

Lorsque vous investissez dans un FCP ou une SICAV, il vous sera parfois prélevé des frais d'entrée. Attention, ils peuvent faire sensiblement baisser l'intérêt de l'opération !
C'est souvent le cas si vous passez par un établissement bancaire classique et que vous achetez des fonds gérés par des sociétés concurrentes.
Exemple de frais dans une grande banque de réseau, pour les fonds qui ne sont pas gérés par la maison : 1 % du montant de la souscription, avec un minimum de... 36 € (soit réellement 1 %, dès que l'ordre dépasse les 3 600 €, donc très dissuasif pour les petits ordres).
Les courtiers en ligne donnent accès à de très larges gammes de fonds, gérés par de nombreuses sociétés de gestion, sans aucun frais d'entrée : de 100 à 2000 fonds selon les établissements, ce qui laisse un très large choix. Il vaut mieux, donc, commencer par ces fonds-là.
Dans tous les cas, n'acceptez pas plus de 2 % de frais d'entrée sur un fonds actions, diversifié ou alternatif, pas plus de 1 % sur un fonds obligataire. Il n'y a pas de frais sur les fonds monétaires.

FRAIS DE GESTION DES FONDS COMMUNS DE PLACEMENTS

Il faut bien rémunérer le gérant des fonds que vous mettez en portefeuille, et aussi les frais de fonctionnement de la société de gestion. Ces frais sont invisibles, ils sont prélevés directement sur les performances de votre fonds, qui vous sont communiquées nettes de frais de gestion. Mais la société de gestion a l'obligation de les faire figurer sur sa notice pour des raisons de transparence.

FRAIS DE GESTION SOUS MANDAT

Lorsque vous confiez la gestion de votre compte titres ou de votre PEA à

un professionnel, vous rémunérez son travail de gestion.
Dans une banque traditionnelle, il faut compter entre 0,8 et 1,2 % des montants sous gestion. Le seul problème, c'est que ces frais peuvent monter assez haut, et souvent, ils rongent les dividendes.

EXEMPLE Imaginez un portefeuille d'une valeur de 200 000 €, dont les dividendes avant impôt se montent à 6 000 € (3 %). Une fois le prélèvement forfaitaire unique (PFU) payé, il reste 4 200 € de dividendes nets. Si les frais de gestion s'élèvent à 1,2 % du montant du portefeuille, ils atteignent 2 400 €. Le gain enregistré sur le compte n'est plus que de 1 800 € !

Dans les banques en ligne, la tarification est souvent différente. Les mandats (ils n'existent pas toujours sur le PEA) sont industrialisés en fonction d'un profil choisi.
Une offre originale chez le courtier Fortuneo sur le compte-titres et le PEA, c'est un pourcentage de la performance qui est prélevé, en fonction de la plus-value semestrielle réalisée : 10 % à 15 % en fonction des profils. En cas de performance négative, aucun frais n'est prélevé.

FRAIS D'ENTRÉE DANS LES CONTRATS D'ASSURANCE VIE

Lorsque vous investissez dans un contrat d'assurance vie, vous vous voyez prélever des frais d'entrée compris entre 0 % et 5 %. Ces frais servent à rémunérer l'intermédiaire qui vous accompagne dans votre placement. Ils sont de moins en moins bien acceptés : lorsque les fonds en euros, il y a quinze ans, rapportaient autour de 4 %, il fallait un an pour les absorber. À présent que les meilleurs fonds en euros rapportent moins de 2 % par an, 5 % de frais d'entrée, c'est inacceptable. La plupart des distributeurs ont d'ailleurs fait des efforts significatifs sur la question. Mais le mieux reste d'entamer votre investissement avec un contrat sans frais d'entrée. Si vous épargnez 1 000 €, vous investissez 1 000 €.

FRAIS DE GESTION DES CONTRATS D'ASSURANCE VIE

Ce sont des frais de gestion administrative. Sur les contrats en ligne, ils sont compris entre 0,6 et 0,8 % sur la part du contrat investie dans le fonds en euros, et entre 0,6 et 0,9 % sur la part investie en unités de compte. Dans les banques traditionnelles, ils approchent des 1 %.

FRAIS SUR LE MANDAT DE GESTION, OU FRAIS DE GESTION PILOTÉE, POUR L'ASSURANCE VIE

Une fois que les fonds de l'épargnant sont investis dans un contrat d'assurance vie, celui-ci a parfois envie de confier la gestion à un spécialiste, qui investira en fonction du profil défini par le client (prudent, équilibré, dynamique, offensif). Aujourd'hui certains courtiers en ligne offrent la prestation, d'autres facturent encore entre 0,8 % et 1 % des sommes gérées.

FRAIS D'ARBITRAGE

Sur les contrats d'assurance vie, tant qu'on ne récupère pas son épargne, elle reste investie sur le fonds en euros ou sur des unités de compte. Mais pendant cette période, il est tout à fait possible de passer d'un fonds à l'autre, et de revoir régulièrement son allocation. Cela s'appelle arbitrer : désinvestir des sommes de certaines unités de compte au profit d'autres fonds. La plupart des courtiers en ligne ne les facturent pas, d'autres en offrent un certain nombre dans l'année. Pour les autres contrats, comptez entre 0,3 % et 1 % du montant arbitré (une fois encore, tout ceci plaide pour un petit nombre d'opérations dans l'année et surtout pour beaucoup de patience...). Attention, lorsque vous mettez en place des arbitrages automatiques en cas de baisse sensible du portefeuille, le coût peut être assez important, même chez les courtiers en ligne (nous avons repéré un tarif à 28 € chez un des leaders de l'investissement en ligne). ■

ET SI JE NE VEUX PAS CHOISIR MES ACTIONS MOI-MÊME ?

5

LA GESTION COLLECTIVE

Plusieurs situations peuvent vous pousser à déléguer le choix de vos actions. Comme la plupart des débutants, vous avez peur de vous lancer seul, ou manquez de temps, et préférez vous en remettre à un professionnel.

D'autres éléments peuvent aussi motiver ce choix. Par exemple, pour certaines catégories d'actions ou d'obligations, vous n'avez pas le même accès au marché et à l'information que la plupart des investisseurs. C'est notamment le cas lorsque vous souhaitez investir dans les pays émergents. Ou bien vous souhaitez investir de façon éthique. Là encore, seuls les professionnels peuvent aller demander des comptes aux sociétés sur leurs pratiques financières, et extra-financières.
Toutes les informations, tous les conseils livrés dans la partie précédente vous ont sans doute été utiles, mais parfois, vous n'avez ni l'envie, ni l'énergie, ni, le plus souvent, le temps de suivre l'actualité et les prévisions de huit à quinze entreprises cotées en Bourse !
Dans ce cas, la gestion collective est faite pour vous. Elle s'impose même à vous si vous investissez par le biais de l'assurance vie, qui ne permet pas, à de très rares exceptions près, de détenir des titres en direct.

Mais avant de choisir les fonds dans lesquels vous investirez, il faudra tout de même prendre un peu de temps pour comprendre leur fonctionnement. Et appliquer la règle élémentaire de prudence de l'investisseur : di-ver-si-fier !

LE PRINCIPE

Vous avez 100, 1 000, 10 000 ou même 100 000 € à investir, mais vous ne savez pas par où commencer.
Vous investissez alors tout ou partie de cette épargne dans un fonds, qui gère les sommes qui lui sont confiées par une multitude d'autres épargnants. Comme l'union fait la force, et que l'épargne de plusieurs milliers de personnes peut peser lourd, le gérant du fonds a une puissance de feu plus importante pour gérer ces sommes. Il peut investir dans davantage de sociétés, avec des montants plus importants.
Avec son équipe, il consacre son temps à la recherche sur les entreprises et le suivi des valeurs qu'il met en portefeuille, pour être à l'affût des bonnes idées d'investissement et offrir de bonnes performances à ses souscripteurs.
Les SICAV, pour sociétés d'investissement à capital variable, sont, comme toutes les sociétés, des personnes morales. Les FCP ou fonds communs de placement, eux, n'ont pas d'identité juridique, ils fonctionnent comme une copropriété entre

les porteurs de parts. Le minimum requis pour leur création est nettement moins élevé. Pour les sociétés de gestion, avec une barrière à l'entrée moins élevée et des frais de structure allégés, c'est souvent la forme privilégiée.

Dans tous les cas, les SICAV comme les FCP appartiennent à la famille des OPCVM, les organismes de placement collectifs en valeurs mobilières, et c'est cette appellation qui protège l'épargnant. Au même titre qu'un grand nombre de produits faisant appel à l'épargne publique, ils sont gérés par des sociétés agréées par l'AMF, l'autorité des marchés financiers, souvent appelée « le gendarme de la Bourse ». Elle contrôle les sociétés agréées, mais doit aussi donner son aval à toutes les créations ou modifications substantielles de fonds.

Dernière catégorie, les « FIA », fonds d'investissement alternatifs, sont aussi des véhicules de gestion collective, mais ils obéissent à des règles plus souples, moins contraignantes pour les sociétés de gestion que celles imposées pour les OPCVM. À ce titre, ils sont réservés aux professionnels et aux investisseurs très aguerris.

LES DIFFÉRENTS FONDS ET SICAV

Il existe différents types de fonds et de Sicav.

Les fonds actions

Comme leur nom l'indique, ils sont investis en actions. Attention, il faut bien lire la notice : la plupart des fonds s'autorisent l'utilisation d'instruments financiers dérivés, comme des options ou des *warrants*, souvent pour se couvrir, mais parfois pour booster leur performance, même s'ils plaident souvent que cela se fait « sans recherche de surexposition ». Cela n'est pas répréhensible, mais il faut l'avoir à l'esprit.

Les fonds obligataires

Ils sont investis en obligations. Il est très compliqué pour le particulier d'investir directement sur le marché des obligations : le marché est difficile d'accès, il leur coûte cher et il est plutôt réservé aux institutionnels. C'est donc à ces fonds, en plus des fonds en euros de l'assurance vie, que vous allez recourir pour miser sur les obligations. Mais comme les actions, les obligations ne se ressemblent pas toutes ! Certaines sont dites « à haut rendement », ou « *high yield* » : ce sont celles dont l'émetteur présente le risque de défaut le plus important. Certes, leur rendement est meilleur, mais comme toujours, le risque aussi ! Il y a également les obligations d'État et les obligations privées, émises par les entreprises pour financer leur développement sans diluer leur capital. Les signatures de tous les États ne se valent pas, et celles de toutes entreprises non plus. De même que les fonds investis en actions, les fonds obligataires s'autorisent parfois l'utilisation d'instruments financiers dérivés, et précisent toujours dans la notice dans quelle proportion. Certains fonds obligataires misent

ALÉAS DU MARCHÉ

Sachez que le fait qu'un professionnel s'occupe de la gestion du fonds n'empêche pas le risque de perte en capital. Lorsque les marchés sont baissiers, la plupart des titres mis dans le portefeuille du fonds suivent la tendance... Les fonds, même si leurs gérants tentent souvent de ne pas « coller » précisément au marché, sont tout de même soumis aux aléas de la place...

également sur les obligations convertibles en actions. Cette catégorie est particulière. Au début, une entreprise émet un emprunt (les obligations sont des contrats de prêt), mais sous certaines conditions, le prêteur peut convertir son prêt en capital (en actions).

Les fonds flexibles ou fonds diversifiés

Ce sont des fonds dans lesquels le gérant a une grande marge de manœuvre : il peut faire évoluer très sensiblement la part d'actions, en fonction des différentes situations et de ses anticipations. Attention, le terme de fonds flexible recouvre des réalités différentes. Certains sont dynamiques, d'autres ont une allocation dite prudente, qui vise essentiellement à la préservation du capital. Plus encore sur ces fonds là, il faut bien lire les notices et les objectifs visés par la société de gestion.

Les fonds patrimoniaux

On les confond souvent avec les fonds flexibles mais ils ne le sont pas tous. La plupart de ces fonds visent à préserver le capital de l'investisseur, à rechercher une performance régulière mais pas nécessairement extravagante. Leur objectif est dans la durée : assurer à la fois un rendement correct sur le long terme mais surtout, viser la préservation du capital. Attention, ce n'est pas parce que c'est un objectif que c'est nécessairement ce qui se produit. Certains fonds stars de la place ont d'ailleurs délivré de très piètres performances ces dernières années.

Les fonds à formule ou fonds structurés

Ils fonctionnent sur une promesse, avec une formule très définie et claire. Si un tel indice progresse à un rythme donné, l'investisseur est assuré de percevoir une partie de la hausse, mais une partie seulement. En contrepartie de cette plus-value partielle, il a une garantie sur son capital jusqu'à un certain point. Au-delà de ce seuil, la garantie tombe. Attention, la garantie ne s'exerce qu'à l'échéance du fonds, car les fonds à formule ont un début et une fin. Leur période de souscription est courte, et il faut laisser les sommes immobilisées pendant toute la durée du fonds pour profiter de la garantie.

EXEMPLE Le fonds XY, dont la souscription est ouverte du 20 novembre au 15 janvier et arrivera à échéance dans huit ans, prendra pour indice de référence le CAC 40, et la garantie du capital s'exercera si l'indice ne chute pas de plus de 30 % sur la période. Chaque année, le 15 janvier, le gérant observera le comportement du CAC 40.
- si le CAC 40 a progressé de 10 % ou plus, le souscripteur a une garantie de 7 % de rendement cette année-là.
- si le CAC 40 n'enregistre que 5 % de hausse, le souscripteur n'a rien gagné.
- si le CAC 40 chute de 15 %, le souscripteur n'a rien gagné mais son capital reste garanti à l'échéance du fonds.
- si le CAC 40 chute de 40 %, l'investisseur n'a rien gagné, et la garantie en capital tombe : l'investisseur perd aussi 40 % !

En outre, s'il doit retirer des sommes en urgence, il revend ses parts à la valeur liquidative du jour, sans garantie et sans gain, même si les années observées avant ont été bénéfiques.
Bref, ce sont des fonds qui promettent des merveilles, mais sous beaucoup de conditions ! Ils ne sont pas toujours à déconseiller mais il faut vraiment en comprendre les risques, non négligeables. Et surtout n'y consacrer qu'une petite partie de son épargne financière.

Les fonds de fonds

Ce sont des fonds dont le rôle est de sélectionner, parmi une classe d'actifs, les meilleurs fonds du marché. Ils visent une performance supérieure au marché en tentant d'aller chercher le meilleur de la gestion collective. Attention, dans un fonds de fonds, le souscripteur subit une double couche de frais d'entrée et de frais de gestion ! Le risque est grand, si la performance n'est pas au rendez-vous, de trouver l'addition trop salée.

Les fonds profilés

Ce sont ceux qui sont gérés en fonction des profils des souscripteurs, et qui annoncent clairement la couleur : prudents, équilibrés, dynamiques ou offensifs. En fonction du profil, la dose d'obligations et d'actions diffère. Plus la prise de risque acceptée par l'investisseur est élevée, plus la part d'actions est importante. Cette méthode de gestion est valable jusqu'à un certain point : les obligations aujourd'hui affichent de très faibles rendements, et parfois des rendements négatifs... À la moindre remontée des taux, les obligations déjà en portefeuille qui offrent de mauvais rendements se déprécieront car elles rapporteront moins que les obligations émises plus récemment. Ainsi, elles ne joueront plus leur rôle d'amortisseur.

Les fonds indiciels

Ils ont vocation à reproduire un indice donné, dans les mêmes proportions, et donc, à répliquer, peu ou prou, ses performances. Ils sont faciles à lire, mais présentent peu de valeur ajoutée. Ce qui fait la force d'un gérant, c'est justement que ses convictions diffèrent un peu de celles du marché ! Pour les investisseurs qui cherchent tout de même à reproduire un indice, on conseille aujourd'hui de se tourner vers les *trackers (lire ci-dessous)*, qui les répliquent automatiquement sans intervention humaine (et donc à moindres frais).

Les *trackers* ou ETF *(Exchange traded funds)*

À la différence des fonds de gestion active, qui s'appuient sur les compétences et la capacité d'un gérant à penser régulièrement un peu différemment du marché, les trackers reproduisent des indices ou des paniers de valeurs d'un secteur de façon mécanique. On parle alors de gestion passive, moins onéreuse mais sans aucune valeur ajoutée. Attention, certains *trackers* sont à effet de levier. Ils reproduisent la performance du panier de valeurs ou de l'indice en la multipliant, à la hausse comme à la baisse. À déconseiller aux débutants.

LES DIFFÉRENTS STYLES DE GESTION

Comment s'y retrouver dans les différents fonds et comprendre la philosophie du gérant ?

Les fonds *growth*

Ce sont des fonds qui investissent dans des valeurs de croissance, celles qui présentent un fort potentiel de développement futur. Attention, pendant les périodes de dégonflement de bulles, ce sont les valeurs de croissance qui dévissent en premier.

Les fonds value

Ils misent sur des valeurs sous-cotées, soit parce qu'elles connaissent une crise ou des difficultés passagères, soit parce qu'elles sont mal aimées du marché. On a vu, par le passé, certaines compagnies d'assurances valoir en Bourse moins cher que tous leurs actifs, ou des firmes automobiles être valorisées moins cher que leurs stocks... Ce sont ces situations-là que cherchent les gérants des fonds value, ils investissent toujours en se demandant quel est le potentiel d'appréciation d'une entreprise (mais qui, contrairement aux valeurs de croissance, intervient sur un marché ou un secteur économique mature). Ils n'ont pas beaucoup eu la cote ces dernières années, où les marchés étaient en constante progression et où les investisseurs misaient beaucoup sur les futurs champions. Il n'est pas certain que ce phénomène perdure dans les prochaines années...

Les fonds *small* et *mid caps*

Ils investissent dans les petites et moyennes entreprises et dans les ETI,

---

Et les *hedge funds* dans tout ça ? Qu'est-ce que c'est au juste ?

Ces fonds, littéralement « fonds de couverture », ont vocation à délivrer du rendement même dans des périodes de marché baissières, puisqu'ils visent à avoir des performances décorrélées de celles du marché. Pour ce faire, il s'appuient beaucoup sur des instruments de couverture (des produits dérivés), et utilisent massivement la vente à découvert, ou gestion long/short. Autrement dit, ils présentent une part de risque très élevé, et à ce titre, n'appartiennent même pas à la catégorie des OPCVM. Ils sont réservés aux investisseurs très avertis, et souvent très fortunés, pour une toute petite partie de leur épargne. Les déboires récents des fonds gérés par la société H2O en témoignent : suite à une note d'analystes, les souscripteurs se sont massivement retirés, obligeant les gérants à vendre les titres à la casse. C'est aussi une merveilleuse illustration du fait qu'en Bourse, on peut connaître des montagnes russes. Avant de connaître tous ces déboires, Bruno Crast, fondateur d'H20, a été sacré meilleur gérant par de nombreuses sociétés et reçu un grand nombre de distinctions.

entreprises de taille intermédiaire. Ces fonds peuvent souvent être logés dans les PEA-PME.
« Dans les petites capitalisations, on trouve de nouveaux métiers, des niches de marché qui peuvent avoir de fortes marges, et des valeurs qui sont susceptibles de faire l'objet d'une offre publique d'achat », explique Benoît Vesco, directeur général et directeur des investissements chez Meeschaert asset management. *« Tout cela leur confère beaucoup d'intérêt, mais attention : ce sont des valeurs moins liquides que les autres, il faut donc y investir une faible proportion de ses avoirs ».*
À savoir : le suivi des entreprises de taille plus petite est souvent plus délicat : moins de documentation existante, moins de gérants et d'analystes financiers connaisseurs de la valeur... Cela explique, souvent, des frais de gestion un peu plus élevés que pour les fonds qui investissent dans de très grandes entreprises. Et une liquidité un peu moins importante, dans la mesure où les titres des PME, même cotées en Bourse, s'échangent sur un marché où les volumes sont nettement moins importants.

Les fonds de situations spéciales

On les appelle aussi *« event driven »*, gérés en fonction d'un événement. Ils misent sur une actualité particulière dans les entreprises. Par exemple, l'autorisation de mise sur le marché d'un nouveau médicament très important pour une valeur pharmaceutique, ou les convoitises de sociétés qui pourraient tenter une offre publique d'achat, ce qui ferait mécaniquement monter le cours de l'action. Ou encore, la condamnation de l'entreprise dans un procès en responsabilité, lorsque les gérants sont *« short »*, c'est-à-dire quand ils vendent des valeurs à découvert. Les gérants du fonds empruntent alors des titres auprès d'une banque ou d'une compagnie d'assurance au moment où leur prix est élevé. Ils les revendent au prix fort et empochent le prix de la vente. Ensuite, ils attendent la chute du cours pour les racheter à la casse. Ils peuvent ainsi les restituer à l'établissement qui les leur avait prêtés. Ils encaissent alors la différence entre leur prix de vente (élevé) et leur prix d'achat (faible). Juteuse opération, mais prise de risque très forte : si la décision judiciaire attendue se prend en faveur de l'entreprise, le titre peut remonter et le fonds sera alors obligé, pour rendre les titres à l'établissement prêteur, de les acheter plus cher qu'il ne les a vendus. Avec, à la clé, une perte sèche !
En raison de l'utilisation de la vente à découvert, ces fonds *« event driven »* sont parfois assimilés à des *hedge funds*, réservés aux initiés.

Les fonds sectoriels

Banque, santé, énergie, grande distribution ou consommation, luxe, concessions, technologies...
Ces fonds vous aident à miser sur un métier sur lequel vous avez de fortes convictions, sans partir vous-même à la recherche des meilleures pépites du secteur. Ils amplifient votre diversification sur le secteur, en revanche, ils

ne se suffisent pas à eux-mêmes : tout miser sur un seul secteur, c'est oublier le besoin élémentaire de diversification de tout actionnaire.

Les fonds géographiques

Chez les petits actionnaires actifs, ceux-ci sont très recherchés. Comment, en effet, sélectionner depuis Paris les valeurs les plus à même de se développer en Inde ? Comment miser sur l'Asie du Sud-Est, sur l'Amérique latine, sans y perdre tout son temps ? Ces fonds ont une réelle valeur ajoutée pour l'ensemble des investisseurs, même les plus aguerris, car leurs équipes de gérants et d'analystes sont souvent sur place, rencontrent les dirigeants des sociétés, connaissent les entreprises et les marchés locaux.
Pour le moment, on trouve sur le marché un grand choix de fonds investis en Asie (Chine, Inde, Japon, Corée, totalité du continent...) mais peu, encore, se sont lancés dans les sociétés africaines, même si l'offre se développe. Certains fonds se spécialisent dans les pays émergents, d'autres dans les pays matures, d'autres, enfin, ne font pas la différence. Et certains fonds géographiques misent sur le monde entier !

Les fonds « à thèmes »

Quelles sont les entreprises qui profiteront de l'essor des « *smart cities* », ces villes qui utilisent toutes les technologies de l'information et de la communication pour améliorer le quotidien de leurs administrés ? Quelles sont celles qui jouissent d'un tel prestige qu'elles peuvent vendre leurs produits à prix élevés, leur garantissant une forte marge ? Quelles sont les sociétés qui profitent d'un modèle en rupture totale avec celui de leurs prédécesseurs ? Autant de thèmes sur lesquels misent certains fonds sont spécialisés. Ils font prendre un petit pas de côté à votre portefeuille. Mais attention, ils sont plus difficiles à lire, car souvent vous ne savez ni dans quelle zone géographique, ni dans quel secteur d'activité vous investissez.

Les fonds « *blend* »

Ils mélangent différents styles de gestion. Souvent compliqués à lire pour les novices !

COMMENT CHOISIR CORRECTEMENT SES FONDS ?

Voici toutes les questions que vous devez vous poser avant de sélectionner un ou plusieurs fonds.

Repérer la classe d'actifs

Tout d'abord, il faut savoir dans quelle classe d'actifs vous investissez. Facile avec un fonds « énergie Europe », moins facile avec un fonds nommé « *leaders* », qui investit dans les numéros un, tous secteurs, et toutes zones géographiques confondus !
Même chose pour les fonds obligataires, les obligations d'États très bien notés ne sont pas les obligations *high yield* ! Mais l'important est d'avoir une idée globale de la composition de votre portefeuille. « *Sachez aussi si vous êtes exposé au risque de change ou pas* », suggère

David Tissandier, gérant responsable de la multigestion chez DNCA.

Identifier un éventuel biais de style

Plus difficile, mais important. Par exemple, si vous investissez dans un fonds spécialisé dans les actions américaines, il faut savoir ce qui explique ses performances : a-t-il misé une importante proportion des encours sur des valeurs de croissance, quand la plupart de ses concurrents équilibrent davantage entre croissance et rendement ? A-t-il surpondéré ses investissements en petites et moyennes valeurs, dont le cours peut s'envoler plus facilement, mais aussi dévisser beaucoup plus vite en cas de coup de froid sur les marchés ?

La notice DICI et le DIC

Le DICI, c'est le document d'information clé pour l'investisseur.
Il est standardisé au niveau européen, ce qui contraint les sociétés de gestion à vous donner toutes les informations obligatoires.
Vous y trouverez :
- les objectifs et la politique d'investissement,
- la catégorie d'actifs dans lesquels le fonds investit,
- le niveau de risque sur une échelle de 1 à 7, sachant que même le niveau 1 comporte un risque de perte en capital,
- la durée minimale de placement recommandée pour tirer profit du fonds,
- la distribution ou la capitalisation des revenus : les dividendes sont-ils réinvestis ou distribués au souscripteur ?
- une indication précise sur les frais : entrée et sortie (ceux-là sont négociables), mais également les frais de gestion. Comme ils peuvent varier d'une année à l'autre, le DICI mentionne obligatoirement les frais effectivement prélevés l'année précédente,
- les performances passées.

Attention, tout investisseur doit savoir que les marchés montent... et redescendent ! une courbe en constante hausse n'est pas la garantie d'un profit éternel, et les performances passées ne préjugent jamais des performances futures !
Lire le DICI n'est pas toujours suffisant : il faut aussi regarder le prospectus (plus détaillé), mais également lire les comptes-rendus de gestion mensuels.
À partir de 2020, le DIC (document d'informations clé) sera aussi obligatoire pour un éventail plus large de produits et services financiers, notamment les mandats de gestion des contrats d'assurance vie, et les SCPI (sociétés civiles de placement immobilier).
En plus de toutes les informations déjà délivrées dans le DICI, il donnera notamment des scenarii de marché qui permettront à l'investisseur d'avoir une idée de la performance attendue dans un scénario de tension, un scénario défavorable, un scénario intermédiaire et dans un scénario favorable.

Même chose avec les fonds obligataires, s'ils dopent leurs performances avec un peu d'obligations à haut rendement (donc à moins bonne signature), il faut le savoir. *« C'est souvent le biais de style qui explique la surperformance d'un fonds »*, explique David Tissandier, gérant responsable de la multigestion chez DNCA. L'important, là aussi, c'est de bien comprendre ce qu'il y a dans les fonds que vous mettez en portefeuille pour ne pas avoir de mauvaise surprise.

Le biais de style n'est pas inscrit dans le DICI *(voir plus loin)*, en revanche on peut le comprendre en lisant les rapports de gestion du fonds *(voir plus loin aussi)*.

Savoir de quelle flexibilité dispose le gérant pour intervenir

Les fonds flexibles peuvent vous donner un grand sentiment de sécurité : leur gérant a la possibilité de se replier sur les obligations en cas de tension sur le marché des actions, et inversement, peut dynamiser les investissements sur actions en période haussière. Le meilleur des deux mondes en somme... Mais le gérant n'utilise pas toujours à plein cette spécificité. *« Dans la durée, il arrive fréquemment que les fonds flexibles ne soient investis qu'à 50 % »* ! nuance David Tissandier, gérant responsable de la multigestion chez DNCA. La souplesse, dans ce cas là, a un prix : si seuls 50 % des encours sont investis, seuls 50 % seront potentiellement en hausse, et délivreront de la performance.

Savoir comment le fonds s'est comporté, dans les périodes de crise mais aussi de hausse

Cela vous sera utile pour deux raisons. D'abord, pour savoir comment il se comporte par rapport à ses concurrents et surtout, s'il se comporte d'une façon qui vous met à l'aise, ou non ! Si sa volatilité est forte, vous devez en être conscient et être capable, psychologiquement, d'encaisser une forte hausse, mais aussi une forte baisse !

Regardez, comme pour les fonds dits « patrimoniaux », son « maximum *drowdown* », c'est-à-dire, sur une période donnée (cinq ans par exemple), le scenario du pire : qu'aurait perdu un investisseur qui aurait misé ses économies au plus haut de cette période, lorsqu'on observe son investissement à son plus bas ? Si le maximum *drowdown* est trop élevé pour vous, passez votre chemin.

Son « *track-record* » : sa performance sur une période donnée

Il faut aussi s'attacher à la performance pure d'un fonds. Un an est une période trop courte, il faut un minimum de trois ans pour avoir un peu de recul. Si l'historique comporte une période de forte crise, c'est mieux.

Sa taille

« Lorsque le fonds intervient sur des actions très liquides, l'encours n'est pas nécessairement important », explique David Tissandier, gérant responsable de la multigestion chez DNCA. *« En*

revanche, si vous investissez dans des petites capitalisations, ou dans des obligations à haut rendement, il est important de s'assurer que le fonds compte au moins 100 millions d'euros d'encours, pour qu'il puisse assurer de la liquidité aux clients qui désinvestissent, et rembourser les souscripteurs lors de leur sortie sans mettre en péril les investissements du fonds en se trouvant contraint de les vendre à la casse ».

Quelques conseils

Au début, fuyez les fonds *« blend »*, qui mélangent plusieurs styles de gestion. *« Plus l'univers est segmenté de façon pure et propre, plus il est facile de faire des choix »*, rappelle David Tissandier, gérant responsable de la multigestion chez DNCA.
Autre conseil : même si les gérants de fonds s'en occupent pour vous, ne négligez pas le suivi de vos investissements en lisant les comptes rendus de gestion. Ils vous donnent la température des marchés, mais aussi des précisions sur les achats et ventes du fonds, qui vous permettent de comprendre d'où viennent les performances... ou, parfois, les contre-performances.
Dernier conseil, le plus important : ne confiez pas toute votre épargne financière à une seule société de gestion, même très réputée. À chaque crise boursière, on a vu des fonds stars du marché connaître d'immenses difficultés et traverser de graves crises de liquidité sous l'effet massif du retrait de leurs souscripteurs. Il est important de diversifier non seulement les classes d'actifs, mais aussi les sociétés de gestion. Choisissez une société pour les fonds actions internationales, une autre pour les actions européennes, une troisième pour les situations spéciales ou les fonds sectoriels. Et à partir d'un certain seuil investi dans une même classe d'actifs, choisissez deux ou trois fonds pour cette classe, gérés par des sociétés différentes.

COMMENT LIRE LES FRAIS ?

Attention il faut être conscient du poids des frais : ils peuvent, dans certains cas, avoir un impact sensible sur la performance.

Frais d'entrée

Ils servent à rémunérer l'intermédiaire, ils sont souvent affichés à titre indicatif, mais beaucoup d'intermédiaires sont prêts à faire un geste.

Frais de sortie

Ce sont aussi ceux qui rémunèrent l'intermédiaire.
Dans les fonds à formule, ils sont également là pour dissuader l'investisseur de désinvestir. Le fonds est fermé à la souscription, mais les gérants n'ont pas trop intérêt à ce que les investisseurs sortent en cours de route, sans quoi leur gestion peut s'en trouver contrariée avec l'obligation de céder rapidement et à bas prix des titres pour assurer la liquidité.

Frais courants

Ce sont les frais de gestion et de fonctionnement du fonds, pour effectuer les achats/ventes, les frais juridiques, de conformité… Ces frais-là sont prélevés directement sur la performance du fonds, qui est affichée après prélèvement des frais. La notice DICI mentionne les frais effectivement prélevés l'année précédente.

Commission de performance

Il arrive que certains fonds, lorsqu'ils battent l'indice de référence visé dans la notice, prélèvent une petite partie de la surperformance : des *« success fees »*, une rémunération au résultat, en quelque sorte. ■

L'INVESTISSEMENT SOCIALEMENT RESPONSABLE

Être actionnaire, oui, mais pas en sacrifiant vos valeurs. L'investissement socialement responsable monte en puissance. Mais il faut garder quelques règles en tête.

En privilégiant un investissement socialement responsable, vous ne renoncez pas aux bénéfices, vous privilégiez des placements qui favorisent une approche plus durable que les autres. À la rentabilité s'ajoutent des critères environnementaux, sociaux et de gouvernance (ESG).

DE QUOI S'AGIT-IL ?

L'idée est simple : les investissements socialement responsables sont réalisés en fonction de critères financiers, mais aussi extra-financiers : environnement, comportement sur le champ social, gouvernance d'entreprise… Les gérants de fonds d'investissement socialement responsable (ISR) ont une conviction : les sociétés sans foi ni loi sont, à court ou moyen terme, condamnées. *« À moyen terme, une entreprise qui gagne a pris en compte l'ensemble des dimensions sociétales et environnementales, pas uniquement le profit financier »*, explique Benoit Vesco, directeur général et directeur des investissements chez Meeschaert asset management. *« Nous recherchons les entreprises qui ont compris ces enjeux, et seront mieux armées face aux prochains drames environnementaux et sociaux ».*

Pour certains, la responsabilité sociale et environnementale des entreprises est purement incompatible avec le profit. *« La plupart des investisseurs sont souvent très sceptiques sur ce sujet »*, regrette Pascale Baussant, conseillère en gestion de patrimoine qui se fait fort de proposer le plus souvent possible des fonds ISR à ses clients. Et pourtant : avec un fonds ISR, il est impossible de miser sur un géant du textile qui fait fabriquer ses vêtements à l'autre bout du monde dans des conditions humaines proches de l'esclavage. Impossible aussi de miser sur un géant de la chimie qui croit dur comme fer aux OGM. Impossible, enfin, d'investir dans une multinationale automobile dont la gouvernance est problématique, car elle concentre trop les pouvoirs dans les mains d'une toute petite équipe. C'est comme ça que les fonds ISR sont tous passés à côté de deux chutes boursières monumentales de ces dernières années :

pas de titres Bayer dans leurs portefeuilles, par exemple. C'est rassurant : le cours du géant de la chimie a chuté de 30 % depuis le rachat de Monsanto. Pas de Volkswagen, plombé par un scandale écologique qui lui a fait perdre 39 % de sa valeur en Bourse en moins de quinze jours en 2015 (le cours est alors passé de 166 à 101 euros). Ironie du sort, ce n'est pas le manque de préoccupation écologique du groupe qui a dissuadé les gérants des fonds ISR d'investir, mais la gouvernance : les pouvoirs étaient trop concentrés. Pour les mêmes raisons, ils ont aussi évité la chute de Renault. Malgré tous ses efforts de recherche sur le véhicule décarboné, le constructeur au losange ne se conformait pas aux critères de bonne gouvernance. *« Nous faisons le constat que quand nos analystes spécialisés dans l'ISR font une alerte sur une valeur, elle a souvent intérêt à sortir de tous nos fonds »*, précise Benoît Vesco.

DES RÉSULTATS PLUS QU'HONORABLES

Non seulement il est possible d'investir dans des entreprises qui font l'effort d'être plus vertueuses que leurs concurrentes, mais en plus, cela permet souvent d'avoir de bons résultats, parfois meilleurs.

QUELS SONT LES CRITÈRES UTILISÉS ?

Finansol, ISR, Greenfin… ces labels ne recouvrent pas tous la même réalité, et certaines sociétés de gestion jusqu'au-boutistes les ont longtemps snobés. Aujourd'hui, pourtant, la plupart font labelliser leurs fonds (280 fonds ont aujourd'hui le label ISR et 36 ont le label Greenfin).

Les critères utilisés par les gérants pour investir ne sont pas des critères quantitatifs, mais qualitatifs : ils sont plus difficiles à analyser. Pour les gérants, cela signifie le double de travail, car il faut régulièrement éplucher les comptes des entreprises, comme le font tous leurs homologues, mais il faut en plus aller davantage sur le terrain pour creuser les questions sociales et environnementales. *« La gestion collective est incontournable pour les particuliers qui veulent investir de façon socialement responsable »*, explique Pascale Baussant. *« Pour eux, sans visites sur*

Et les fonds de partage ?

Certains investisseurs souhaitent donner une partie de leurs gains boursiers à des causes qui leur sont chères : c'est ce que permettent les fonds de partage. La démarche n'est pas tout à fait la même que celle de l'ISR : il ne s'agit pas d'être sélectif dans ses investissements, mais de partager ses gains. Les dons du souscripteur profitent, au même titre que n'importe quel don, d'une réduction d'impôt. Souvent, la société de gestion elle-même reverse à l'association une partie des frais de gestion qu'elle encaisse. Les critères des fonds de partage pour sélectionner les valeurs dans lesquelles ils investissent ne sont pas toujours les mêmes que ceux des fonds ISR. Pourtant, de plus en plus de fonds de partage s'attachent à réunir le meilleur des deux mondes : une gestion ISR et un partage des résultats.

place et investigations, il est impossible de faire le tri entre les sociétés qui affichent de bonnes intentions, et celles qui prennent de réels engagements ».

Il y a trois principaux critères ESG (environnementaux, sociaux et de gouvernance)

Les critères environnementaux : quelle est la consommation d'énergie de l'entreprise ? Comment recycle-t-elle ses déchets ? Quels sont ses efforts en matière de consommation ? Comment prévient-elle les risques environnementaux ?

Les critères sociaux : quelle est la place et la qualité du dialogue social ? Comment sont formés les salariés ? Quelle place laisse-t-on à la diversité ? Quel traitement réserve-t-on aux travailleurs handicapés ? Comment, enfin, sont traités les salariés des sous-traitants ?

Les critères de gouvernance : le pouvoir est-il concentré ou y a-t-il des contre-pouvoirs ? Le conseil est-il féminisé ? Y a-t-il une transparence sur la

Deux sources pour en savoir plus : Novethic et le Forum pour l'investissement responsable

2001 : la France est encore marquée par les annonces des « licenciements boursiers » chez Michelin, en 1999, et chez Danone, début 2001. Alors que les deux sociétés affichent de fortes hausses de leurs bénéfices, c'est l'incompréhension qui domine. Cette année-là, Novethic voit le jour. À sa création, il s'agit d'un site d'information sur l'investissement éthique. L'objectif : aider les sociétés de gestion, mais surtout les investisseurs particuliers, à collecter et échanger des informations sur la responsabilité des entreprises. Les informations dispensées par cette filiale de la Caisse des Dépôts sont accessibles à tous gratuitement.

Novethic acquiert avec le temps une très grande expertise qu'elle utilise ensuite pour créer des labels de l'investissement durable : l'ISR Novethic et le Fonds vert, qui deviendront les labels ISR d'État et Greenfin. La société revendique plus de 350 fonds d'investissement durable expertisés depuis sa création. Elle forme aussi les professionnels à l'investissement socialement responsable. Pour les investisseurs débutants et soucieux des critères extra-financiers, c'est une mine d'informations, qui fournit des études, des pistes de réflexion et la liste des fonds labellisés.

Une autre organisation peut vous aider à en savoir davantage : le Forum pour l'investissement responsable (FIR). Créée la même année que Novethic, l'association compte parmi ses membres des sociétés de gestion, des fonds de pension et des caisses de retraite, des professionnels de la gestion de patrimoine, mais aussi des syndicats comme la CFDT et des fondations pour l'environnement, telle que la Fondation Nicolas Hulot.

rémunération des dirigeants ? Est-elle raisonnable ? Quels sont les gestes concrets effectués pour s'assurer que l'entreprise lutte contre la corruption ? Ensuite, les fonds n'ont pas tous la même approche. Certains s'interdisent d'investir dans des secteurs d'activité qui ne seraient pas en phase avec ces trois critères. D'autres, ne souhaitant pas se priver de pans entiers de l'économie, investissent dans des secteurs contestés (comme l'industrie pétrolière), mais en prenant les meilleurs élèves de la classe sur les critères extra-financiers. L'idée, dans ces cas-là, est d'investir dans une société qui cherche une direction plus vertueuse.

CE QUE L'INVESTISSEUR DOIT COMPRENDRE

En premier lieu, cela demande un engagement plus important de sa part, car les frais de gestion sont souvent un peu plus élevés que ceux d'un fonds classique. *« Pour la société de gestion, cela représente le double de travail : il faut analyser les critères financiers mais aussi les critères extra-financiers ! »*, rappelle Pascale Baussant.
Ensuite, il y a fonds ISR et fonds ISR : *« toutes les sociétés de gestion, ou presque, ont des fonds ISR, mais toutes n'y mettent pas les mêmes moyens »*, signale-t-elle.
Enfin, comme pour n'importe quel placement, il convient de s'assurer qu'il est compatible avec votre éthique, mais surtout avec votre situation personnelle. L'investissement ISR, cela reste, surtout, et avant tout, de l'investissement sur les marchés ! ■

UNE DOSE D'AUTOMATISATION DANS VOTRE ÉPARGNE

Quand la technologie s'invite dans vos portefeuilles, vous pouvez économiser un bon nombre de frais.

ETF, *robo advisors*... ils permettent de piloter automatiquement votre épargne. Mais il est important, encore plus qu'avec des fonds classiques, de comprendre dans quoi vous investissez.

QU'EST-CE QU'UN ETF ?

Un ETF, ou *Exchange traded fund*, aussi appelé un *tracker*, est un fonds qui réplique un indice ou un panier de valeurs le plus fidèlement possible, à la hausse comme à la baisse. C'est ce qu'on appelle de la gestion passive, automatique, sans valeur ajoutée.
À la différence d'un fonds commun de placement classique, il est géré de façon totalement automatisée. Aucun gérant n'intervient pour solder une position sur une entreprise tant qu'elle reste dans l'indice. Et ce, même si l'entreprise connaît d'importants déboires.

Plusieurs avantages pour l'investisseur

Le premier, c'est qu'un ETF est facile à suivre : pour savoir s'il est gagnant dans la durée, il suffit de se pencher sur la progression de l'indice répliqué... Plus besoin de suivre dix ou quinze valeurs en direct. En revanche, il faut comprendre les phénomènes macro-économiques qui font bouger les marchés.
Autre avantage : le prix. Les fonds indiciels ne font que répliquer les évolutions globales d'un marché ou d'un indice, pas les convictions d'un gérant. Dans ce cas-là, autant s'éviter la couche d'intervention humaine et les coûts liés. C'est pour cette raison que les ETF affichent des frais de gestion moins élevés que ceux des fonds indiciels classiques.
Enfin, contrairement aux fonds classiques dont la valeur liquidative est réactualisée tous les jours ou plusieurs fois par semaine, les ETF ont une cotation continue, y compris en dehors des horaires d'ouverture des marchés. Il est donc possible, sur certaines places de marché (pas sur toutes), d'intervenir dessus à tout moment.

Moins chers et plus faciles à suivre, ils présentent plusieurs inconvénients toutefois

Lorsqu'ils répliquent un indice étranger, ils le répliquent dans la devise du pays ou de la zone en question : sauf mention contraire, ils ne sont pas couverts contre le risque de change.

Enfin, attention, car il y a deux types d'ETF : ceux à réplication physique (qui possèdent vraiment les actions en portefeuille), et ceux à réplication synthétique. Dans ce cas-là, les fournisseurs échangent les titres avec d'autres établissements qui leur fournissent, en contrepartie, une réplication exacte de la performance de l'indice. Seul problème, l'établissement avec lequel le fournisseur procède à cet échange peut faire faillite : cela s'appelle le risque de contrepartie. Aussi est-il plus prudent de n'utiliser que des ETF à réplication physique.

QU'EST-CE QU'UN *ROBO-ADVISOR* ?

Ils s'appellent Yomoni, WeSave, Advize... ce sont des sociétés d'un nouveau genre, qui appartiennent à la catégorie des fameuses *fintech*. Elles fournissent un ensemble d'algorithmes qui aident l'investisseur à choisir les fonds qui correspondent à son profil d'investisseur. Le *robo-advisor* scanne votre connaissance des marchés, votre situation personnelle, votre situation patrimoniale (êtres-vous propriétaire ou pas de votre résidence principale, si oui, quelles sont vos mensualités de crédit, quelle est votre capacité d'épargne...). Il se renseigne sur les montants à investir, le fait que vous épargniez en une seule fois ou de façon programmée tous les mois, donc à tous les cours, il regarde, enfin, au travers de différentes questions, votre sensibilité au risque. En fonction de cela, il définit un profil de risque sur une échelle de 1 à 10, et c'est parti.

En réalité, avec les *robo-advisors*, vous confiez un mandat de gestion à une société qui automatise un grand nombre de décisions. Elle investit le plus souvent dans des ETF, en en choisissant plusieurs, et chez plusieurs fournisseurs.

L'avantage des *robo-advisors* ?

Peu de coûts humains, ce qui signifie que les frais de gestion sont en règle générale moins élevés que pour les autres contrats, même ceux disponibles en ligne.
Surtout, il n'y a pas de biais psychologique, les machines agissent sans aucun état d'âme. Cela ne signifie pas qu'elles sont gagnantes à tous les coups, loin de là ! Elles ne protègent pas totalement l'investisseur, car ce dernier a toujours la possibilité, au moindre coup de froid, de changer son profil de risque, et de réduire son exposition quand il faudrait, au contraire, réinvestir.
Les rapports de gestion liés à votre investissement vous parviennent également tous les mois, mais ils ne vous donnent qu'un avis très large sur les marchés. Impossible de savoir de façon instantanée si vous avez, dans votre portefeuille, des ETF synthétiques ou physiques.
Enfin, la plupart des *robo-advisors* interviennent sur des contrats d'assurance vie. Or, n'oubliez pas que la règle de prudence la plus élémentaire, celle de la diversification, s'applique aussi pour les contrats d'assurance vie. Et ce, d'autant plus que la garantie des assurances ne s'exerce que jusqu'à 70 000 €. En cas de faillite de la compagnie, même si vos avoirs inscrits chez elle sont plus élevés, vous ne récupérerez que 70 000 €. ■

LES MANDATS DE GESTION

Vous pouvez choisir, avec toutes les explications que vous avez lues, de gérer votre portefeuille seul : c'est ce que l'on appelle la gestion libre. Mais vous pouvez aussi décider de le confier à un spécialiste.

Autrefois, ce service était réservé aux gros patrimoines, seules les banques spécialisées dans la gestion de fortune et les banques privées le proposaient. À présent, grâce à une industrialisation de certains services, tous les petits portefeuilles peuvent aussi avoir accès aux mandats de gestion.

LA GESTION DÉLÉGUÉE, OU GESTION SOUS MANDAT

C'est le degré de délégation le plus important. En fonction de votre profil, de votre situation personnelle et de votre aversion au risque, vous confiez un mandat à l'établissement dans lequel vous détenez vos comptes. Charge à lui d'investir, d'arbitrer quand il le faut, de faire « tourner » votre portefeuille. Certains gérants investissent directement dans des actions, d'autres choisissent de miser sur des Sicav et des fonds communs de placements. D'autres, encore, panachent les deux solutions. Avec le mandat de gestion, vous ne vous occupez de rien, mais vous recevez un compte-rendu trimestriel de gestion qui vous fait part de l'environnement de marché, des opérations passées, et de l'évolution de votre portefeuille (à la hausse comme à la baisse). *« Attention »*, alerte Muriel Tailhades, directrice de la gestion chez Edmond de Rothschild. *« Si vous avez décidé de déléguer, vous déléguez vraiment ! Il vous sera impossible de passer un ordre, ou de demander à votre banquier de mettre un titre en portefeuille parce qu'il vous semble prometteur »*, poursuit-elle.

Aujourd'hui, certains établissements en ligne proposent des mandats de gestion accessibles à partir de montants très bas : mille euros suffisent parfois, s'ils sont suivis de petits investissements réguliers. Ce service est principalement disponible pour la gestion des contrats d'assurance vie, mais certaines banques traditionnelles le proposent aussi, y compris à partir de montants très bas, pour les comptes-titres et les PEA. Bien sûr, dans ces cas-là, le service n'est pas aussi personnalisé que dans les banques privées qui gèrent parfois plusieurs dizaines de millions d'euros par client, mais il ne faut pas y voir un mauvais point. En gérant davantage de comptes de la même façon, les responsables n'en sont pas moins performants !

Outre les mandats de gestion dits « classiques », qui correspondent à un profil de risque, certains établissements développent d'autres mandats. Ainsi, chez Edmond de Rothschild, en plus des mandats prudent, équilibré, dynamique, offensif, on trouve aussi un mandat distinct pour le PEA, un mandat de gestion en investissement socialement responsable, un mandat « Europe dividende », investi totalement en actions d'entreprises qui se font fort de distribuer régulièrement un dividende. La banque propose même un mandat EMTN (Euro Medium Term Notes), pour une petite partie des portefeuilles, avec des produits structurés. *« Ces produits ne peuvent pas être utilisés dans les autres mandats, car ils répondent à des conditions particulières, il est donc nettement plus lisible pour les clients d'avoir une poche qui leur est dédiée »*, explique Muriel Tailhades.

CERTAINS MANDATS SONT PLUS COÛTEUX

C'est le cas lorsqu'il faut gérer selon les principes de l'investissement responsable, par exemple, cela demande davantage de recherche, donc les prix sont un peu plus élevés. En outre, certaines banques privées pratiquent des commissions de surperformance lorsqu'elles parviennent à battre l'indice visé.

En revanche, si vous confiez un mandat de gestion à votre banque, vérifiez bien les frais pour ne pas avoir trop de mauvaises surprises (voir p. 174). Dans les banques en ligne, ils sont très légers, de l'ordre de 0,10 ou 0,20 % des sommes gérées chaque année, ils ont parfois même été supprimés. (Cela n'exclut pas les frais de gestion du contrat pour l'assurance vie, ni les frais de gestion des unités de comptes).

Dans les établissements traditionnels, les frais des mandats de gestion sont souvent dégressifs : plus les sommes que vous confiez sont importantes, plus les tarifs sont légers (comptez jusqu'à 1,2 % pour les plus « petits » portefeuilles, et autour de 0,5 %, parfois moins, si vous confiez plusieurs millions sous gestion).

Ensuite, faites bien vos calculs. Si votre gérant, ou la structure qui s'occupe de la gestion sous mandat de votre portefeuille, prend des positions originales, a des convictions fortes, l'investissement en vaudra souvent la chandelle. S'il se contente de mettre toutes les valeurs du CAC 40 dans votre portefeuille (cela se voit encore), il n'a aucune valeur ajoutée. Dans ce cas, les frais de gestion sous mandat ne feront qu'obérer vos dividendes, rien de mieux, et vous avez peut-être intérêt à vous faire un peu plus confiance pour gérer vous-même votre portefeuille.

LA GESTION CONSEILLÉE

À mi-chemin entre la gestion libre, où l'épargnant est seul face à ses choix, et la gestion déléguée, on trouve la gestion conseillée. Souvent accessible à partir de montants élevés (plusieurs centaines de milliers d'euros), elle permet à l'investisseur de partager son point de vue avec son conseiller sur les marchés, sur les entreprises. L'échange fonctionne dans les deux sens : le banquier propose régulièrement quelques idées d'investissements à ses clients, qui peuvent appeler aussi souvent qu'ils le souhaitent pour soumettre une idée qu'ils ont eue de leur côté.

Mais à la fin, la responsabilité, et le choix de passer, ou non, un ordre, incombe au client. « *Ceci implique réellement d'avoir davantage de contrôle, d'être capable, émotionnellement, de gérer les trous et les bosses, de supporter la volatilité des marchés* », avertit Muriel Tailhades. « *D'ailleurs, nos clients qui ont des mandats de gestion conseillée détiennent, par ailleurs, de très importants montants en assurance vie en euros, et beaucoup d'immobilier. Leurs avoirs boursiers ne constituent qu'une très faible part de leur patrimoine* ». ■

INTRODUCTION À L'ANALYSE FINANCIÈRE

6

DES OUTILS PROPRES À L'ANALYSE FINANCIÈRE

La valeur d'une action dépend de son niveau d'attractivité auprès des investisseurs. Pour se forger leur opinion, ceux-ci vont collecter des informations sur la santé financière de l'entreprise à partir de l'étude du bilan et du compte de résultat.

Cette partie est destinée avant tout aux investisseurs individuels qui veulent acheter des actions en partant de leur propre analyse et de leurs propres observations. Aussi nous allons vous fournir, par une approche pédagogique, les « outils » pour y parvenir. Pour étudier au mieux la situation économique et financière d'une entreprise, il n'y a pas de recette miracle. Certes, vous pouvez dans un premier temps, lire avec attention les communiqués de résultats des entreprises cotées et les commentaires qui y sont associés. Mais cette étape est loin d'être suffisante.
Il faut aussi consulter les observations d'analystes ou de journalistes spécialisés relatifs aux résultats publiés par la société. Ensuite, l'idéal est de façonner sa propre opinion en étudiant soi-même la qualité des résultats publiés, par l'analyse du compte de résultat et du bilan. Ces documents sont disponibles dans les rapports annuels et semestriels que doivent publier toutes les sociétés cotées. Certaines sociétés vont même jusqu'à produire des notes simplifiées relatives à leurs résultats trimestriels. Cette analyse comptable pourra vous paraître rébarbative mais elle est cependant fondamentale. Pour rendre cette étape la moins complexe possible, nous allons vous aider à décrypter simplement un compte de résultat et un bilan en vous indiquant quelles sont les données comptables (appelées également soldes intermédiaires) qu'il faut regarder en priorité. Nous vous communiquerons un certain nombre de ratios économiques et financiers qui vous permettront de peaufiner votre analyse. Il faut savoir que la plupart du temps, dans leur rapport annuel, les entreprises publient un résultat d'exploitation et un bilan simplifiés et c'est ensuite en annexe que vous allez trouver le détail des différents soldes intermédiaires. ■

LES CHIFFRES CLÉS DU COMPTE DE RÉSULTAT

Le compte de résultat est un document comptable qui permet d'observer la façon dont l'entreprise a géré ses affaires. Comment a-t-elle gagné de l'argent, quels ont été ses principaux postes de dépenses ?

C'est en quelque sorte le baromètre de la société qui permet de voir, sur l'année écoulée, si l'activité était au beau fixe (elle dégage un bénéfice, qui plus est, en hausse sur un an) ou a connu un avis de tempête (ses bénéfices sont en baisse, voire même, elle a enregistré des pertes). Il convient de le comparer au compte de résultat de l'année précédente pour identifier quels sont les indicateurs comptables qui affichent une progression et ceux qui sont en recul. D'ailleurs, les grands groupes cotés publient, dans leur rapport financier, le compte de résultat et le bilan de l'année concernée ainsi que les données comptables de l'année précédente, voire des deux années précédentes, pour pouvoir mieux identifier et calculer les variations d'une année sur l'autre.
Si nous regardons le compte de résultat du haut vers le bas, il est tout d'abord intéressant d'identifier le chiffre d'affaires.

LE CHIFFRE D'AFFAIRES

Il est l'indicateur du niveau d'activité de l'entreprise. En tant que tel, ce montant n'a que peu d'utilité pour un investisseur.
En revanche, c'est son évolution dans le temps qu'il est intéressant d'étudier, son taux de variation d'une année sur l'autre ou d'un semestre vis-à-vis du même semestre de l'année précédente. Si le niveau d'activité progresse, l'entreprise est alors sur un marché porteur et a sans doute fait de bons choix stratégiques. En revanche, s'il diminue, cela peut signifier que l'entreprise est positionnée sur un secteur en perte de vitesse, ou qu'elle n'a pas su s'adapter à son environnement concurrentiel.
Cet indicateur revêt un intérêt tout particulier quand la firme est une jeune start-up dont l'objectif est la croissance de son chiffre d'affaires, puis à moyen terme de son bénéfice net : ce cercle vertueux devant lui permettre d'investir et accompagner son développement, sans pour autant verser de dividende. Les actionnaires accepteront d'investir

si cette stratégie leur paraît viable et pérenne. Dans un premier temps, ils bénéficieront d'une hausse du cours de Bourse, en attendant que l'entreprise puisse un jour être en mesure de verser un dividende.
Il peut être également intéressant de comparer cette progression du chiffre d'affaires avec celles de concurrents cotés et positionnés sur le même secteur d'activité. Cela permet d'apprécier si l'entreprise sur-performe (progresse plus vite que ses concurrents) ou sous-performe (progresse moins rapidement) en terme d'activité son marché.

LE CAS PARTICULIER DES BANQUES

Les banques ne publient pas un chiffre d'affaires, mais un produit net bancaire ou PNB. Cet indicateur est en réalité plus proche de la valeur ajoutée que dégagent les entreprises non financières.
Compte tenu de leur poids et de leur importance dans le financement de l'économie, toute banque doit respecter des ratios précis de liquidité (disposer de réserves monétaires suffisantes pour faire face à un besoin immédiat) et de solvabilité sur moyen et long terme. Et ce, pour être à la fois en capacité de reverser à ses clients, quand ils le souhaitent, l'argent qu'ils ont déposé dans ses « coffres » et d'honorer ses dettes contractées auprès d'autres banques. L'objectif final vise à éviter une crise systémique qui entraînerait des faillites en cascade du fait de l'importance des interconnexions bancaires.

LA VALEUR AJOUTÉE

Elle correspond à la richesse créée par l'entreprise au cours de son processus d'exploitation. Elle permet de mesurer la performance de « l'outil de production ».
Pour la calculer, il faut déterminer la valeur de la production totale de l'entreprise sur l'année. Cette valeur regroupe la production réalisée et vendue (chiffre d'affaires) et celle effectuée et non vendue, donc stockée. Par contre, s'il y a eu une réduction des stocks sur l'année, il faudra soustraire le montant du déstockage à la valeur au chiffre d'affaires. Car cela veut dire que l'entreprise a aussi vendu des marchandises produites l'année précédente.
Il faut ensuite soustraire à cette valeur le montant des consommations de biens et services acquis auprès de fournisseurs, nécessaires pour réaliser cette production, comme l'achat de matières premières, la consommation en électricité...
Le montant de la valeur ajoutée dégagée doit permettre de rémunérer tous ceux qui ont aidé ou participé à la production de l'entreprise et d'investir.
En effet, la société va devoir verser des salaires à ses employés qui ont fait tourner l'outil de production, payer à l'État des taxes, des impôts et des charges sociales pour faire fonctionner les services publics, assurer le versement des retraites, des indemnités chômage, verser à sa banque les intérêts des prêts qui lui ont été accordés, distribuer des dividendes à ses actionnaires.
Le montant de la valeur ajoutée permet de déterminer le taux de valeur ajoutée qui est le rapport : (Valeur

ajoutée/ Chiffre d'affaires) x 100. Plus ce pourcentage est élevé et plus le processus de production de l'entreprise est performant.

RÉSULTAT D'EXPLOITATION COURANT OU EBITDA

Pour le calculer, il faut partir de la valeur ajoutée et lui retrancher les charges de personnel, les impôts et les taxes et y ajouter les subventions liées au fonctionnement de l'entreprise (exploitation).
Il vient affiner les analyses de la valeur ajoutée, puisqu'il intègre les dépenses de personnel, le règlement des taxes et des impôts. Si son solde est positif, cela signifie que l'entreprise, dans le cadre strict de son activité courante, est capable de produire suffisamment de liquidités pour mener une politique d'investissement et rémunérer ses actionnaires. Cet indicateur permet de vérifier que l'activité constituant son cœur de métier est bien rentable.
Attention, dans certains rapports annuels de grands groupes, ce ne sont pas les termes de résultat d'exploitation courant, aussi appelé résultat opérationnel courant, qui sont employés mais son homologue anglo-saxon l'EBITDA (*Earnings before interests, taxes, depreciations and amortisations*), qui traduit

Le chiffr… …mètre constant

Si la … opé… grande… rach… cor… ce… …se n'avait … …née … …nt … …on (prise … …, ou cession … …t produite … …dente. Un … …omparer ce qui … …rable ! … …ociétés de la zone … …tement exportatrices … …t les produits sont réglés en monnaie locale (en dollars par exemple), il peut être opportun (surtout s'il y a eu une forte fluctuation du cours de la monnaie locale par rapport à l'euro) de publier le chiffre d'affaires en euro à taux de change constant, en prenant pour référence le même taux de change que celui de l'année précédente. L'objectif : évaluer si l'évolution à la hausse ou à la baisse du chiffre d'affaires est avant tout due à une variation de l'activité ou à une oscillation des cours des devises.

signifie : les gains avant le paiement des intérêts, des impôts, des dépréciations et des amortissements.

LE RÉSULTAT D'EXPLOITATION OU EBIT

Comme la valeur ajoutée, le résultat d'exploitation, aussi appelé résultat opérationnel, mesure la performance de l'activité de l'entreprise, tout en peaufinant et en précisant le niveau de rentabilité de la société. En effet, le résultat d'exploitation intègre dans ses calculs les revenus ou les charges associés à des activités annexes comme par exemple, les revenus issus de la location d'un bâtiment. Il prend aussi en compte les revenus ou pertes ponctuels, comme des pertes liées à des factures impayées (créances douteuses irrécupérables).

L'entreprise est ainsi rentable si elle affiche un bénéfice opérationnel ou d'exploitation positif. Cela signifie que la société dispose alors de liquidités nécessaires pour investir, régler les échéances de ses prêts, payer ses impôts et peut-être offrir un dividende à ses actionnaires.

Cet indicateur est notamment important pour les entreprises nouvellement créées, afin de s'assurer que leur modèle économique est viable dans le temps.

Dans le cas contraire, l'entreprise affiche un déficit d'exploitation. Pour assurer sa pérennité, elle va devoir envisager soit de se restructurer pour réduire ses coûts de fonctionnement, soit de modifier son processus de production, soit de repenser sa stratégie commerciale, voire de se repositionner sur d'autres secteurs d'activité.

Les groupes privilégiant l'appellation anglo-saxonne utiliseront dans leur rapport annuel le terme d'EBIT (*Earnings before interests, taxes*) qui signifie les gains avant le paiement des intérêts et des impôts, plutôt que d'employer les termes de résultat d'exploitation ou de résultat opérationnel.

LE RÉSULTAT FINANCIER

Ce terme ne reflète en rien l'exploitation de l'entreprise. Le résultat financier est la différence entre les produits (gains financiers en lien avec des participations dans d'autres entreprises ou des placement financiers, les escomptes obtenus des fournisseurs, les gains de change de devises...) et les charges financières (intérêts d'emprunt, frais de trésorerie, escomptes accordés aux clients, pertes de change...). Il permet d'observer la politique de la firme en matière de placements financiers et de recours à l'endettement.

Il ne faut pas s'inquiéter si une société affiche un résultat financier négatif. Car cela signifie la plupart du temps qu'elle s'est endettée pour investir. Mais il faudra cependant vérifier que le poids de son endettement n'est pas trop lourd en calculant son taux d'endettement net, un ratio qui vous est présenté par la suite.

Si le résultat est positif, ce n'est pas forcément non plus une bonne chose. On peut en déduire que l'entreprise investit peu ou qu'elle dispose d'un important portefeuille de placements financiers.

Or une entreprise industrielle et commerciale n'a pas vocation à engranger d'importants revenus financiers, mais à réinvestir une partie de ses bénéficies, et à en faire profiter ses salariés et ses actionnaires.

LE RÉSULTAT COURANT AVANT IMPÔT (RCAI)

Il est obtenu en faisant la somme du résultat d'exploitation et du résultat financier.
Le RCAI permet de mesurer l'impact direct de l'endettement de l'entreprise sur son activité et sa rentabilité économique. Il reste un indicateur clef pour les dirigeants et les investisseurs, car il mesure la performance économique d'une entreprise et la pertinence de sa politique de financement de ses investissements.

LE RÉSULTAT NET

Il s'agit d'un indicateur important pour l'investisseur car son résultat va influer sur la décision de l'entreprise de distribuer ou non un dividende et de son montant.
Le résultat net équivaut à l'argent que l'entreprise a gagné (on parle alors de bénéfice net) ou perdu (pertes nettes) au cours d'une année d'activité après avoir réglé la totalité de ses charges (y compris celles liées à la participation des salariés, à l'impôt sur les bénéfices). Dans le cas d'un déficit, celui-ci est souvent comptabilisé dans son bilan en négatif (ou entre parenthèse) dans la rubrique report à nouveau. Il vient alors en déduction des fonds propres et réduit d'autant le montant de la trésorerie.
Si l'entreprise affiche un bénéfice net, elle ne versera pas, la plupart du temps, l'intégralité de ce bénéfice en dividendes pour les actionnaires. Ainsi, elle pourra choisir d'en mettre une partie en réserve qui viendra renforcer les capitaux propres inscrits dans son bilan et alimenter sa trésorerie pour lui permettre d'investir et d'assurer le remboursement de ses dettes. L'entreprise peut également décider de reporter sa décision sur l'affectation de tout ou partie du bénéfice. Il est alors imputé au bilan dans le compte « report à nouveau » et il pourra ainsi compenser un futur déficit.
Quoiqu'il en soit, cette affectation des bénéfices doit être soumise à l'approbation des actionnaires au cours de l'assemblée générale annuelle.
La part du bénéfice net distribuée sous forme de dividendes s'appelle le taux de distribution. Il est variable d'une entreprise à l'autre et d'une année sur l'autre. Mais en moyenne, il oscille entre 20 % et 40 %. Il peut exceptionnellement dépasser les 100 % si l'entreprise décide de puiser dans ses réserves et de verser un montant de dividendes supérieur au bénéfice net de l'année. Il peut aussi être de 0 % si l'entreprise juge que sa situation n'est pas satisfaisante. ■

Focus sur le résultat net part du groupe

Quand un groupe est composé d'une maison mère ou holding et de plusieurs filiales cotées qui ne sont pas toutes détenues à 100 % par la maison mère, la société va publier deux types de comptes. Tout d'abord, ceux qui sont propres à la société mère et aussi ceux consolidés qui tiennent compte des résultats de ses filiales. Le résultat net obtenu est alors appelé résultat net part du groupe.
Ce qui va intéresser les actionnaires, ce sont bien évidemment les comptes consolidés. Car ce sont eux qui mesurent réellement la situation économique et financière du groupe et sur lesquels la direction de l'entreprise va se baser pour déterminer la part du résultat net qui sera reversée en dividendes.
Les règles qui régissent l'établissement des comptes consolidés varient en fonction des situations.
Il y a tout d'abord **l'intégration globale**. La filiale est consolidée à 100 %, c'est-à-dire l'intégralité des éléments de son compte de résultat et de son bilan sont intégrés aux comptes de la maison mère. Et ce, même si la participation de la maison mère dans sa filiale n'atteint pas 100 %. Il faut pour autant que la maison mère contrôle les organes de gestion et administratifs de la filiale. Ainsi pour le compte de résultat consolidé, il faudra distinguer au bas du tableau la part du résultat revenant au groupe consolidé et celle revenant aux actionnaires minoritaires de la filiale.
De même, le groupe ne pourra pas garder pour lui la totalité du bénéfice de la filiale si des investisseurs minoritaires sont présents dans son capital. Ceux-ci doivent pouvoir bénéficier d'un versement de dividende lié aux résultats bénéficiaires de la filiale.
Exemple : supposons que la société Marine SA détient 80 % de la société Dupont et réalise une consolidation globale de sa filiale.
Si la Société Marine affiche un bénéfice de 100 et la société Dupont un bénéfice de 50, le bénéfice cumulé des deux entités sera bien 150 mais ce ne sera pas le bénéfice consolidé de la société Marine SA.
En effet, les actionnaires minoritaires de la société Dupont ont le droit à 20 % du bénéfice de cette entreprise soit 50x20 % = 10. Aussi en bas du compte de résultat consolidé de la société Marine SA, il sera indiqué : résultat net total de 150, Intérêts des minoritaires de 10, résultat net part du groupe de 140 (150-10).
De même au passif du bilan consolidé de Marine SA, au niveau des capitaux propres, il faudra distinguer : le résultat part du groupe de 140 et l'intérêt des minoritaires de 10.
L'intégration proportionnelle est quant à elle appliquée quand deux ou plusieurs groupes indépendants ont choisi de créer une filiale commune dans le but d'unir leurs forces et d'investir en commun. Dans ce cas, les chiffres de la filiale sont retenus dans les comptes de la maison mère à hauteur de sa participation dans le capital de la filiale.
Enfin, **la mise en équivalence** est une méthode utilisée pour des niveaux de participations qui se situent

entre 20 et 50% du capital de la filiale. Dans ce cas, les résultats de la filiale ne sont pas complètement intégrés aux comptes de la maison mère, qui se contente alors de faire figurer dans son compte de résultat une ligne intitulée « quote-part des sociétés mises en équivalence ».
Si la société dispose de moins de 20 % des droits de vote dans une société elle n'a pas d'obligation d'intégrer une part des résultats de cette filiale dans ses comptes. Dans ce cas, les participations sont considérées comme des placements financiers.

LES INDICATEURS INCONTOURNABLES DU BILAN

Le bilan est un document comptable qui offre une « photographie patrimoniale » des biens que possèdent l'entreprise et des financements mis en place pour investir. Il permet ainsi d'évaluer les besoins financiers de l'entreprise, de déterminer sa solidité financière et d'évaluer ses risques de défaillance. Il complète ainsi l'étude du compte de résultat.

Il se présente sous la forme d'un tableau à deux colonnes *(voir ci-contre)*. D'un côté l'actif qui décrit tout ce que possède l'entreprise et de l'autre côté le passif qui montre comment l'entreprise a pu acheter ce qu'elle possède.

L'étude du bilan permet de mieux comprendre comment l'entreprise se finance, d'observer le niveau de son endettement, d'apprécier la qualité de son endettement à court, moyen et long termes.

Une entreprise qui offre un bilan solide peut surmonter de médiocres résultats sur une année donnée. Si le bilan s'avère déjà fragile, l'investisseur aura toutes les raisons de se montrer inquiet et de décider de vendre ses titres avant que le cours ne recule.

L'ACTIF DU BILAN EST DIVISÉ EN 2 GRANDES CATÉGORIES

Au bilan, l'actif représente en quelque sorte le patrimoine de l'entreprise. Il se décompose en actif non courant ou immobilisé et en actif courant ou circulant.

L'actif non courant ou immobilisé

Il regroupe les immobilisations corporelles (les terrains, les bâtiments, les machines, le matériel informatique…), les immobilisations incorporelles comme les brevets et les marques et les immobilisations financières (participations dans le capital d'une autre entreprise).

Les biens corporels sont inscrits à l'actif du bilan à leur valeur d'achat. Avec le temps, comme le particulier peut le constater pour sa voiture, ces biens subissent souvent une perte de valeur ou dépréciation. C'est le cas par exemple des ordinateurs ou du mobilier de bureau. Aussi, chaque année l'entreprise doit assurer leur amortissement, c'est-à-dire qu'elle doit intégrer la perte de valeur du bien acquis du fait de son utilisation, selon des règles définies par l'administration fiscale.

BILAN			
	ACTIF	PASSIF	
	Nature de l'actif	Nature du passif	
	Actif non courant ou immobilisé	Capitaux propres	
	Immobilisations corporelles	Capital social	
	Immobilisations incorporelles	Réserves	
	Immobilisations financières	Report à nouveau	
	Actif courant ou circulant	Résultat de l'exercice	
Où est l'argent?	Stocks	Provisions	D'où vient l'argent ?
	Créances client	Intérêts des minoritaires	
	Avances fournisseurs	Dettes	
	Disponibilités (liquidités)	À moyen et long terme ou passif non courant	
		À court terme (moins d'un an) ou passif courant	

L'actif courant ou circulant

Il intègre les stocks (qui eux aussi peuvent être dépréciés en cas de perte de valeur), les créances sur les clients (les factures en attente de règlement), les avances auprès des fournisseurs (l'entreprise a réglé une partie de la commande qui n'a pas été encore livrée) et la trésorerie.

LE PASSIF DU BILAN

Le passif du bilan regroupe tout d'abord les capitaux propres qui se décomposent en capitaux propres part du groupe (capital social, réserves, report à nouveau, résultat de l'exercice, acomptes sur dividendes, provisions) et en intérêts minoritaires (la participation minoritaire de la société dans une autre entreprise). Puis il y a les dettes à long et moyen termes (dettes à plus d'un an comme les emprunts et les provisions) qui représentent le passif non courant. Et enfin, les dettes à court terme à moins d'un an (découverts bancaires, dettes envers fournisseurs, dettes sociales ou fiscales, emprunts) appelées passif courant.

La plupart du temps, les grands groupes cotés publient dans leur rapport annuel ou semestriel, un bilan simplifié qui ne fait pas la démarcation entre dettes à long et court termes. Cette distinction figurera alors dans un document publié dans les annexes.

Ainsi, le passif du bilan enregistre toutes les liquidités versées par les actionnaires (via une augmentation de capital, une entrée en Bourse) ou les banquiers (via l'obtention d'un prêt), perçues sur les bénéfices réalisés ainsi que toutes les facilités de paiement obtenues auprès des fournisseurs.

Les capitaux propres de l'entreprise

Les fonds propres résultent de l'addition des montants constitués par le capital, le report à nouveau, les réserves. Il s'agit avant tout du capital initial apporté pour créer l'entreprise, renforcé au fil du temps par de nouveaux apports en capital et des bénéfices non distribués, le tout étant enregistré au passif du bilan.

Mais, à la suite de pertes successives qui viennent impacter négativement les réserves ou le report à nouveau, la société peut alors enregistrer des fonds propres négatifs. Et là, on doit raisonnablement s'inquiéter car l'entreprise n'est pas loin de déposer son bilan.

Il est parfois intéressant de comparer le montant des capitaux propres enregistré dans le bilan avec la valeur boursière de l'entreprise, c'est-à-dire sa capitalisation boursière. Dans ce cas, il faut multiplier le cours de l'action par le nombre d'actions existantes dans le capital de l'entreprise. Si la valeur obtenue à partir du cours de Bourse est inférieure à la valeur obtenue à partir du bilan, l'entreprise est sous-cotée. Il peut être intéressant d'investir dans cette entreprise, à condition qu'elle ne soit pas trop endettée.

Cela ne veut pas dire pour autant qu'il faut systématiquement sélectionner des sociétés décotées et ne pas investir dans des valeurs surcotées. Une surcote comme une décote peuvent tout à fait se justifier, si les investisseurs anticipent un enrichissement ou un appauvrissement de l'entreprise. Et que cette probabilité se réalise dans le temps...

Pour autant, il est intéressant d'identifier des cas de surcote ou de décote et d'étudier si celles-ci sont justifiées et si leur montant est légitime.

Certains grands investisseurs ou fonds d'investissements surnommés «value» mènent des stratégies financières qui consistent justement à dénicher des valeurs qu'ils trouvent, d'après leurs études, soit injustement décotées, soit trop cotées. Le financier milliardaire Warren Buffett a souvent appliqué cette stratégie pour orienter ses choix de placement.

Le fonds de roulement net (FRN) et le besoin en fonds de roulement (BFR)

Le fonds de roulement (FRN) est un indicateur qui se calcule à partir du bilan de l'entreprise. Il s'obtient en faisant la différence entre l'actif ou les ressources stables (fonds de commerce, terrains, constructions, matériel, brevets, participations financières) et le passif ou ressources stables (capitaux propres, les emprunts bancaires). Si le fonds de roulement est positif, cela indique que l'entreprise dispose d'un excédent de trésorerie qui va servir à alimenter son besoin en fonds de roulement.

Le besoin en fonds de roulement (BFR) est, quant à lui, déterminé en comparant la valeur de l'actif circulant (qui sont des entrées d'argent en attente) comme les

Les normes IFRS, la notion de juste valeur et son impact sur le traitement des survaleurs (goodwill)

L'introduction en 2005 des normes IFRS (*International Financial Reporting Standards*) pour les sociétés cotées a été décidée afin de standardiser, d'harmoniser les méthodes comptables et ainsi faciliter les échanges internationaux. Leur application permet de donner des informations fiables et comparables, quel que soit le pays, aux investisseurs. Elle doit permettre, en outre, de donner une image objective d'un phénomène économique.

L'idée générale de juste valeur qui a piloté cette réforme part d'un constat : certaines immobilisations peuvent connaître des variations de valeurs tant à la hausse qu'à la baisse. C'est le cas par exemple d'un terrain, de participations dans une autre entreprise. Aussi, les nouvelles normes comptables précisent qu'il faut enregistrer ce type de biens au bilan à sa valeur actuelle sur le marché : sa juste valeur. Si la valeur d'acquisition ne reflète plus la réalité, il faut alors soit réévaluer le bien soit le déprécier. Cette opération sera alors inscrite en produits ou en charges dans le compte de résultat.

Pour mieux coller à la réalité

Cette volonté de comptabiliser tout actif à sa juste valeur est certes plus représentative de la réalité mais elle apporte plus de fluctuations dans les résultats car la valeur de marché est forcément variable dans le temps. Ce qui n'était pas le cas avant l'application des normes IFRS puisque l'actif était comptabilisé à sa valeur d'acquisition, et amorti dans le temps selon des règles précises dépendant de la nature de l'actif.

Ainsi, lorsqu'une entreprise achète une autre société, et si cette acquisition a pu se faire au prix d'une bataille boursière acharnée, il y a de fortes chances qu'elle la paie à un prix plus élevé que sa valeur initiale établie à partir des éléments comptables et de l'analyse faite sur les perspectives de croissance. Cette différence fait apparaître une survaleur ou écart d'acquisition (ou *goodwill* pour les anglo-saxons). Avant l'entrée en vigueur de la norme IFRS, la société inscrivait cette survaleur à l'actif de son bilan puis chaque année une dotation aux amortissements venait réduire cette survaleur sur une durée comprise entre 5 et 20 ans.

Avec les normes IFRS, le législateur s'est montré beaucoup plus pragmatique. Même si la société a payé un peu cher son acquisition, différents éléments peuvent le justifier comme le gain de notoriété liée à la marque, l'obtention d'une taille critique pour gagner en visibilité, la conquête de nouvelles parts de marché, l'accès à de nouveaux marchés, l'élargissement de la gamme de produits proposés...

Il n'y a alors aucune raison de procéder à un amortissement de la survaleur et de réduire chaque année le poids de cet actif dans le bilan. Le *goodwill* comme tous les éléments composant l'actif fait l'objet de tests de validité (*impairment test*) chaque année. Si une perte de valeur est constatée, il faut alors enregistrer une dépréciation.

stocks, les créances clients, les avances fournisseurs, à celle du passif circulant (qui correspond à des sorties de liquidités différées) qui, lui, regroupe les dettes d'exploitation vis-à-vis des fournisseurs et les dettes fiscales et sociales dues aux administrations publiques. La différence entre ces deux valeurs permet ainsi de déterminer le besoin en fonds de roulement. Si celui-ci est positif, cela indique que l'entreprise a besoin de puiser dans sa trésorerie pour assurer son activité.

La différence entre le FRN et BFR permet de voir si l'entreprise dégage de la trésorerie au cours de son cycle d'exploitation. Si cette différence est positive, c'est un bon signe, la trésorerie de l'entreprise se porte bien. Par contre, si le résultat est négatif, cela indique que l'entreprise doit recourir au découvert bancaire ou à des prêts court terme pour financer ses besoins. Si cette situation perdure dans le temps, c'est de mauvais augure avec un risque de faillite à la clef.

La dette financière nette ou endettement net

L'endettement de l'entreprise s'obtient en faisant la somme de toutes ses dettes financières à court terme (découverts bancaires), à moyen et long termes (emprunts bancaires). À ce montant, vous soustrayez la valeur de la trésorerie et des placements financiers (hors prises de participations importantes dans une autre société), vous obtenez l'endettement net de la société.

Si la valeur ainsi obtenue est négative, cela signifie que l'entreprise dispose d'un niveau de liquidités (trésorerie et placements financiers) suffisant pour rembourser rapidement l'intégralité de ses dettes financières. Cette situation démontre la solidité financière de l'entreprise et lui offre de vraies marges de manœuvres si elle décide d'investir, puisqu'elle pourra à la fois mobiliser des liquidités et recourir à l'emprunt.

Cet indicateur est utilisé dans le calcul d'un certain nombre de ratios financiers, le plus connu étant le taux d'endettement net (gearing en anglais) que nous allons découvrir un peu plus loin.

Ces soldes intermédiaires vous donnent déjà beaucoup d'informations. Si vous voulez aller encore plus loin dans l'analyse et affiner vos déductions vous pouvez, au même titre que les analystes financiers, calculer certains ratios financiers à partir du compte de résultat, du bilan et de données boursières. ■

LES RATIOS FINANCIERS LES PLUS FRÉQUEMMENT ÉTUDIÉS

Nous commencerons par les incontournables, les indicateurs rois, ceux que tout investisseur regarde en priorité : le bénéfice net par action (BNPA) ou *Earning Per Share* (EPS) en anglais et le ratio qui en découle, le PER *(Price earning ratio)* qui est le rapport cours de l'action/ BNPA.

LE BNPA RÉALISÉ

Il se calcule en divisant le montant du bénéfice net de l'année clôturée par le nombre d'actions en circulation. C'est une notion intéressante et parlante pour les actionnaires car il permet d'anticiper quel pourrait être le montant maximal du dividende qui leur serait versé, si l'entreprise distribuait la totalité du bénéfice net sous forme de dividende.
Les analystes financiers affinent cette valeur en calculant un BNPA estimé sur 2-3 ans à partir des anticipations qu'ils ont faites des bénéfices futurs dégagés par l'entreprise.

LE PER

Il est quant à lui incontestablement l'un des ratios les plus populaires utilisés pour aider les investisseurs à sélectionner leurs titres en Bourse.
Supposons qu'une action est cotée 101,30 € et que le bénéfice par action estimé est de 3,5 € pour l'année en cours, le PER obtenu sera de 28,9 (101,3/3,5). Cette valeur signifie que les marchés financiers valorisent cette société à 28,9 fois son bénéfice net estimé pour l'année en cours. En clair, il faut payer l'action de la société 29 fois ses bénéfices. Est-ce beaucoup ?
De manière générale, en dessous de 10, il indique que l'action offre un cours plutôt bon marché. Au-dessus de 20, il faut se montrer prudent, se demander si l'optimisme des investisseurs quant aux performances de l'entreprise n'a pas atteint ses limites. Le prix commence à devenir très cher et ne pourra s'expliquer que par des bénéfices futurs élevés. Comme les investisseurs cherchent toujours à anticiper, ils regardent aussi le PER anticipé de l'année suivante.
Les niveaux de PER varient également en fonction des secteurs d'activités. Ainsi comme le montre le tableau page suivante, le secteur du luxe affiche traditionnellement des PER supérieurs à 20,

Société (Euronext Paris)	PER 2018	PER Estimé 2019
Luxe		
LVMH	27,72	24,15
Hermès International	47,15	42,57
Chritian Dior	23,4	25,17
Pharmacie		
Sanofi	15,03	14
Ipsen	14,53	12,59
Boiron	9,83	12,71
BTP		
Saint-Gobain	10,55	10,15
Eiffage	14,34	12,47
Vicat	11,25	10,47
Automobile		
Peugeot	7,18	5,85
Renault	4,11	5,55
Banques		
BNP Paribas	7,38	6,98
Société générale	5,34	6,53
Crédit agricole	7,61	8,17

Données recueillies sur Boursorama octobre 2019

le secteur de la pharmacie des PER autour des 13-14. À l'opposé, le secteur bancaire, actuellement malmené et offrant des perspectives de croissance limitées, aligne des PER nettement inférieurs à 10. Il en est de même pour le secteur de l'automobile, qui en tant que secteur cyclique et fortement industrialisé, offre des niveaux de PER relativement bas.

Les investisseurs et les analystes réalisent la même opération sur l'ensemble des valeurs qui composent un indice comme par exemple sur le CAC 40, sur le S&P 500 ou le Dow Jones et en tirent la moyenne sur l'indice concerné.

Ainsi, quand le PER sur un indice dépasse les 20, on peut commencer à se dire qu'il faut être prudent et que l'optimisme des investisseurs concernant la conjoncture et la prévision des bénéfices futurs pourrait prochainement atteindre ses limites.

De même, il est possible de comparer le PER moyen du Dow Jones et du CAC 40 et voir si une Bourse est sous-valorisée par rapport à l'autre et se demander quelles sont les principales raisons qui expliquent cette situation. Pour finalement décider de privilégier les valeurs de l'indice sous valorisé, qui ont toutes les raisons de progresser, si cette situation ne semble pas justifiée.

Pour mesurer le degré d'attachement à une action

Le niveau de PER permet aussi de situer une entreprise par rapport à l'indice dans lequel elle est cotée et de la comparer avec les PER des sociétés cotées du même secteur d'activité.

Un PER plus élevé récompense la performance, la régularité, la prévisibilité et la sécurité. Du coup, les sociétés cycliques sensibles aux aléas de la conjoncture économique ont souvent des PER plus faibles, qui peuvent être inférieur à 10.

De même, les indices qui accueillent des valeurs petites et moyennes comme l'indice CAC PME offrent, en période d'embellie économique, des PER plus élevés que les indices accueillant de grands groupes «matures», car les anticipations de croissance de la performance sont plus ambitieuses.

Aussi, le PER est un ratio important pour déterminer le degré d'attachement d'une communauté financière pour une action. Mais cela peut changer, évoluer au cours du temps, des annonces de l'entreprise, de la publication de ses résultats. Il est souhaitable de vérifier régulièrement l'évolution du PER.

Ce ratio est important, certes, mais il a ses limites.

Il est tout d'abord élaboré en comparant le cours actuel de l'action avec les bénéfices passés ou ceux anticipés dans les prochaines années. Finalement, il intègre dans sa formule de calcul deux nombres résultant de périodes de temps différentes.

Un autre point pose problème, c'est l'utilisation du bénéfice net par action. Or le montant du bénéfice ne sera pas versé intégralement aux actionnaires. Cette part reversée diffère d'une entreprise à l'autre et pour une même entreprise d'une année sur l'autre.

LE DIVIDENDE ET LE RENDEMENT

Si l'on divise le dividende versé ou anticipé par le cours de l'action et que l'on multiplie par 100, on obtient le rendement passé ou futur de l'action. Plus le dividende versé sera important et plus le rendement de l'action sera élevé.

Si l'on est un investisseur au profil spéculateur, prêt à prendre des risques, amoureux de sensations fortes, actif, multipliant les allers-retours et jouant constamment sur la différence des cours pour engranger des gains, le dividende versé n'apparaît pas comme une notion fondamentale. Car la détention des titres est souvent trop courte pour bénéficier du versement d'un dividende. Cependant, l'investisseur actif et spéculateur ne pourra pas pour autant occulter cette notion, car le rendement d'un titre participe de sa « popularité » et qui dit « popularité » dit acheteurs et qui dit acheteurs dit hausse prévisible du cours...

Pour la grande majorité des investisseurs néophytes et individuels qui ont une optique plus patrimoniale et globale, gardant des titres pendant plusieurs mois, voire plusieurs années, les perspectives de versement d'un dividende comme l'évolution du cours du titre sont deux notions importantes qui pilotent le choix de conserver ou de vendre un titre.

Ce ratio mesure la performance de l'action comme un placement financier qui offre un rendement au même titre que d'autres actifs.

Ainsi si le cours de l'action est de 22,60 € et le dividende versé est de 2,20 € par action au titre de l'exercice passé, le rendement est de 9,7 %, ce qui est une excellente performance. Cette performance est à comparer avec celle des autres produits financiers (obligations, assurance-vie, livrets...). Si le rendement est largement supérieur à ce que peuvent offrir les autres produits concurrents, il est parfois opportun de ne pas vendre cette action, même si son cours ne progresse pas ou stagne. Bien évidemment, le graal est d'investir dans une entreprise qui voit son cours progresser tout en offrant un bon niveau de rendement.

LE RENDEMENT, UN PLUS NON NÉGLIGEABLE

Une entreprise dont les cours augmentent fortement offrira la plupart du temps des niveaux de rendement moindre puisque la rentabilité se calcule en divisant le dividende versé ou anticipé par le cours de bourse. À moins, bien sûr, que la croissance du cours de bourse et celui du dividende soient comparables, ce qui se voit cependant assez rarement.

Il faut aussi être vigilant, car un rendement élevé n'est pas systématiquement synonyme de bonne affaire, quand cette situation survient soit après une chute du cours de bourse soit après le versement d'un dividende trop élevé qui réduit les capacités d'investissement de la société. Néanmoins, dans les périodes d'incertitude, les valeurs qui offrent traditionnellement un bon niveau de rendement deviennent plus prisées. Elles offrent une certaine sécurité, la certitude d'obtenir, à défaut d'un cours de bourse dynamique et haussier, un rendement intéressant. L'analyse du tableau ci-dessous montre que les actions des entreprises cotées au CAC 40 offrent des rendements entre 2,8 % et 9,4 %, des niveaux plutôt confortables compte tenu de l'environnement financier actuel et des niveaux d'intérêt très faibles proposés par les livrets réglementés et les obligations.

Société	Rendement 2018	Rendement estimé 2019
SOCIETE GENERALE	9,40 %	9,40 %
BNP PARIBAS	7,14 %	7,28 %
CREDIT AGRICOLE	6,52 %	6,52 %
AXA	5,93 %	6,50 %
RENAULT	7,06 %	6,36 %
TOTAL	5,88 %	5,97 %
ENGIE	5,28 %	5,28 %
PUBLICIS	4,87 %	5,17 %
ORANGE	4,90 %	4,93 %
BOUYGUES	4,67 %	4,67 %
PEUGEOT	3,61 %	4,51 %
VEOLIA ENVIRONNEMENT	4,11 %	4,39 %
MICHELIN	3,79 %	4,05 %
SAINT-GOBAIN	3,82 %	3,96 %
SANOFI	3,87 %	3,83 %
CARREFOUR	3,02 %	3,36 %
SCHNEIDER ELECTRIC	3,06 %	3,23 %
VINCI	2,75 %	3,03 %
ACCOR	2,82 %	2,84 %
SODEXO	2,80 %	2,83 %

Données recueillies sur Boursorama au 10 octobre 2019

LE TAUX DE DISTRIBUTION

Il représente le pourcentage du bénéfice distribué aux actionnaires. Il s'agit dont du rapport entre (dividendes versés/ bénéfices net) X100 ou (dividende par action/BNPA) X100.
Si la société a l'habitude d'être généreuse, elle le restera tant que ses bénéfices augmentent, en revanche elle aura beaucoup plus de difficultés à maintenir le niveau de son taux de distribution en situation de baisse de ses résultats.
Une entreprise en phase de croissance et donnant la priorité aux investissements va offrir un taux de distribution compris en moyenne entre 0 % et 5 %. Par contre, les actionnaires devraient logiquement se rattraper sur le cours de l'action tiré à la hausse par la croissance des résultats.
Une entreprise mature peut proposer des taux de distribution des bénéfices généreux compris entre 40 % et 60 %.

LA MARGE BRUTE D'AUTOFINANCEMENT (MBA) OU CASH-FLOW

La marge brute d'autofinancement (aussi appelée capacité d'autofinancement) mesure le surplus de liquidités

obtenus par l'activité de l'entreprise.
Elle s'obtient en ajoutant au montant du résultat net, le montant correspondant à l'ensemble des dotations aux amortissements (la dépréciation de biens de production du fait de leur usure ou parce qu'ils deviennent dépassés technologiquement) et des dotations aux provisions.
Par exemple une créance auprès d'un client difficilement récupérable fera l'objet d'une provision pour dépréciation ou l'étalement du coût d'un bien sur sa durée d'utilisation sera traité comme un amortissement d'actif immobilisé ou non courant.
Les provisions servent à anticiper des dépenses liées à une opération de restructuration, à un litige avec un fournisseur ou un client, à un procès susceptible d'être perdu, dans un futur proche.
Ainsi, les dotations aux amortissements et aux provisions correspondent à des retenues comptables qui réduisent la valeur du résultat net mais qui en réalité ne correspondent pas à des sorties d'argent. C'est plus une perte de valeur par anticipation. Il faudra dans un futur plus ou moins proche acheter une nouvelle machine, régler des frais de procédure d'un procès ou accepter que la facture jusqu'à présent impayée, ne sera jamais réglée. Le montant de la dépréciation est connu à l'avance dans le cadre d'une dotation aux amortissements, ce qui n'est pas le cas pour une dotation aux provisions qui ne peut être qu'estimée.
La MBA est intéressante car elle indique le supplément de trésorerie qui a pu être dégagé sur une année d'activité pour permettre à l'entreprise d'investir, de faire des acquisitions sans avoir recours aux marchés ou à un financement bancaire, de rembourser une partie de sa dette et de verser un dividende aux actionnaires.
Une MBA positive est rassurante, mais elle ne doit pas être pour autant trop élevée car cela peut vouloir dire que l'entreprise n'investit pas suffisamment au risque de compromettre sa croissance future ou qu'elle n'est pas très généreuse vis-à-vis de ses actionnaires.

LA RENTABILITÉ ÉCONOMIQUE

Appelée également ROCE *(return on capital employed)*, elle détermine la capacité de l'entreprise à générer du profit au cours de son activité afin de rémunérer ses actionnaires et à respecter le calendrier de remboursement de ses dettes contractées auprès de ses fournisseurs, de son banquier et de ceux qui ont souscrit à ses emprunts obligataires.
Elle se calcule en effectuant le rapport entre le résultat d'exploitation et le total des capitaux employés (capitaux propres et dettes).
Pour bien cerner la rentabilité économique d'une entreprise, il est préférable de comparer son ratio à celui de la moyenne du secteur dans lequel elle se positionne, ou avec ceux des entreprises concurrentes. Ainsi, les secteurs où, pour assurer la production, il est nécessaire d'investir massivement, auront tendance à enregistrer une rentabilité économique plus faible que des secteurs moins

gourmands en investissements.
De façon globale, la rentabilité économique moyenne se situe autour de 0,1. Ce qui signifie que le niveau du résultat d'exploitation représente 1/10 du montant des capitaux employés.
Ce ratio est la plupart du temps étudié parallèlement avec l'indicateur de rentabilité financière.

LA RENTABILITÉ FINANCIÈRE (*ROE* OU *RETURN ON EQUITY*)

Elle est obtenue en réalisant le rapport entre le résultat net et les capitaux propres. Il permet de déterminer le rendement des fonds propres.
Le ROE dépend de la capacité de l'entreprise à dégager des profits, et du poids de ses charges financières. Du coup, l'évolution des taux de crédit est un facteur qui influence le niveau de ROE. Une baisse des taux va inciter l'entreprise à renégocier ses taux d'emprunts ou à les rembourser via des emprunts à des taux plus intéressants. Ce qui se traduira par une baisse de ses charges financières et une augmentation de son ROE, si elle offre une même efficacité opérationnelle.
Il est communément admis qu'une entreprise pour être rentable doit afficher un ROE égal ou supérieur à 0,15.

LA VALEUR DE L'ENTREPRISE (VE)

Elle est estimée à partir de la valeur de ses capitaux propres ou de sa capitalisation boursière à laquelle il faut additionner sa dette financière nette (notion que nous avons déjà étudiée).
Cette valeur de l'entreprise correspond au prix minimal que devrait dépenser un investisseur pour acquérir cette entreprise.
En rapportant cette valeur au chiffre d'affaires, il est possible de mettre en évidence que l'entreprise vaut un certain nombre de fois son CA.
Ce ratio est très volatil d'un secteur à un autre. Il peut atteindre 2 ou 3 pour des entreprises industrielles mais il a parfois dépassé les 100 pour des entreprises américaines liées à Internet.
Aussi, cet indicateur est avant tout pertinent s'il est utilisé pour comparer plusieurs entreprises d'un même secteur afin d'identifier celles qui sont les moins bien valorisées. Il faut ensuite analyser les raisons de cette sous-valorisation sectorielle. Et si elle ne semble pas justifiée, il peut être intéressant d'acheter des actions de cette entreprise.

LE TAUX D'ENDETTEMENT NET OU « GEARING »

Il est souvent utilisé par les analystes financiers pour comparer la solidité financière de plusieurs entreprises d'un même secteur d'activité.
Le « gearing » se mesure en divisant le montant des dettes nettes par celui des fonds propres et en multipliant le résultat par 100.
Plus le gearing est bas et moins l'entreprise est endettée et dépendante de son

banquier pour assurer le bon déroulement de son activité. Ce qui lui offrira plus de marge de manœuvre quand elle devra ultérieurement souscrire à un prêt auprès d'un établissement financier.
Les analystes estiment de manière globale qu'un gearing ne devrait pas dépasser les 50 %. Au-delà de 70 %, la société commence à devenir trop dépendante de son banquier. Si la conjoncture économique se retourne et devient défavorable, l'entreprise n'aura pas de filet de sécurité. Une situation qui peut devenir préoccupante si la firme enregistre une baisse de ses résultats qui l'oblige à puiser dans sa trésorerie. Elle se retrouve dans une situation économique et financière à risque.
Aussi, durant les périodes d'incertitudes ou de crise boursière, les sociétés qui enregistrent les plus fortes baisses sont souvent celles qui sont les plus endettées. Cependant, avant d'investir dans une entreprise qui offre un gearing peu élevé, il est important de vérifier que son faible endettement n'est pas le résultat d'une stratégie d'investissement trop frileuse.

LE PEG (*PRICE EARNING GROWTH*)

Il permet, tout comme le PER, de déterminer si une action est sous-évaluée ou surévaluée. Mais le PEG est mieux adapté aux entreprises qui affichent de forts taux de croissance de leurs résultats. En effet, pour ce profil de sociétés, le PER a tendance à être élevé. Le PEG va relativiser cette tendance, puisqu'il va comparer le PER au taux de croissance annuel du bénéfice par action.
Il se calcule en faisant le rapport entre le PER et le taux de croissance du bénéfice net par action. Cet indicateur permet de dénicher des sociétés affichant une forte croissance de leurs bénéfices tout en proposant un prix raisonnable de leur action. Une entreprise correctement valorisée va afficher un PEG autour de 1. Aussi, l'investisseur s'attachera à identifier des entreprises sous-valorisées affichant un PEG inférieur à un 1.

LE RATIO VE/EBITDA

Il s'obtient en divisant la valeur de la société par l'EBITDA. Ce ratio est de plus en plus étudié par les analystes, notamment pour comparer des entreprises d'un même secteur et déterminer celles qui sont sous-valorisées. De manière globale, une société est sous-valorisée quand elle affiche un ratio VE/EBITDA inférieur à 5 et elle est survalorisée quand ce ratio est supérieur à 10.
L'étude de ces données comptables et de ces ratios vont vous permettre de mieux identifier les forces et faiblesses de la société pour laquelle vous envisagez d'investir et de devenir actionnaire. Vous limitez ainsi votre risque de réaliser un mauvais placement. ■

LEXIQUE

Bear
Un « bear market » est un marché qui baisse. Pourquoi ? Parce qu'un ours attaque ses proies d'un violent coup de patte de haut en bas, contrairement au taureau (« bull ») qui, lui, attaque avec ses cornes de bas en haut.

Beta
Beta : c'est le comportement d'un fonds par rapport à un indice.
Si le Beta = 1, le fonds se comporte exactement comme l'indice. Si le Beta <1, il a un comportement qui est un peu plus défensif. Si le Beta >1, c'est un fonds un peu plus agressif. Il a tendance à amplifier le mouvement de l'indice, à la hausse comme à la baisse.
Si le Beta est à 0,8, il capte 80 % de la hausse et de la baisse de l'indice. Si le Beta est à 1,2, il capte 120 % des variations.

Blue Chips
Ce sont les valeurs phares de la cote aux États-Unis. Leur capitalisation est élevée et leurs dividendes confortables.

Bull
Un « bull market » est un marché en hausse. Le terme vient de la façon qu'a le taureau d'attaquer, avec ses cornes, du bas vers le haut. Contraire : « bear market » (voir plus haut).

Code ISIN
Il permet d'identifier les titres admis à la négociation sur Euronext Paris.
Il est composé de deux lettres qui définissent le pays d'origine du titre et de dix chiffres. Le code ISIN de Renault est FR0000131906.
À ne pas confondre avec le code mnémonique, qui permet d'identifier rapidement une valeur. Pour Renault, c'est RNO, mais pour PSA, c'est UG ! VWA pour Volkswagen, pour BNP, c'est BNP, pour Danone, c'est BN, pour Total, c'est FP.

Core (gestion core)
C'est la gestion dite de cœur de portefeuille. Elle vise à être proche d'un indice phare sans y coller tout à fait, notamment en écartant les valeurs à problème du portefeuille.

Coupon
Il s'agit du rendement annuel d'une obligation. Le coupon correspond, schématiquement, aux intérêts versés par l'émetteur de l'obligation (l'emprunteur) au titulaire de l'obligation (le prêteur).

DPS droit préférentiel de souscription
Lors d'une augmentation de capital, on propose aux actionnaires de souscrire en priorité aux actions nouvelles. Ils disposent d'un droit préférentiel de souscription. Ils peuvent exercer leur droit ou le vendre sur le marché. Ce droit permet aux actionnaires qui l'exercent de maintenir leur « poids » dans le capital de la société.

Flottant
Le flottant correspond au nombre d'actions réellement négociables par le public. Il s'agit du nombre d'actions émises duquel on exclut les actions détenues par la société elle-même (auto-contrôle), par les membres de la famille fondatrice, par l'État, par les dirigeants, par les salariés et par les actionnaires individuels détenant plus de 5 % du capital.

Gearing
Taux d'endettement net d'une société. Le « gearing » se mesure en divisant le montant des dettes nettes par celui des fonds propres et en multipliant le résultat par 100.

Investment grade
Il s'agit d'une note émise par les agences de notations. Une valeur a une « investment grade » lorsqu'on considère que le risque de faire défaut est infime si elle émet un emprunt obligataire (pour l'agence Standard and Poor's, ce sont les notes allant de AAA à BBB). Une « non-investment grade », au contraire, signifie qu'une obligation émise par l'entreprise est mal notée. Il s'agit d'un investissement spéculatif, avec un risque de défaut important.

Maximum drowdown
C'est, sur une période donnée (cinq ans par exemple), le scénario du pire. On regarde la perte maximale enregistrée par un investisseur qui aurait acheté le fonds ou l'action à son cours historique le plus haut.

OCEANE
Obligation convertible en actions nouvelles ou existantes.

OSRA
Les obligations subordonnées remboursables en actions (OSRA). Comme il s'agit d'obligations subordonnées, elles sont plus risquées que des obligations ordinaires : leur remboursement total ou partiel peut s'opérer à tout moment et il peut se matérialiser en actions.

ORA
Les obligations remboursables en actions (ORA)

Ornane (obligation remboursable en numéraire et/ou en actions nouvelles ou existantes).

Odirnane (obligation à durée indéterminée à option de remboursement en numéraire et/ou en actions nouvelles et/ou existantes). C'est une obligation sans date d'échéance avec une option de remboursement soit en numéraire et/ou en actions nouvelles et/ou existantes. C'est un instrument « perpétuel ».

Option
Produit dérivé d'actions, d'obligations, d'indices, de devises, etc. Elle donne le droit d'acheter ou de vendre un actif financier avec des conditions de prix et de durée de vie définies à l'avance. Les options sont gérées par une société de Bourse comme Euronext, cotées sur un marché spécialisé comme le Monep à Paris et correspondent à des contrats normés passés entre des investisseurs.

Rendement
Le rendement d'une action, c'est le revenu qu'elle vous rapporte. Il est souvent calculé en pourcentage. Le calcul est simple : on divise le dividende annuel versé par le cours de l'action. Si le cours de l'action augmente fortement, le rendement sera moindre.

Rentabilité
La rentabilité d'une opération tient non seulement compte du rendement, mais aussi de la plus-value potentielle (ou moins-value).

Rompus
Droits préférentiels de souscription en nombre insuffisant pour être utilisés, ils sont cessibles sur le marché.

SRD
Service à règlement différé. Permet d'investir en bourse en profitant de l'effet de levier du crédit. Déconseillé aux débutants.

Spread
L'écart entre le taux payé par l'entreprise et le taux de l'emprunt d'État de référence est appelé le « spread ». Plus l'entreprise inspire confiance, plus elle peut espérer lancer un emprunt à un taux bas qui sera proche de celui accordé aux États de référence et donc plus le spread sera faible.

Strike
Prix d'exercice d'un warrant.

Triple A
C'est la meilleure note de crédit que puisse obtenir une société ou un État. Les obligations « triple A » ont la réputation d'être extrêmement sûres pour les investisseurs. En contrepartie, les émetteurs notés triple A s'endettent sur les marchés à des conditions imbattables (plus la note est mauvaise, plus le coupon est élevé).

Volatilité
C'est l'ampleur de la variation d'un cours ou d'un indice.

A

B-C

D-E

F-G

I

M

O

P

R

S-T

V-W

Remerciements des auteurs

Héloïse Bolle

Je remercie Pascale Baussant, conseillère en gestion de patrimoine ; Charles-Henri d'Auvigny, président de la F2IC, Fédération des investisseurs individuels et des clubs ; Yvan Vaillant, directeur de l'ingénierie patrimoniale du groupe Edmond de Rothschild ; Muriel Tailhades, directrice de la gestion chez Edmond de Rothschild ; Ambroise Lion, directeur général d'IG France ; Benoît Vesco, directeur général et directeur des investissements chez Meeschaert AM ; David Tissandier, gérant responsable de la multigestion chez DNCA Finance et Renaud Bellivier de Prin, responsable des départements Bourse et patrimonial chez Fortuneo pour leur expertise. Je remercie également Isabelle et Jean-Jacques pour leurs encouragements, et surtout Chadi, Léon et Mado pour leur soutien quotidien.

Marc Michaux

Je remercie Christine pour son expertise, Jean-Jacques, Jean-François et Olivier pour leurs encouragements, RR et VB pour leurs conseils et ma famille pour leur soutien.

Éditrice : **Malika Moulai**

Rédactrice en chef adjointe : **Édith Tavignot**

Rédacteurs : **Jean-Léon Gantier, Arnaud Saugeras**

Responsable d'édition : **Marianne Rouet**

Chef de fabrication : **Aurélien Sebag**

Conception graphique et réalisation : **Acis&Galaté**

Assistant d'édition : **Christian Bisanti**

Cet ouvrage a été rédigé par **Héloïse Bolle** et **Marc Michaux**

Merci à **Olivier Nonis** pour sa collaboration

14, bd Haussmann - 75009 Paris Cedex

Directeur de la publication : **Marc Feuillée**

Impression, façonnage : Corlet Imprimeur (France)

Couverture : danielvfung/Istockphoto

Numéro d'impression : 19110648

Dépôt légal : décembre 2019

La liste de nos ouvrages est consultable sur ***leparticulier.fr***